U0866670

从思想到行动

——知行互促校本研修模式探索

李文明　编著

Cong Sixiang Dao Xingdong

上海教育出版社
SHANGHAI EDUCATIONAL
PUBLISHING HOUSE

行走在强师路上

教师是教育发展的第一资源，是国家富强、民族振兴、人民幸福的重要基石。《荀子》中说："国将兴，必贵师而重傅。"兴国必先强师。《国家中长期教育改革和发展规划纲要（2010—2020 年）》指出："有好的教师，才有好的教育。"中共中央国务院《关于全面深化新时代教师队伍建设改革的意见》强调："百年大计，教育为本；教育大计，教师为本。"经济合作与发展组织（Organization for Economic Cooperation and Development，简称 OECD）国际学生评估项目（Program for International Student Assessment，简称 PISA）的国际协调员安德烈亚斯·施莱克尔（Andreas Schleicher）指出："教育系统的质量不会超过其教师的质量。"确实，一个国家教育成功的重要原因之一，就是这个国家拥有高质量的教师；而一所学校的教育想不落后于时代发展的进程，就需要一支高质量的教师队伍。这种认知，对于在上海市青浦区第二中学（以下简称青浦二中）书记、校长岗位上耕耘了十多年的我来说，更为深刻。

青浦二中是一所公立全日制普通高中。学校办学历史悠久，整个青浦地区的中等教育就是从这里发祥的，学校聚集了一批地方教育精英。改革开放后，青浦二中有过自己的"黄金时代"，涌现出不少优秀教师，他们在区域教育事业发展和学科教学改革中发挥了重要作用，有的还成为青浦实验的骨干力量。后来，随着青浦区基础教育布局几次调整，学校原先的"完中"结构解体、生源配置图被重新调整，社会需要与外部环境出现了新变化（其间，学校还被改制、改名），种种原因导致学校办学质量与社会声誉一度处于历史低谷，校内人心动荡，很多教师、学生都有一种被边缘化的感觉，出现了信心缺乏、信任缺失、信念缺欠的现象。作为一所普通高中，学校面对区内两所市实验性示范性高中集聚资源优势、办学实力明显增强的格局，长期承受着巨大的压力。

十年前，学校新的领导班子形成，决定“居危思危”，坚持临危不惧，用行动吹响集结号，致力于“自我救赎”。首先，主动调研，了解社会公众和学生家长对学校教育的认知与期望。其次，在深入论证基础上，以树立信心、建立信任、确立信念为内核，提出“学生发展为本，‘三信教育’立校”这一办学理念。学校引领全校教师正视现实、负起责任，励精图治、自强不息，破解办学难题，走特色发展之路。学校在分析舆情、校情并统一思想认识的基础上，着力改变师生心态，启动“三信教育”，发扬青浦实验倡导的拼搏精神，化“危”为“机（机遇）”，让学校每个人都有信心、有信任、有信念，艰难向上，奋力前行，以实际行动突破发展瓶颈。

振兴学校，是校长的责任担当。兴校先强师，要抓住、抓紧、抓好教师队伍建设，在新形势下选择好方向，“三立三信”得从教师做起。教师对自己的能力要树立起信心，相信精诚所至，金石为开；对自己的学生要建立起信任，相信他们每天来校学习，就是愿意上进的表现；对教育的作用要确立起信念，相信一分耕耘，一分收获。

2010 年下半年，我从书记职位转岗，担任校长。要想整体提高教师质量，自然要有更多的思考与举措。“好”的教师从何而来？教师是专业技术人员，关键在于专业发展。教师队伍建设方略，应从专业发展的角度进行思考。学校要积极引导、促进每位教师提升自己的专业素质能力，让教师在专业成长中达到自我实现，创造职业幸福。

教师的专业发展即教师在工作中所获得的专业领域的成长。教师的专业领域包括专业思想、专业知识、专业能力等方面。教师的专业发展过程，就是专业素养与能力不断提升的过程，就是不断接受新知识、在实践中适时反思、提高教育教学能力的过程，就是经由专业训练不断习得教育专业知识与技能、逐步提升自身综合素质的过程，就是从新手教师逐渐成长为具备专业知识、专业技能、专业素养的成熟教师并实现可持续发展的过程。有识于此，学校在“教育大计，教师为本”的国家方针指引下，基于师资队伍现状与学校发展需要，确定了校本强师方略，即“教师发展，专业为上；专业提升，研修为径；研修范式，知行为纲；知行关系，互促为要”。

寻求强师兴校之策，应从顶层设计开始。我校于 2016 年申报青浦区教育综合改革项目“构建‘知行互促’研修模式，引领教师专业持续发展”，旨在通过教师专业成长促进学生和学校的发展。这一项目于同年获青浦区教育局立项。

立项后，学校扎实推进，在强师路上奋力前行。经过理论思考与实践总结，学校认为校本研修是提高教师质量的有效途径。而“知行互促”式的研修是符合本校师情的有效运作模式。学校以探索有效的研修模式为主旨，致力于改进、完善教师专业成长的导向机制和促进机制，引领各层次教师提升专业素养与能力，推动课堂教学的改善和优化。2018 年，我校入选上海市第三批特色高中建设项目学校。同年 11 月，青浦区综合改革项目终期评审专家组对我校这一项目给出如下评语：“项目联系学校实际，挖掘知、行的内涵，并赋予校本特点，以知导行，以行促知，知行联动，循环前行。这一自主行动使教师教学研修和专业发展有了学校自身的特色，具有引领价值和发展意义。项目实施取得了明显成效，教师专业眼界开阔，发展意识增强，行为得到改善，进步逐渐提速，在区级及以上教科研课题立项与成果评选、名优教师评选、课堂教学评比，以及论文发表和论著出版等方面均有不少建树。”

对学校正在实施的一项改革来说，其结果往往取决于行为，行为往往取决于思维，而思维的关键则在于距离问题的核心有多远。在“强师”或“师强”这个问题上，校长思考的核心应该是怎样抓准全校教师的教育信念（“三信教育”

对教师来说，最要紧的是教育信念），提高教师的专业能力，培养卓越教师。教师思考的核心应该是如何在知行互促中提高、完善自己，成为高素质教育人才。

在校本研修中，“知”以读书为来源，“行”以课堂为舞台，“群读共舞”就是我校教师专业成长过程的如实写照。本书所记载的，是管理者和教师双方的行事实录与感悟体会，汇聚的酸甜苦辣中无疑也积淀了一些可以称之为实践智慧的个性化经验。有鉴于此，全书四章的章名中分别有思、知、行、合一并互促等文字，以蕴含个中三昧。

为编撰本书，我校教导处周世杰老师做了不少具体工作，全校教师积极提供各种案例，限于篇幅，只选取了部分文本。对有关教师的倾情付出，在此一并表示感谢。

李文明

2020 年 6 月

目　　录

第一章

思：面对挑战，引领研修

青浦二中是位于青浦老城区的一所公立全日制普通高中。校园虽不大，占地40余亩，但绿树成荫，四季花香，环境幽静。学校办学历史悠久，在青浦的教育史上，这里还是全区中等教育的发祥地。可"月有阴晴圆缺"，青浦二中也曾遭遇办学危机——生源质量整体下降，教学质量滑坡明显，社会评议众说纷纭。进入21世纪后，这一挑战正好让我们这辈"二中人"遇上了。逆袭而上，时不我待；聚焦研修，探寻变革；行动突破，思想在先。思谋、思索、思量、思忖、思察，作为办学责任人，校长自当一一体悟。

第一节 思谋：启动“三信教育”，尝试重点突破

对于办学面临的重重困难，学校领导者不该怨天尤人、空叹无奈，而应正视现实、审时度势，并有能够带领全校走出囹境、办出特色的思谋。

一、学校曾经面临的严峻现实

改革开放后，青浦二中在参与青浦实验的过程中，有过自己的黄金时代，也为区域教育改革作出过贡献。后来，由于高中布局调整，教育资源重组，学校一度被改制、改名。由于种种原因，学校办学受到影响，教育质量下滑，遭到社会质疑。

这种境遇下，学校领导更换频繁。从2004年到2010年，校长连续换了四任，每位校长任职时间都在两三年之内。2007年，青浦二中由“转制”学校重新变更为公办普通高中。当时，学校面临的最大困难是生源质量问题。区内6所普通高中，青浦二中招生录取分数线处于末端，甚至低于上海市普通高中录取的最低分数线。生源现状及随之而来的社会评价，对教师、学生心态的影响，可想而知。

2010年，我从书记兼副校长，转岗为校长兼副书记。显然，面对前所未有的生存压力，面对“青浦二中向何处去”的问题，学校必须明确回答。今天，学校如果不能迎难而上，奋力前行，突破教学质量瓶颈，明天的发展实在堪忧。如何选择合适的突破口？校长必须有清晰的思路，谋事在人。

教育，是育人的事业。教育的质量，从根本上说，取决于育人者的质量，这是办学的一条基本规律。教师的教书育人，必须从内心出发，这是好教育的一条准

绳。陶行知先生在《教育美学》中写道:“真教育是心心相印的活动,唯独从心里发出的,才能打到心的深处。”教师对学生应如此,校长对教师也应如此。学校的强师行动,当由此而思之。

二、学校教师队伍专业化发展存在的薄弱环节

受多种因素影响,一段时间内,我校骨干教师相对缺失,能用于支撑教师专业发展的校内外资源也明显欠缺,教师队伍专业化发展中存在着薄弱环节。

(一) 教师自主发展意识明显不强

学校面临的生源现状、社会评价以及其他一些不利因素,导致部分教师自主发展意识明显不强,学习进取心不足。2013 年暑期,在全校教师培训结束后,学校曾开展过一次关于教师读书情况的问卷调查。调查结果表明,教龄在 15 年之内的 52 位教师年均读书 2.25 本,其中 32 人读的是本人任教学科方面的参考书。阅读,虽然在大多数情况下属于个人行为,但却是教师专业成长的有效途径之一。当时的这种阅读状况,说明我校教师专业自主发展意识不强。

(二) 教师欠缺自我反思意识

教师的专业成长,必须以足够的经验为前提,但经验仅仅是一个基础,如果没有相应的反思,那么经验则是狭隘的主观认识或肤浅的知识。青浦实验总结的“三关注二反思”行动教育模式指出:“教师的发展需要关注原行为、新设计、新行为‘三个阶段’,以解决行为跟进问题。联结这三个关注阶段的是两轮有引领的合作反思。第一,反思已有行为与新理念、新经验的差距,完成更新理念的飞跃。第二,反思理性的教学设计与学生实际获得的差距,完成理念向行为的转移。”[①]在教学反思这个问题上,我校教师欠缺的正是对教学经验的实践总结及对自身经验的有效反思。

---

① 沈兰,郑润洲.变革的见证——顾泠沅与青浦教学实验 30 年[M].上海:上海教育出版社,2008.

（三）教师的专业知识、专业技能亟待提升

教师专业成长的舞台在课堂，教师站稳课堂的一个重要前提是自己的专业知识底蕴及对教学设计的把握。受一些主客观因素影响，我校部分教师在专业知识、专业技能方面还有这样那样的不足。学校领导班子通过平时观察，对学生、教师开展问卷调查，发现教师在备课方面存在一些问题。

一是"连案"现象比较严重。学校对教师备课的要求是"一课时一教案"，但在常规检查中发现，教师一份教案涵盖两三个课时的现象比较普遍，有的备课组甚至将一张试卷稿或者练习稿当作三份教案使用。这样简陋的教学设计，肯定会影响课堂教学的有效性。

二是存在教案重复使用的情况。个别教师把用过的教案改了一下文件名，就作为新的教案，以应付学校检查。

三是直接使用从网上下载的教案。这些从网上下载的教案并未经过修改，常常是原封不动，甚至还留有作者（外区外校）的名字。学校不反对教师使用网络教学资源，允许并提倡借鉴，但要求教师根据自己任教班级的学情进行改造、调整。

四是教案撰写不规范。课堂教学是由教和学两方面组成的，教案不仅应该设计教的内容，还应该设计学生学习活动。学校在常规检查中发现，有些备课组的教案只罗列了教学内容，缺欠学生学习活动内容。这样的设计，很可能导致"一言堂"式教学。

备课是教学的基本环节，教学设计出现上述问题，既反映"备课就是备内容"这种传统观念在部分教师中根深蒂固，也说明教师专业知识更新迫在眉睫。

面对困境，学校迫切需要在教师专业发展上寻求对策，分析师资队伍现状，积极思考"突围"之路，以提升课堂教学能力为抓手，引领教师专业发展。为此，学校应该根据自身实际需要，创造性地进行顶层设计，创新强师行动，推动课堂改进。

三、从“三信教育”起步

实际上，2008 年新的领导班子组成后，学校就开始谋划“自我救赎”行动，尝试突破瓶颈。首先是进行调研，了解社会公众和学生家长对学校教育的认知与期望。其次是在分析舆情、校情的基础上，破解办学难题，即发扬青浦实验倡导的拼搏精神，开展“三信教育”。所谓“三信”，是指信心、信任和信念。

信心教育，旨在鼓励学生对高中学习树立信心，坚信“寸有所长”，只要坚持不懈地努力，必将学有所成，促进学生“差异发展”，以学的毅力推动教的改进；引导教师增强对自身教育、教学能力的信心，坚信“精诚所至，金石为开”，以教的执着促进学的奋发。

信任教育，旨在促使学生在新的学习环境中建立信任，相信教师会认真尽心地教好每一个学生，学校会努力尽职地关注每一个班级；要求教师从改善课堂中教与学的关系入手，建立民主、平等、合作的新型师生关系。

信念教育，旨在要求学生端正学习态度，明白人的智慧是尚待开发、不会穷尽的宝藏，树立“报效祖国、建设家乡、回报父母是人生价值与责任所在”的信念；要求教师正确对待学生，坚守育人阵地，笃信“一分耕耘，一分收获”，在成全学生学业的同时，成就自己的事业。

“三信”是学校内涵发展的精神支柱，三者组成一个整体。其中，信任是基础，信心是内核，信念是灵魂。学校以实际行动让全校师生都有信心、有信任、有信念并达成共识。信念是师生共同发展的动力，让信念化作阳光照耀每一处校园；信心是师生教学相长的关键，让信心化作空气充满每一间教室；信任是和谐人际关系的基石，让信任化作甘露沁入每一个人的心田。同时，学校管理层以身作则，将“三信”根植师生心底，让幸福的教育生活和学习生活从“三信”开始。

“三信”是学生走向成功的驱动力。今天，在“成功”目标激励下，全校更要着力认知与把握好“三信”的关系：信心是成功的基础和前提；信念是成功的动力和结果，获得成功（结果）能使信念更坚定；信任是成功的中介和助推，让人从树立信心走向确立信念。

四、从美术学科突破

基于校情、学情,学校提出了“三信立校,特色发展,自强育人”的办学理念。其中,“三信立校”是指以信心(我能够行)、信任(我可以行)、信念(我必须行)为三维,构筑全体师生的自主成长空间,并由此打造以“自信”为起点的学校文化。“特色发展”是指在客观分析学校的历史沿革、发展现状、基础条件和社会需求等内外部因素的基础上,将美术学科作为深入推进课改的突破点,创建办学特色,引领学校今后的发展。“自强育人”是指教师引导学生自我强志、强身、强艺,培育学生成人、成才。

美术教学是美育的一个重要组成部分,学校加强美育的根本宗旨是培养学生高尚的人格,塑造学生美好的心灵。我校自2003年开设美术班以来,立足学生的实际水平,注重发挥他们的特长,激发他们的潜能,由此深耕美术教学,为学生提供多元发展机会,提供相关的课程,帮助学生获得审美知识,提高审美能力,形成审美观念。

在“三信教育”理念引领下,我校努力将美术学科建成区内知名、市内有一定影响力的特色学科。经过师生多年的共同努力,学校走出了一条以美术教学改革为突破口,勇于探索、敢于实践的特色发展之路。而在培养学生美术专业学习所需的自主性、探究性、创造性特质方面,“三信教育”理念符合学生的发展规律,也有利于学生自身素质的提高。

首先,美术专业教师加强对“三信教育”理念的领会、理解和认同,并积极将之转化为自己的教学行为。教师通过身体力行、言传身教,感召学生,影响学生,转化学生,提升学生,帮助学生树立学习信心和理想信念,促使学生爱学、会学、善学。这一学与教的改善过程,增进了师生之间的信任。

其次,结合美术专业教育的特点,培养学生自主学习能力。自主学习能力,是指学生有明确的美术学习目的,对美术学习内容和学习过程有自觉能动的探究意识和创新意识。教师在具体情境中,引导学生养成主动学习的习惯,同时结合美术学习中的问题,培养学生自主、自立、自决能力。

最后，在美术专业的训练实践中，注意调动学生的学习积极性，激发学生自主学习的需求；创设适宜的问题情境，丰富学生的专业体验；提供多种实践锻炼机会，让学生获得操作成功的体验；关注自学过程中的心理成长，帮助学生不断实现自我突破。

美术课在对学生进行艺术教育的同时，有效落实了“三信教育”理念，增强了学生之间、师生之间的信任，提升了学生的人生信念。经过不懈努力，我校美术教育特色逐渐形成。这几年，美术班学生高考专业课的达线率节节攀升，美术专业的本科录取率也逐年提高，平均每年本科专业合格率超过了90%。我校学生被上海大学、上海师范大学、上海工程技术大学、江西景德镇陶瓷学院、复旦大学视觉学院、上海交通大学等多所院校录取。

2015年，上海市教育委员会出台了《上海市推进特色普通高中建设实施方案（2015试行）》，我校基于自身发展条件，决定依托美术教育特色，在其他学科挖掘美育素材，积极开展“艺术人生”校本特色课程建设。

五、用爱心浇灌迟开的鲜花

一所学校的发展，离不开一个无私奉献的教师群体。在青浦二中的这些年，我深切感受到，教师是学校办学取之不尽、用之不竭的力量源泉。那一叠一叠的教案，记载着他们的青春年华；那密密麻麻的字迹，变成了他们的智慧结晶；那圈圈点点的评语，传递出他们的一片爱心。是他们春风满面的笑容，让学生增强了学习的信心；是他们透射公正的目光，让学生体会到期待的信任；是他们循循善诱的引导，让学生萌生出成长的信念。

2010年起，作为校长，我以“树立信心、增强信任、明确信念”为出发点，确立了“学生发展为本，‘三信教育’立校”的办学思想。全校教师正视现实，勇担责任，自强奋斗，勇于创新，不忘教育初心，为学校走上励精图治、特色发展之路尽责尽力。对于他们成长发展征途上呈现的知与行，我用心倾听，用情铭记。

如今能升入实验性示范性高中的学生，犹如艳丽的鲜花，得到的多是社会、家庭的赞美和学校的肯定。而来到像我校这样普通高中的学生，因为经历过失败的苦痛，往往感到孤独、无助，需要温暖，需要引领。面对学生的期盼，青浦二中的教师恪守三尺讲台，用汗水浇灌，用心血滋润。

我校一个男生，原来是一所名初中的学生，因为叛逆，中考失利后去重点高中借读，浑浑噩噩了一年，老师头疼，同学惋惜，家长痛心，无奈"回"到我校。施永华老师接纳了全然放弃的他。施老师通过当面谈心、侧面了解，以真诚的话语和直接的行动给了他心灵上的抚慰、精神上的鼓舞、学习上的帮助，爱在细微中，严在当严处。此后，这个学生似一台开足马力的机器快速高效地运转，学习上的进步与飞跃让家长笑逐颜开，令老师无限欣慰。2012 年高考，他以学校理科第一名的成绩证明了自己。毕业典礼上，他泪流满面，向施老师深深鞠躬。施永华老师用他的一片爱心，浇灌了这一朵迟开的鲜花。

钟情三尺讲台，播撒和风甘霖，催生桃红李白的好教师，在青浦二中还有不少，盛文燕老师就是其中一位。即使自己的孩子生病了，心系学生的她也不愿请一天假。课堂上，她激情投入；课堂外，她心系学生，忙得喘不过气来，下班后才去医院。她工作踏踏实实、一丝不苟，处处以身作则，教出的一届届学生都很优秀。2015 年，她执教两个高三历史选科班，一个是普通班，一个是美术班，87 名学生差异大，行为习惯和学习态度两极分化严重。面对重担，她还是那么乐观和坦然，竭尽全力，忘我付出。她深入学生，倾听意见，循循善诱，教育无痕。可在评选优秀，所有人都认为她实至名归时，她却把机会让给了他人，并笑着说："这是我应该做的，别人更需要得到肯定。"她这种默默奉献、辛勤耕耘的精神，值得其他教师学习。

三度春风化绸缪，几番秋雨洗鸿沟。黑发积霜织日月，粉笔无言写春秋。在青浦二中，向学生倾注爱心和真情的好老师何止施永华、盛文燕两位。为了帮助那些在学习路上暂时慢了几步的学生，为了看到经过不懈努力，学生昂首冲刺实现梦想的那一刻，他们付出了太多太多。对他们的奉献精神，校长理应真心推崇。

第二节 思索:聚焦教师发展,关注青年成长

教师是学校教育的第一资源,教师强,则学校强。拥有一支德才兼备、充满爱心、甘于奉献的教师队伍,是学校提高教育教学质量的基石。教师质量的重要性无论怎样强调都不为过,这已经成为现代教育的共识。我校以美术教学为抓手的特色发展,离不开全校教师的共同努力。教师是专业技术人员,提高教师质量,要从专业发展的角度着眼、着力。校长的办学思索,也应该由此切入、深入。

一、对教师专业发展的认知

教师作为专业人员,其职业素养包括四方面。一是专业知识。教师不仅要熟练掌握所教学科的必备知识,还必须不断更新知识。信息时代,知识在快速增长,这使得教师学习、更新知识的需要更为迫切。二是专业技能。教师不仅要让学生获得知识,而且要教给学生获取知识的方法。这就要求教师学习与掌握新的专业技能,向学生传递终身学习的理念,以培养学生自主学习的能力和对自身学习实践进行分析、判断、评价和反思的能力。三是职业道德。教师要有敬业爱生、乐于奉献的精神。四是学术研究。教师要在研究中不断提高专业化水平,不断创新。

教师作为一个专门职业,要有特殊的任职资格和专业发展条件。教师的专业发展,一般是指教师在专业工作中所获得的成长,包括专业思想、专业知识、专业能力、专业情感等方面。专业发展过程是指教师在其专业领域里不断接受新知识,在实践中适时反思,从而提升自身教育教学能力的过程。教师的专业发展不是一蹴而就的,通常认为,教师的专业发展需要自我反思、同伴互助、专业

引领。

教师是学校教育的核心要素，教师队伍的整体素质决定着学校教育的质量。教师的专业发展主要在教育教学实践中实现，其起点和终点都在课堂。教师作为一个群体，其专业发展的促进需要总体思考与探索。学校引领教师专业发展，最终目的是通过课堂改进，促使教师教育教学能力逐步提升。

二、有关教师专业发展的研究

专业发展是教师作为专业从业人员的成长需求。对于教师专业发展的方式和途径，国内外有广泛的研究。

(一) 国外的研究

早期，国外学者曾采用问卷方式，了解优秀教师专业成长的特有途径。20世纪40年代，有人曾通过大量的问卷分析，归纳出有效教师和无效教师的特征。20世纪60年代，日本学者基于对中小学生的问卷调查，概括出学生喜欢和讨厌的教师类型。苏霍姆林斯基在《给教师的一百条建议》(1983年)一书中指出："一个优秀教师需要确立正确的教育思想，具有崇高的理想和高尚的道德品质，热爱儿童，同时掌握教育学、心理学的一般原理，还要具备渊博的知识，具有高度的语言修养，了解儿童的身心特点，掌握一定的教育教学技巧，掌握一定的劳动技能并同时具有良好的爱好(如阅读)。"①

国外这些早期研究，大都偏重于教师自身的专业素质，对于如何促进教师专业发展的研究，则是近几十年的事。美国学者瑞默斯在2000年发表了一篇研究报告《终身学习：教师专业发展的模式与影响因素》，认为促进教师专业发展需要注意七方面内容。

第一，教师专业发展应该分阶段进行。他将教师专业发展划分为开始进入师范院校、成为教师、临近退休三个阶段，并指出不同阶段教师学习的内容、需求不同，每个阶段教师的专业发展目标应该根据其所在的阶段确定。

---

① [苏]苏霍姆林斯基.给教师的一百条建议[M].杜殿坤，译.北京：教育科学出版社，1984.

第二，作为成人学习者，教师处于不同的心理发展阶段。因此，促进教师专业发展时应该按照教师心理发展的不同阶段加以引导。

第三，教师工作的外在环境（主要指教师所在学校的环境）不同，发展阶段不同，面临任务不同，也会促使教师专业发展内容和方法有所不同。

第四，不同学生的背景与能力有较大差异。这就要求教师提高自己的知识技能水平，更新教育教学观念，以适应不同背景学生群体的需求。其实，这是由学生的不同而引发的教师专业发展任务的不同。

第五，学校所处环境、社会对教育的总体评价，对于教师专业发展任务及内容也有影响。

第六，教师需要时间参加发展活动，进行学习或反思，以提高自己的专业水平。

第七，教师专业发展需要资金支持。有足够的经费支撑，专业发展活动或体验才会更加有效。

这七方面内容，既有联系，也有交叉，反映了教师专业发展的环境空间。在此基础上，他提出了一些有价值的策略性建议，其中的很多观点都值得人们思考和借鉴。

（二）国内的研究

在我国，自古就有“三省吾身”“反求诸己”的说法，强调通过认识自我、反思自我来寻求自身的成长。这一儒家思想，在教师专业发展领域得到广泛应用。当代关于教师专业发展的研究，自然就更多了。

叶澜教授在《新世纪教师专业素质初探》(2004年)一文中，提出了与时代精神相通的教育理念、胜任社会高要求的理解交往能力和管理能力、教育研究能力等教师专业素质。谢安邦教授在《未来教师素质与师范教育改革》(2000年)一文中指出，教师应该通过提升以学术性、师范性和人文学科知识为内涵的文化修养，建构以开拓创新能力为核心的能力结构，形成以心理健康为标志的心理素质等来促进自身专业发展。可见，与国外的研究类似，我国教育界也注重教师专业素质方面的研究。

李吉林老师刚走上教师岗位时，就在心里对自己说："当老师，就得当好老师，当孩子们喜欢的老师。"(2002 年)①吴正宪老师在自传中写道："35 年前的盛夏，我怀着当一名优秀教师的愿望开始了教育生涯。"(2001 年)②上海市著名语文特级教师于漪老师在许多优秀教师言传身教的影响下，很早就立下了"当一名深受学生尊敬和欢迎的好老师"的志向。

从众多优秀教师的成长经历看，立志、确立职业理想是他们事业成功的关键。专业发展前期就立下志向，会促使教师不断加强自我教育，在教育教学实践中做到理论联系实际。他们研究课堂，研究怎样运用语言文字给学生以良好的示范作用，从而在不断的实践反思中得到专业发展。

朱小蔓教授在《教育的问题与挑战——思想的回应》(2004 年)一书中，引述了"教师成长＝实践＋反思"这一著名公式，认为反思或反省是教师专业发展的核心因素。新教育倡导者朱永新教授认为，教师专业发展遵循着"专业阅读＋专业写作＋专业发展共同体"这一"三位一体"模式。在强调阅读、写作的同时，他也提出了反思的要求。傅道春教授在《教师的成长与发展》(2006 年)一书中，论述了优秀教师的成长周期和成长规律。青浦实验倡导的教师行动教育模式，则将教师的专业发展过程概括为"三关注二反思"。

由此可知，很多专家研究教师专业发展时，都关注到了阅读，也很重视实践反思。教师的阅读，是为了获得"知"；而教师的实践与反思，可以看作"行"。这就是说，教师的成长发展离不开"知"(学习)和"行"(实践)。

三、从《论语》中解读教师专业发展密码

教师如何实现专业发展？可从儒家经典《论语》中探知其一般途径。《论语》首篇写道："学而时习之，不亦说乎？有朋自远方来，不亦乐乎？人不知而不愠，

---

① 李吉林，女，1938 年 5 月生，1956 年 8 月毕业于江苏省南通女子师范学校，毕业后在江苏省南通师范第二附小任教，1978 年被评为江苏省首批特级教师。这里摘录自李吉林老师给青年教师作报告的语音。

② 吴正宪，女，北京市特级教师，全国模范教师。这里摘录自吴正宪老师视频讲座语音。

不亦君子乎?”这似乎隐含着教师专业发展密码,即学习并经常实践,朋友相聚,没人了解自己也不烦恼怨怒。这三句话比较完整地揭示了教师专业发展与教师职业幸福的关系,启发教师学了后就行动,多与人交流,保持乐观的心态并经常反思。为此,学校可从这三方面推进教师的专业发展。

(一)将“学而时习之”作为教师专业发展的重要途径

“学而时习之,不亦说乎”是《论语》开篇第一句,其中有三个关键词,一是“学”,二是“时”,三是“习”。教师如果养成了“学而时习之”的习惯,就能获得持久的幸福感。

首先,关于“学”。这里的“学”,可解释为“学习”,包括“读书”。教师读书,既要学习书本知识,重点阅读与自身工作相关的学科类书籍(含学科教学法等专业理论),以夯实专业基础,又要学习他人的成功经验,以积累“他山之石”。

其次,关于“时”。“时”在这里一般解释为“时常”“时时”,但也可解释为“时机”“时节”,后者对教师的专业成长而言更有意义。“时常”“时时”强调坚持学习,“时机”“时节”强调把握学习机会,即抓住学习过程中的关键环节。

最后,关于“习”。“习”字,古籍解为“鸟数飞也”,也就是小鸟在练习飞翔的本领。按今天的说法,就是练习或实践。这意味着教师的专业成长需要练习或实践,教师应该用学到的教育教学理论指导自己的日常工作。

总之,“学而时习之”这五个字,包括三层含义,即学习并且付诸实践,这样的活动要经常进行,要在有效学习的时机进行。相反,如果“学而不习”“学而不思”“思而不学”,就丧失了有效学习的时机。

(二)将“有朋自远方来”作为教师专业发展的重要资源

“学而时习之,不亦说乎”中的“说”,指的是“愉悦”,是个人的内心体验。而“有朋自远方来,不亦乐乎”中的“乐”,指的是“快乐、高兴”,是群体性的快乐,比“说”进了一步。孔子生活的时代交通不便,信息闭塞,“书本”(竹简)也很稀缺,人与人是通过口头交流才相互了解的,这就道出了高兴的原因。交流信息、沟通思想之所以有助于学习,一是因为远方朋友可以带来许多新的知识;二是因为“朋”字本身含义——同学为朋,大家做着类似的事,才会有对同类问题的认识和思考;三是因为远方朋友来了后可以相互切磋。

由此可见,教师的专业发展,除了学习、经常实践,还需要与同行交流。一个人的见解、想法难免会有片面、偏颇之处,与人交流、沟通才能有效成长。当前学校组织的集体备课、相互听课、评课,也正是出于这样的考虑,而听评课又体现了《论语》中孔子说的“三人行,必有我师焉,择其善者而从之,其不善者而改之”的主张。

(三) 将“人不知而不愠”作为教师专业发展的必要心态

“人不知而不愠”,确实是君子之风。教师在不被人——学生、同事、管理者理解时,要想做到“不愠”,可以采取这样的对策。

一是善待他人。如果他人不了解自己在教育教学上的努力付出,甚至有点轻视,那也不要烦恼怨恨,迁怒于对方,应善于发现他人身上的优点和长处。

二是自得其乐。孔子所谓的“人不知而不愠”,并非强颜欢笑,有泪往肚子里咽。相反,他赞赏的是颜回“一箪食,一瓢引”而“不改其乐”的态度。教师要善于修身养性,自得其乐。

三是时常反思。教师要不断反思自己的日常工作,考虑备课设计讨论、课堂教学过程、学生活动指导等是否到位、是否有效。最好每个阶段对一些问题或疑惑进行归纳、整理,确定一个主题,带着问题去学习。

(四) 教师专业发展的一条行动回路

《论语》首篇三句话中,“学而时习之”强调学习和实践;“有朋自远方来”说明学习有一个重要过程,即与同伴交流和沟通的过程;“人不知而不愠”点明学了之后的内化途径——反思。反思方可知不足,才能回过头来继续学习。这三点连成一条行动回路,导引了教师专业的持续发展。

“学而时习之”是讲个人,“有朋自远方来”是讲群体,“人不知而不愠”又回到了个体,但第三句与第一句是有区别的,其要义在于把握自我尊严和价值。

当然,教师专业发展是一个长期而持续的过程,不可能一蹴而就。就像《论语》中孔子所提到的,教师成长需要经历“如切如磋,如琢如磨”的过程。

总之,教师专业发展关键在于学习,并不失时机地进行实践与反思,从而领会、检验所学知识；积极与其他教师、学生开展对话交流活动；保持良好的心态，并持之以恒。

四、对教师专业发展内涵的进一步思索

一所优秀的学校，必然有一支优秀的师资队伍。师资队伍建设的根本在于促进教师专业发展。

苏霍姆林斯基在《给教师的一百条建议》中总结道："教师的教育素养首先是要对自己所教的学科有深刻的认识，懂得各种研究儿童的方法，其次是教师的语言修养问题。"新教育的倡导者朱永新教授认为："教师的知识由三部分构成。一为本体性知识（即所任教学科的专业知识，约占 50%），二为专业知识（即教育学、心理学以及职业知识，约占 30%），三是人类基本知识（约占 20%）。"这三部分知识不是各自独立的，而是相互支撑，有着共同的知识观和价值背景。教师专业发展指向的内核是以知识为基础的教育素养。

（一）教师发展的首要任务是加快个人的专业成长

"发展"一词的哲学意义，是事物从低级到高级、从旧质到新质的演变过程。人的发展，也就是从幼稚走向成熟并不断完善的过程。而教师的发展，则是从接受师范教育的学生，到初任教师，再到有经验教师，乃至成为教育专家的持续过程。

教师发展的内涵，是教师的专业成长。这种专业成长，是一个终身学习过程，是一个不断面对问题、解决问题的过程，是教师形成职业理想、职业道德、职业情感、社会责任感的过程。学校要引领教师专业成长，就要充分考虑发展的内涵。

哲学意义上的发展，是一种矢量，具有明显的指向性。教师专业发展的方向，是社会对教师的定位。教师不仅要有良好的职业道德、学科知识、教育教学能力，还要成为一名研究者，即对自己的工作具有积极反思和不断探索的意识、态度、能力。教师还应善于和学生、同事、领导、社区、家庭进行沟通与联系，成为学校管理的积极参与者。当代主流教师观认为，教师是复合型人才，其矢量特征

反映了时代对教师的复合性要求。我国教师的发展方向，又必须基于改革开放以来国家的教育方针政策对教师提出的各项具体要求。

教师的专业发展，离不开本人的努力和外部环境的协同作用。一个教师，如果只满足于为衣食而教，那么最终也成不了好教师。如果把教育当作事业，认真做好其中的每一件事，教师就会去钻研业务，学习新的教育教学理论，研究教育教学规律，反思自己的实践，追求教育教学艺术，提高教育教学水平。发展中的教师，应该学会学习、与时俱进，养成耕读不辍、终身进取的习惯。现在，学习已经成为现代人生存和发展的基本要素。对于在专业成长道路上苦苦前行的教师来说，善于学习尤为重要。

教师的专业发展，从更高意义上看，应指向教学学术。与教师对他人进行研究的一般性课题不同，教学学术更具"反身性"，是教师对自身行为的认知与反思。教学学术的达成，不仅是教学本身内涵的提升，更是教师实现自我提升的重要过程。在身份角色上，教师从单纯的教学人员"晋升"为教学研究人员；在工作状态上，教师从关注教材、教学参考书到系统学习理论和研究工具，并重新审视自身的教学实践；在人际交往上，教师从局限于学校内部人员扩大到与研究人员对话、与社会人员对话等。在此过程中，教师实现了教学水平的提升、知识学识的广博及交际圈的拓展，实现了教学境界的升华。

推进教师专业化发展，反映了教师培养和管理理念变革的要求，体现了教师与教育管理者关系的变化，隐含了教师地位的实质性变更。当然，从专业化要求看，这也意味着教师要对自己的责任有新的认识。一个准备把一生献给教育事业的教师，应该以知识分子、优秀人才、社会精英的标准来要求和勉励自己，有积极向上、不甘平庸、登临人生更高层次的目标追求。

推进教师队伍专业化建设，造就一支优秀的教职工队伍，是学校一项长期而艰巨的任务。校长的责任是促使教师具有较强的适应能力和竞争能力，具有先进的观念、高尚的师德、良好的修养、丰富的经验，在教育改革中始终立于潮头，具有顺利的职业生涯和美好的职业前景，获得职业幸福感。校长要引导广大青年教师在建设现代化学校的实践中，走上专业成长之路，不断进步。

（二）教师专业发展的最终受益者是学生

马克思把物质生产实践作为人与人类社会生成、存在与发展的最基本、最原初的历史活动。他揭示了人类物质生产实践的社会性，不仅把人与对象世界的主客关系，也把人与人之间的主体交往关系，作为物质生产实践活动过程中互为中介的内在环节，实现了主客关系和主主关系历史的辩证的统一。因此，人的主体性和人的发展必须在社会人的主体与主体之间交往的实践中得以实现。

教师在教育实践中的主体性参与，是教师发展的根本动力。而在教育过程中，学生也具有主体的性质和地位。所以，教师和学生两个主体间的理解是人的主体性在教育维度上的呈现。在思索教师专业发展问题时，这个特点不容忽视。

今天，关注教师专业发展，就是要进一步增强教师的主体意识，进一步明确教师主体与学生主体的关系。主体性与责任感具有密切联系。缺乏责任感，主体必然会表现出任性与盲目。只有树立起责任意识，教师的主体性才能真正得以实现与完善，教师才能为自身的专业成长开辟广阔的发展空间。

事物的发展具有关联性，人的发展应被置于社会发展中去理解。据此，教师应该学会合作，学会与人共赢互进。在教育过程中，教师的发展和学生的发展是互为条件、相互促进的。教师专业发展的真正价值和意义，在于它是促进学生发展的真实和必要的条件。理想的教育是师生双方在共同生活的世界中教学相长。也就是说，学生在教师的发展中成长，教师在学生的成长中发展。说到底，教师专业发展的最终受益者应该是学生。而要实现这一点，教师应具备的素质可以借用长方体长、宽、高三个维度，形象地进行对照。

所谓“长”，一是指教师要有明显的教学特长。为此，教师在课堂实践中应苦练教学基本功，不断积累经验，勇于创新，提升专业素质，逐步形成自己的教学风格。二是指教师要有顺应学校发展的意识，积极参与学校特色建设，将个人的业务专长融入学校特色发展，并能在其中发挥带头与示范作用。

所谓“宽”，一是指教师的知识面要宽。教师既要善于学习其他学科知识，从“点性学习”到“线性学习”，提升对所教学科的理解，又要敏锐地关注知识的发展，及时捕捉新信息，创建更宽广的思维空间。二是指教师要有宽容的教学胸怀,有自信、乐观、豁达的生活态度,以民主、平等、合作的精神开展师生交流。

所谓"高",一是指教师要有高尚的职业道德。高度的思想觉悟和崇高的事业心,具体表现为忠于岗位,热爱学生。二是指教师要有先进的理念与高深的学养。教师要铭记德国教育家第斯多惠的箴言:"一个人一贫如洗,对别人绝不可能慷慨解囊。凡是不能自我发展、自我培养和自我教育的人,同样也不能发展、培养和教育别人。"

作为教育对象,学生是正在成长的、具有鲜明个性的个体,他们的世界观、人生观、价值观正在逐步形成。这就要求教师恪尽职守、求真务实、精益求精,使每一个学生都能成为教师专业化发展的最终受益者。

(三)关注青年教师的成长

在我校,35 周岁以下的青年教师人数较多,他们成长、发展得怎么样,关系到学校教育的今天和明天。为此,学校主要从两方面引领青年教师专业发展。

1. 深耕课堂以立身

课堂,是教师的立身之地。学校要让每个新入职的教师形成这样一种认识:一个害怕进教室、害怕接触学生的教师,自己苦恼,也无法胜任教学工作;上课是教师的基本任务,只有敢于在课堂里摸爬滚打的教师,才能站得住身子;教师如果在课堂上不能建立起自己的信心,每天上课像上刑场一样,肯定不会幸福。要想立身课堂,青年教师应从这几点做起:(1)深入研读课程标准;(2)多与学生交流沟通,了解他们的想法、看法;(3)向同伴学习,认真听公开课、示范课、实践课并参与研讨;(4)上好课后,积极反思和及时总结;(5)练好"三笔字"(毛笔字、钢笔字、粉笔字),夯实业务基本功。

2. 坚持实践求发展

教师站稳课堂后,要坚持在教学实践中一步一步求得专业发展。当然,因为每位教师所学专业不同,性格、兴趣等不同,所以其专业发展方向也有所不同。就专业发展本身来说,也有多种途径。有些教师可能擅长班级管理,有些教师或许对教育科研有兴趣,有些教师一门心思在课堂教学上,他们都可以各展所长,促进自身专业发展。就学校来说,应完善青年教师培养培训计划;重点帮助青年教师提高课堂教学能力，突破上课瓶颈问题；开展“十佳青年教师”评选活动，增强青年教师责任感和使命感。学校按照《青年教师培训手册》，指导青年教师制订个人专业发展三年规划，树立起自己的职业理想；采用评比方式组织青年教师上实践课（公开课），评比内容包括教学设计、课堂教学、教学反思三部分。

第三节　思量：引领教师阅读，致力课堂改进

经济合作与发展组织在《国际学生评估项目关注》报告中指出：“教师，与其他行业一样，需要与时俱进，了解该领域的最新知识，能够回应工作中不断出现的新需求，这是许多国家加强教师专业发展的原因。而科学成绩高于经济合作与发展组织平均水平的国家和地区，至少80％的学生所在的学校，经常邀请专家到学校开展教师培训，或者组织在职教师工作坊促进教师彼此合作。校内研讨能有效促进教师专业发展，这是因为教师之间的合作可能给予教师一些基于特定学校背景的教学技巧和经验。由学校组织的这些同辈学习活动，教师参与的积极性更高。”

为此，学校应从校情出发，组织教师培训，将读书活动引入校本研修，促进教师整体走上专业持续发展道路，以改进课堂教学，守住质量底线。校长的强师、强校思量，理当聚焦于此。

一、开展全员培训，深入校本研修

全员培训作为我国教师队伍建设的一项常规制度，在各地中小学校普遍实行。反思以往教师培训的成效，有一些问题需要重视。如：全员培训关注的是受训教师数量，还是教师质量提升；全员培训的实施是任务驱动的机构垄断，还是

质量追求的体系构建；教师培训队伍的组建是单一取向，还是混合编队；培训课程是面对教师群体的统一配置，还是满足教师个人需求的个别化供给；培训管理与评价是为了体现领导者的政绩，还是致力于教师专业上的可持续发展。厘清这些问题，有助于提高教师全员培训的质量，从而真正提升教师队伍的整体素质。对此，我校近几年来以校本培训为依托，以提高教师实施素质教育的能力和水平为重点，基于形式灵活、内容广泛、扎实有效的培训思路，着力打造一支政治素质优良、业务基础坚实、实践经验丰富、创新意识浓厚、整体结构合理的学习型和研究型教师团队，并着重从以下方面加强探索和实践，以推动课程教学改革工作的有效开展。

（一）通过"点面结合"，推进教师培训

"面"上的教师集中培训，主要在暑假期间进行，着眼于全员需要，内容涵盖师德和业务技能、教师实施新课程的综合能力。而平时"点"上的培训，则侧重于我校教师的弱项或特殊需求，旨在促进学科能力建设和课堂改进的有效落实。2012年，为推动教师深入了解与把握高考、会考的改革动向，学校分批举行教师学科能力测试。第一批是高三语、数、英及"加一"学科教师，与学生同步参加青浦高三"一模考"。第二批是35周岁以下青年教师，参加相应学科的高三"二模考"。第三批是第一、二批外的其他教师，参加青浦区教师进修学院组织的命题考试。2014年，对于青年教师和有课题研究意向的教师，学校请青浦区教科室老师就课题申请书的填报进行专门培训；为提高教师对拓展型、研究型课程的开发与实施水平，请青浦区教研室进行了专项培训。2015年，为鼓励教师积极参加黄浦杯"管理的变革"征文活动，又请青浦区教科室老师就案例撰写进行了培训。青浦实验研究所所长郑少鸣老师就我校教师在论坛上的交流发言进行了点评。

经过这几年的针对性培训，我校教师的专业能力有所提高，在各项教育科研评比中取得了不俗成绩。可见，"点面结合"的教师培训活动，对于开阔教师眼界、强化教师发展意识，起到了预期的作用。

（二）借助专业引领，指导校本研修

教师作为一种专门职业，需要有特定的资格和一定的专业发展条件。有关研究指出，教师的专业发展不可能一蹴而就，一般要经历自我反思、同伴互助和专业引领三个过程。自我反思是指教师对自己教育教学实践的回顾、省察，旨在寻找自身行为与先进理念的差距。同伴互助通常在教研组内进行，以期取长补短，共同提高。专业引领则是一线教师迫切需要的，其作用是启发、帮助教师更有效地进行自我反思和同伴互助。在我校，引领的方式有两种。一是请专家在全校教师论坛上直接点评，二是请专家就学科教学改进问题面对面地向教师传授经验并指导方法。专业引领开阔了教师的视野，启发了教师的教改思路，增强了教师专业发展的自觉性，尤其是在全校教师队伍中营造了直面课堂现实、互助探讨、取长补短的教研氛围。

近年来，学校利用暑假时间组织全员培训，邀请专家学者为教师开办各类讲座。2013 年暑假，学校组织的专家报告有教育部中学校长培训中心沈玉顺老师的《教育观念变革与学校改进》、奉贤中学季红旭校长的《提高教育教学有效性》、七宝中学刘树田老师的《学习、反思、研究、辐射——教师的专业发展之路》。2014 年暑假，学校邀请青浦区教育局原副局长、区内两所学校的校长和区德育室专家，就怎样当教师、教学常规的执行、班主任队伍建设分别进行了主题报告。2015 年暑假，学校组织的专家报告有华东政法大学张海燕教授的《学校心理健康教育与咨询关注些什么》、青浦区教师进修学院教研室主任徐建英老师的《以学为中心的课堂教学改革实践探讨》。这些智力资源的引入，有效促进了我校教师的专业发展。

二、引导群体共读，提升教师素养

教师这个职业，离不开读书。为了让全校教师都爱读书、会读书、想读书，我校决定引导教师群体共读。

群体共读是指教师群体（学科组、年级组等）的共读活动，即选取同一本书（论述教育名家思想或先进教学经验的书籍），通过学校的组织，开展共同阅读（学习）。学校采用论坛形式，为教师交流学习体会搭建平台，以促进教师专业发展，提升教师专业素养。

（一）面对现实，着力共读

读书，可以让教师跨越时空的阻隔，与先哲、贤人对话。对教师专业发展来说，养成读书的习惯很重要。2014 年 9B 版《上海教育》增刊《教师读书报告》开篇写道："教师承载着培养下一代的使命。教师勤于读书，才能提升教书育人的能力，才能紧跟教育改革的步伐，才能引领学生捧起书本，一起徜徉于书山学海。教师读书，理所应当。"但现实并不乐观，该文后面还提到，教师阅读量不足、阅读范围不广、阅读程度不深、阅读动力存疑是当前教师阅读存在的主要问题，而在教师们看来，导致这一结果的原因是工作太忙，没有时间好好读书。可见，教师读书存在着数量少、功利化、涉猎范围窄等问题，情况严重，现状堪忧。

随着教育事业的不断发展，社会对教师的要求必定会越来越高，教师专业素养的问题也越来越引起教育界的关注，成为学校管理领域中的一个热点。提升教师专业素养，被作为教师专业化建设的中心任务。专业阅读无疑是一个基本办法和一条有效途径。

教育需要创新，教学不能复制，而应该不断"刷新"。教师只有不断从书中汲取营养，给自己"充电"，才能在专业发展的征途上大步前进。为了最大限度地完善教师的知识结构，针对当下教师的阅读状况，学校制订了群体共读计划，以期通过读书活动大力推进教师开展专业阅读，提升教师专业素养，促进教师专业发展。在教师全员培训中，学校搭建了群体共读活动平台，通过读书论坛形式促进教师交流，同时邀请校内外专家教师进行点评或开办讲座，为教师专业阅读提供多种资源支持。2013 年以来，学校为实施该计划，在教师共读活动的管理方面进行了一系列实践探索，全校初步形成了共同读书的氛围。

（二）面向专业，全力推进

首先，选好书。为保障共读书籍能满足多数教师的需要，促进教师专业持续发展，学校在充分调研的基础上，广泛征求区内名优教师的意见，最终决定全校共读的书以教育类经典为主。几年来，学校教师已经共读了《变革的见证》（沈兰、郑润洲编）、《教学勇气》（［美］帕尔默著）、《静悄悄的革命》（［日］佐藤学著）、《给教师的一百条建议》（［苏］苏霍姆林斯基著）、《论语今读》（李泽厚著）等书。

学校还鼓励教师阅读自己任教学科的专业书籍，阅读反映人类共同知识的书籍，如古今中外的经典小说和美学类、哲学类书籍。这些共读书籍中，有对青浦实验中课堂教学改革的论述，也有对教师职业认同的探讨，还有日本课程论大家佐藤学对于"活动的、合作的、反思的综合学习课程"的精彩评价。其中，苏霍姆林斯基《给教师的一百条建议》一书，不仅蕴含丰富的教育学和心理学知识，还有大量的实践案例。读这样的书，让教师在开阔眼界的同时，萌发出一种仿效的实践冲动。学校倡导教师共读活动，是想让教师读书活动作为种子，在校园里生根发芽，从而带动学生读书。

其次，以学期为单位，每学期精选一本书，开展全校共读活动。具体流程：(1)学期初，发放共读书籍；(2)请专人进行导读；(3)在导读基础上，教师开展自主阅读，并联系自己的教育教学实践，撰写读书笔记；(4)期中，教师每人上交一篇读书笔记，学校组织专人进行评选，对优秀者给予一定奖励；(5)期末，组织读书论坛，由评选获奖者交流读书笔记；(6)通过课题研究，推进读书活动(课题"以群体共读活动提升教师专业素养的实践与研究"于 2014 年获得区级立项)。此外，每学期学校教导处组织各学科教研组组长，至少一次去上海书城购买学科类专业书籍，让教师有更多的书可读。

这样，学校通过买书发书，为教师共读提供知识支持；组织课题研究、教研活动，为教师共读提供引领资源；形成奖励制度，为教师共读提供保障机制，使共读活动在开展之初就有了较充分的准备和运作平台。

(三) 加强引导，注重实效

教师的专业发展包括自我反思、同伴互助、专业引领三方面，而阅读作为教师专业发展的有效途径，同样需要这三方面。在我校，通过撰写读书笔记推进共读活动，是为了促使教师自我反思；举办读书论坛，是为了促进教师之间开展同伴互助；而每次论坛邀请专家教师指导，则是为了对教师进行专业引领。

每学期，每位教师都要结合自己的教育教学实际事例，撰写一篇读书笔记。近几年，全校教师读了五本教育教学类专著，上传读书笔记 300 余篇。针对每本共读书籍，学校都组织了导读讲座，鼓励教师通过论坛交流读书笔记。而读书论坛上的专家解读，则又能助推教师提升共读品质。

采用导读先行的策略，是为了引导深度阅读，启示教师“读一本书要越读越薄”（华罗庚语），并尽量介绍一些有效的读书方法，如“不动笔墨不读书”。

为了将教师共读活动导向深入，学校采用了“三重对话”跟进策略。一是通过撰写读书笔记，引导教师认真阅读共读书籍，实现与文本对话。二是通过交流读书笔记（包括邀请外校教师上论坛），使教师在听取他人阅读感悟的同时，回顾自己的感受、感想，实现与同伴对话。三是对部分读书笔记先安排指导教师进一步修改，再向《青浦教育》等杂志推荐发表，由此促进教师与自我对话。

我校的共读活动，正是通过营造这种“三重对话”齐头并进的环境氛围，逐步引领教师不断深入研读专业书籍。教师通过学校组织的群体共读活动，在知识的海洋里遨游，感受教育大师的风范，领悟教育改革的真谛。教师据此改造自己的课堂，提高教学效率，对教育科研的认识也越来越深入，并由此付诸行动，促进自身专业素养的提升。

三、树立读书标杆，发挥带头作用

教师专业成长，从校本研修着手；校本研修，从专业阅读起步。这些年，我校正是沿着这样一条运作思路，推动、促进教师走向专业持续发展。为了提高这条专业发展路径的实效，学校需要一些能起读书引领作用的教师，在群体共读活动中带头实践。我校教科室主任周世杰老师，就是学校教师读书活动的带头人。他通过精读泛读、广域写作、多重对话，在我校发挥带头作用。

（一）阅读，让教师找到专业发展的方向

在周老师看来，教师承担着培养下一代的使命，要勤于读书，提升教书育人的能力，引领学生捧起书本，徜徉于书山学海。他从2007年开始，加入新教育网络师范学院，进行专业阅读。基于个人阅读实践体验，他又将读书活动引入学校，开展了导读、共读、论坛交流等推进活动。

在我校，周老师还负责教师培训工作，这使他在引导教师专业阅读方面具备很多优势。自然，从终身学习的视角出发，将阅读与专业发展结合起来是一种较

好的教师培训方法。于是，他不仅向教师宣传读书的重要性，还带着大家围绕教育实践中的共性问题，选择经典教育专著，通过导读示范引领群体共读，帮助教师看清问题的本质，突破自身的认知局限，改变原有的工作和生活方式，在专业发展共同体中找到个人的前行方向。他通过组织读书交流活动，在全校营造了浓厚的阅读氛围。

共读活动开展以来，在周老师的影响下，我校教师的阅读量在增长，阅读范围在扩大，阅读程度在加深，阅读动力在提升。更为重要的是，教师的专业发展意识被激活，并逐步增强。

（二）写作，为阅读搭建储存、释放能量的平台

在全校教师读书活动中，周老师经常会提起著名学者朱永新教授倡导的教师成长模式，即“专业阅读＋专业写作＋专业发展共同体”。因此，周老师在强调教师要加强读书的同时，也极力主张教师要进行专业写作，认为那是教师反思自身教育行为、提升个人教学理念的实践平台。

在专业写作方面，周老师更是身体力行，为大家做出榜样。他在“教育在线”网站建立个人主题帖，开设主题博客。从2007年开始，在新浪博客发布博文390余篇，内容包罗万象，有教学设计、课堂实录、配套课件、教学体会、经验总结、教育随笔、实践反思、读书笔记、日常工作感悟。他运用微博将个人的思考充分外显，以文字、多媒体等方式供学校教师共享。

他认为专业写作不仅是提高阅读质量、发挥阅读功能的有效抓手，而且是当前教师储存积累、释放阅读所得知识能量的一个非常好的平台。利用博客这个网络平台，不仅教师本人可以随记、随取信息资料，不受时空的限制，而且其他人也能够随访、随享，只要知道博客地址，就可以不受限制地使用。

（三）对话，在阅读写作之间进行互动

《论语》中说：“学而不思则罔，思而不学则殆。”读书是学习，写作则是将“思”这一内隐行为形之于外，而连接读与写并促使两者有效互动的，在周老师看来，就是多种形式的对话。通过多重对话，教师从一般的阅读逐步进入精读，消化其中的营养成分，将读后的心得外化为教案用于实践，或生成新的问题，导向更深

层次的阅读。

在操作中，首先，利用开放的博客平台的交互功能，以评论方式与人对话。这种相互之间的交流沟通，可以为教师个人的持续学习提供一种张力。其次，坚持读书批注，加深对教育教学的认识与理解。他认为，教师必须研读“根本性书籍”，读了多遍后开始在书上逐条加批注，写上自己的感受、感想、感悟以及可能的疑虑。最后，他认为仅仅批注还不够，因为教师的专业发展是一个不断学习、思考、实践的过程，也是一个与教育世界对话、与自我对话的过程。撰写博文，要思考，是与自我的对话；博友之间相互交流、评论，是与同伴的对话；为了有内容可写，需要阅读书本，是与文本（知识）的对话。正是有了这种多重对话下的实践品质，他才能在专业发展路上走得自在、踏实，成为学校可以凭借的读书标杆。

四、聚焦课堂变革，探索智慧教学

教师是在课堂里成长的，成长是从上好每一节课开始的。读书，是为了学习书中的道理，借鉴别人的经验。但“纸上得来终觉浅，绝知此事要躬行”，外部的理论知识要转化为自身的内在智慧，最终要通过教师的实践体验与检验。

（一）总结校本经验，以启发式讲授改变灌输式教学

基于学生的学习基础，学校在积极提倡引导学生自主探究的教学方法的同时，从本校资深教师的实践经验中提炼出启发式讲授的基本要领，将其作为当前课堂教学改进的实施模式。这里的启发式讲授，体现了以学生为主体、教师为主导的教改理念，其核心要素是“五得”，即教师要“讲得清晰”，使模糊问题明确化、深奥问题浅显化，“引得有趣”，使理论问题生活化、抽象问题具体化，从而让学生能“听得进”，又“记得住”，更“用得上”。

“讲得清晰”“引得有趣”，表面上看只是对教师教学提出的基本要求，事实上，其内在意图是通过教师教学行为的改进，使学生对教师产生强烈的专业信任，从而有效提高学习信心。而学生在“听得进”“记得住”“用得上”之后，也更强化了对老师的信任和对自己的信心。同样，教师因学生较好的学习效果产生了教学成就感，增强了自身获得教学成功的信心，更加信任学生。

在推动课堂教学改进实践中，学校根据对教情、学情的调查，从教学设计到课堂实施，就启发式讲授提出了“五个关注”操作要求：(1)知识内容的分析，关注结构化；(2)教学环节的设计，关注问题化；(3)教学活动中的引导，关注情境化；(4)教学过程的推进，关注情感化；(5)作业设置的质与量，关注适度化。

围绕“五得”与“五个关注”，学校又提出了四条实施策略：(1)以情生情，营造师生互信氛围；(2)以趣激趣，扬起学生自信风帆；(3)以导启学，坚定学生学习信念；(4)以练强能，提高学生学习能力。

在“三信教育”理念的指导下，启发式讲授被运用于日常的课堂教学，促使学生更多地获得主动探究、合作交流、积极思考和操作实践的机会。

(二) 基于行动教育模式，提升教师实践智慧

学校根据教师行动教育的内涵，围绕“三关注二反思”实施策略，提高教师应对课堂变革的能力。具体运作时，以备课组为单位，有针对性地开展实践与研究。集体备课的要求是，由一位教师根据单元教学目标，介绍自己准备的内容，包括教学重难点的确定及其突破和化解策略、课时安排等，然后，备课组全体成员据此开展讨论，最终达成共识。结束后，备课组将此“共案”提前一周上传校园网站，一方面，将其作为过程性资料予以保存，为其他教师随堂听课提供依据；另一方面，让每位教师根据本人任教班级的实际情况，对“共案”进行调整，以形成自己上课的“个案”。

为促使教师有效地进行实践和反思，学校要求与鼓励每位教师每学年至少上一节公开课。具体措施：(1)教师本人在备课组内基于课题研究的需要，提出开课申请；(2)教师根据自己对这一课题的理解，独立设计教案并进行第一次教学实践；(3)备课组针对这节课的教学效果组织研讨，执教者汇报反思结果，其他教师对教学设计提出意见和修改建议；(4)执教者根据修订的教案进行第二次教学实践，备课组其他教师随堂听课；(5)备课组再次研讨这节课的成败得失，共商改进对策；(6)执教者修改设计并进行第三次教学实践，备课组其他教师继续随堂听课(可邀请区教研员及外校教师参与)；(7)通过集体评课与自我反思，执教者完成课例报告。在每学期末，学校遴选部分课例报告，通过论坛进行交流，由

此积淀与提升教师的实践智慧。

（三）建立核心概念，运用科研方法，促使教师更智慧地教

为使课堂转型深入推进，学校提出了“二次备课”“达成度听课”等校本概念，以引导教师领悟、把握教学改进的真谛，促使教师更智慧地教。

备课是教学的起点，是课堂活动的蓝本，教学成败很大程度上取决于备课成败。我校提倡的“二次备课”，是指教师在集体备课（第一次备课）后，根据集体研讨中形成的共识，结合自己任教班级学生的实际情况，按照自己的理解，对所要上的课再一次进行准备的过程。实际上，这种“个人主备—集体共备—个人再备”的“分—合—分”的过程，旨在将群体智慧与个人智慧熔于一炉，以有效教学为底线，以优质教学为鹄的，促使课堂改进。

备课组内，每位教师都要轮流承担“主备”的任务。教师解读课程标准，分析教材内容，设计教学过程，针对一些具体教学活动、教学环节设计处置预案等，形成“主备”教案。集体备课时，备课组长负责组织协调，全组围绕“教材处理是否得当、重难点把握是否准确、学生活动安排是否合理”等问题，对“主备”教师的教学设计方案进行研讨。由于每个班级都有其特殊性，每位教师的教学风格也各有不同，集体备课最后得到的只能是一种“普适版”教案。之后，每位教师根据个人理解及自己所任教班级学生的学习情况，重新进行教学设计。所以，“二次备课”要打造的是量身定制的“特供版”教案。这就需要教师率先对个人的教学实际进行自我反思，并深入分析班情学情，确定教学目标、教学重难点和学生的课堂活动。

听课是一种在课堂现场观察教学过程的活动，对于了解和诊断教学问题、分析课的成败得失及其缘由，有着极其重要的作用。课堂上许多司空见惯的问题或现象，在有经验的听课者眼里，常常是值得探索、深思的地方。基于我校的实情，所谓“达成度听课”是指听课者要评判教师的教学过程是否与“二次备课”预设的目标趋向一致，即听课的目的是评估教学目标达成的程度如何。这种听课，关注的是学生在课堂上的思维活动以及实际的教学效果，包括内容和操作两个层面。

内容层面，分知识、能力、情感、方法四个维度。“知识”主要关注课时教学目标的总体达成度。“能力”主要关注教学过程与课时目标达成的关联度。“情感”主要关注师生关系是否和谐，课堂上一看学生的参与度（学习主动性、积极性）是否高，二看教师为学而教的指导力、引导力是否有效。“方法”主要关注教师的教学思路、教学习惯。

操作层面，一是成立四个听课小组，成员以学校行政干部为主，包括部分教研组组长和青浦区名优教师。二是结合学期计划，提倡备课组内、学科组内教师相互听课。三是每次听课，提前半小时通知上课教师，课后小组成员从知识、能力、情感、方法四方面进行评课，形成书面反馈材料交给被听课教师。

近些年，学校将“二次备课”作为锤炼、提升教师专业能力的主要举措，纳入全员培训和日常教研活动，列为教学常规，并通过“达成度听课”进行检查，以期推动教师行为跟进，促使教师在课堂改进实践中实现专业持续发展。

第四节　思忖：把握知行关系，推进校本研修

强师之路，离不开校本研修。校本研修的关键，在于学与做。它的推进，需要理念的高位引领，而这理念又要具有丰富的文化内涵。我校基于师情现状，思忖行动方向，通过梳理与把握“知”与“行”的关系，寻找推进校本研修的良策。

一、中国传统文化语境中的知行观

“知易行难”抑或“知难行易”，是个十分重要的典型哲学命题，存在于每个普通人的日常生活中。例如，教师都知道写一手好字的教学意义，但鲜有人能每天坚持习字；而对于新课程倡导的教学理念，要真正通透地理解它，也并非易事。

“知”这一概念，在先秦学者的著述里，有时与“智”通用，有通过接触事物达到知晓目的的意思，即“知，接也”。现在，常用来指思想认识、道德观念、事物之理。“行”是“躬行”“践履”的合称，指的是实际行动、道德践履。

知行问题在儒家思想中占据着重要地位，《尚书》中“非知之艰，行之惟艰”的表述，反映了儒家最早的知行观点，意思是“知易行难”。《左传》认为“非知之实难，将在行之”，即认识事物、懂得道理并不难，难的是付诸行动。孔子提出“学而时习之”，其内涵包含知与行两方面，“学”就是“知”，“习”就是“行”。孔子还把“知”的过程分成学与思两部分，认为“学而不思则罔，思而不学则殆”。这表明孔子对“知”的重要性已有深刻认识。与此同时，孔子指出“君子欲讷于言而敏于行”，认为行重于知，主张敏行。宋代儒家代表朱熹主张知行相须、知先行重。朱熹认为：“知行常相须，如目无足不行，足无目不见。论先后，知为先；论轻重，行为重。”他强调读书，强调做学问，强调人在学知识的过程中，训练、培养和确立自身的理性精神，进而成为圣贤。

可见，“知”与“行”的关系，历来众说纷纭。虽然人们对“知”与“行”的关系存在不同看法，有的偏重于“知”，强调“知难行易”“知先行后”，有的偏重于“行”，强调“知易行难”“行高于知”，但都从不同层面肯定两者互相依存、不可分离，即“知”离不开“行”，“行”也离不开“知”，二者辩证统一。

明代著名思想家王阳明，集前人智慧之大成，提出了“知行合一”学说，较为系统地概括了儒家的观点。它包含两层意思，一是“知中有行，行中有知”，二是“以知为行，知决定行”。王阳明认为“行之明觉精察处即是知，知之真切笃实处即是行”，强调知行互动的良性循环，即获得真知去指导行动，而后又获得真知。王阳明的“知行合一”学说，将古代的知行观提升到了一个新境界：知与行互为前提和条件，知与行是共存于一个矛盾统一体中的不可分离的两个方面，它们在空间上并居，在时间上并时，既不能彼此分离，又不能相互代替。

人民教育家陶行知先生基于对知行关系的深刻理解，提出了“行是知之始，知是行之成”的观点，强调实践在认识论中的先导地位，他还用自己的改名之举阐明知行统一的重要性。陶行知先生提出并实践了生活教育理论，从教育学的角度为知行合一的落实提供了指导思想与实践路径。这些思想观点对于教师的学与做,具有可贵的启示意义。

二、我党领导人对知行统一思维传统的批判继承

我国自古以来讲求知行统一,注重践履。对此,我党领导人在马克思主义唯物辩证思维的基础上,很好地批判继承了这一优良思维传统。毛泽东在《实践论》这篇认识论专著中,系统论述了认识和实践的统一关系,突出强调了"实践"的意义,这与前人知行统一、注重践行的优良传统有着直接的继承关系。而传统的知行观在毛泽东那里经过了改造,具有崭新的意义。毛泽东知行统一观的"行",是指人们改造世界的社会实践;而"知",则是人们在改造世界的社会实践中的认识。他的知行统一的模式是"实践—认识—实践",这是一个由实践到认识,再由认识到实践,循环往复不断前进的辩证发展过程。他把传统的知行统一观提高到马克思主义唯物辩证思维的高度,把二者融为一体。他的名言"读书是学习,使用也是学习,而且是更重要的学习",让教师能深刻领悟学与做的关系。

党的十八大以来,在知行关系问题上,有关领导人在一系列重要讲话和国内国际重要场合,对"知行合一"这一中国传统哲学典型命题进行了深刻的理论阐述和实践探索。他们深入剖析"认识"和"实践"的关系,强调"知"与"行"是相辅相成的。"知"是基础和前提,"行"是重点和关键,必须以"知"促"行",以"行"促"知",做到知行合一。只有把道理真正弄懂了,行动才能自觉持久;只有行动上落实了,对道理的领悟才能更加深入。这不仅揭示了"知"与"行"辩证统一的关系,而且阐释了两者为什么要"合一"的问题。这些关于"知行合一"的论述,是当代中国共产党人应用马克思主义立场、观点、方法对中国传统哲学文化思想进行创造性转化和创新性发展的典范。他们在论述知行问题时,反复强调要把学到的本领运用到实际工作中去,认为"学到的东西,不能停留在书本上,不能只装在脑袋里,而应该落实到行动上"。这样就可以用新的思想认识推动实践,又以新的实践深化思想认识。这些关于"知行合一"的重

要论述，是在时代发展要求和我国当前客观实际的大背景下提出的，丰富了传统“知行合一”理论的内涵，强调了思想自觉与行动自觉的统一性，要求把正确的思想认识自觉转化成具体的行为实践。这对于教育领域的各项改革，具有重要的指导意义。

三、构筑“知行互促”校本研修模式框架

“校本研修”一词，衍生于 20 世纪 60 年代倡导的校本培训、校本研究，是指一种“基于学校、为了学校、在学校中”的教师教育新理念，一种以“以校为本”“教师即研究者”“促进教师专业发展”为核心内涵并以自主、合作、体验、个性化为主要学习方式的教师专业发展行动，旨在从根本上改变教师的被动“受训”地位，强调教师自主专业成长。我校运用这一概念，并将其界定为“以学校和教师需求为导向，以解决实际问题、提高教师专业素养、促进学生全面发展及学校可持续发展为旨归的学习活动”。

古人所讲的“非知之难，行之惟难”“耳闻之不如目见之，目见之不如足践之”等道理，并非简单地厚“行”薄“知”，而是强调求“知”的目的是“行”，要学以致用。善于把“知”付诸“行”，反对空谈、崇尚实干，是中华民族的优良传统。

2016 年，基于当时师资现状以及教师队伍发展需要，学校行政会研究决定以“构建‘知行互促’研修模式，引领教师专业持续发展”为题，申报青浦区教育综合改革项目。该项目尝试通过读书活动、专家讲座、全员培训、自我感悟等途径，在“知”的层面促进教师改进教学实践；通过二次备课、达成度听课、论坛交流、教学研讨等途径，在“行”的层面规范教师的教学行为。为了实现“知”“行”统一，学校充分发挥专业引领的作用，在“行”的过程中强调根据学生实际学习所得，开展“以学论教”，促进教师自觉改进教学。这样的行为自觉，又可以进一步激发教师“知”的需求，从而形成专业发展的良性循环。

立项以来，学校根据本校师资的实际情况，把集体备课、二次备课作为提高教师课程实施能力和教学能力的必要手段，把全员培训、群体共读作为提升教师专业思想、专业知识的主要依托。为了具有持续性，学校将达成度听课纳入日常

教研活动，据此促进教师专业持续发展。

这些年，我校根据项目实施计划，组织群体共读等活动，探索校本研修模式，积累了一些经验，形成了基本共识。主要是，聚焦“知”的层面，引导教师交流读书体会，自我感知、感悟，学习他人经验和团队智慧，自觉改进教育教学；关注“行”的层面，引导教师开展实践反思，深入研讨教学。为了推进由“知”到“行”的转化，学校通过专业引领，强化“知”的功用，基于学生实际获得，检测“行”的效果。在实施过程中，两者反复交叉进行，由此促进教师专业自主发展，并走向高一层次的“行”，从而形成“知行互促”的良性循环。

在近几年的教育综合改革实践中，学校汇聚多方意见，对“行知互促”校本研修模式框架进行了初步描绘，见图 1－1。

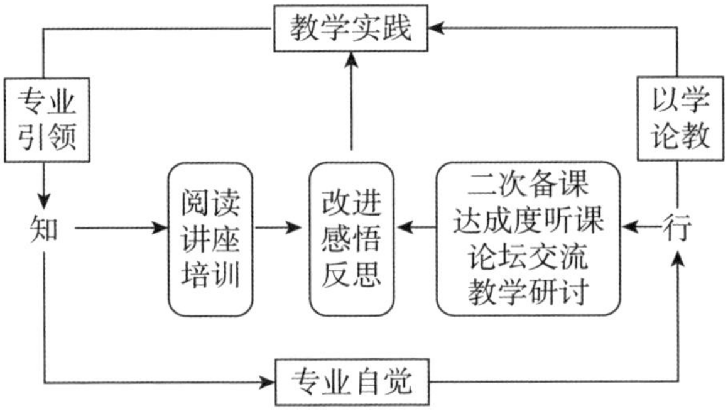

图 1－1 “知行互促”校本研修模式框架

学校认为，教师专业发展的目的是促进教师成长。教师专业成长的主要时空，在每次 40 分钟的课堂内，但也应充分关注备课、课后反思等教学环节。这些教学环节也会影响教师的教学行为，应重视教师在这些方面的改进表现与求助需求，将它们作为促进教师专业发展的着力点。对此，中国儒家的教育经典著作《学记》早有论述：“学，然后知不足，教，然后知困。知不足，然后能自反也；知困，然后能自强也，故曰：教学相长也。”这段关于“学”和“教”的论述，强调“学”要从“知”和“行”两方面着力。所以“知行互促”的研修理念，自然可以从中获取理论支持。

四、分析校本研修推进所面临的问题

备课、上课、听课、反思、改进,是教学研究的重要环节。抓住、抓实、抓好每一个环节,是学校教学管理的基础性工作。全面推进"知行互促"的校本研修,从我校实际看,还存在一些需要重视与解决的问题。

(一)应试教育的惯性思维,影响教师的投入

作为一所生源较差的普通高中,学校难免会被各种考试的分数目标束缚自己的改革手脚,教师也会有意无意受应试教育惯性思维影响。即使是初站讲台的青年教师,也会受到老教师的影响,摆脱不了应试所需的教学程式。事实上,在贯彻、执行课堂教学常规方面,学校还未能完全做到位,这就让教师中的惯性思维在一定程度上得到了固化。这种现状一旦遇到外在力量的作用,教师就像人的"痛点"被触碰那样,会立刻产生一种防御机制。虽然不会有面对面的激烈冲突,但无形的抗拒力量却无处不在。为了消除这种惯性思维对教师投入校本研修的负面影响,学校要未雨绸缪,通过深入调研寻找有效对策,并及时占据主导行为改进的舆论制高点,转变教师教学观念。

(二)课堂教学的低效,成了教师专业发展的绊脚石

近年来,虽然"以学定教、少教多学,鼓励挑战性学习"已成为青浦区教学改革的主导理念和课堂改进的重点,但上课满堂灌、教学低效的现象仍在不同程度上存在着。当然,教无定法,学校不可能规定所有上同一节课的教师都用同一份教案,但所有高效的教学模式也大多有一个共同点,即教师课堂角色的定位是一样的,教师是学生学习的"帮学者"。为了"帮学",教师在课堂上应尽可能多地引导学生进行自主学习、探究学习和合作学习。而且,教师还应该有目的、有计划地培养学生的自学能力、探究能力、合作能力,使其具有持续努力学习的热情。

为此,教师的教学设计不仅要考虑知识内容的布局,还要考虑课堂上的各类师生活动。但实际上,不少教师仍把课堂教学的重点放在教材内容的"讲完"上,较少顾及学生如何"消化"、练习实施与时间安排等问题。在这样的课堂上,学生

的任务就是听与记，就是被动地接受。至于上课时没来得及学和没学会的知识，以及没有经过当堂练习而达到理解程度的知识，只能留待以后再补。如果学生没有时间补习，那么学习上的问题会越来越多。这些问题未能及时解决，对于教师自身的专业发展，也是一种阻碍。

五、实施“知行互促”校本研修模式的深层思考

经过两年多的实践研究，我校初步形成了“知行互促”校本研修模式的基本框架，但这一模式的运作机制，以及在上课评课、练习作业、考核评价等环节的全面深入，再由此建立优化教学管理的制度保障机制等问题，还需要进一步研究。对此，学校进行了思考。

（一）读研结合，引领教师不断更新观念

推进校本研修，我校强调观念先行，提出观念是行动先导的理念。学校开展群体共读活动，目的就是通过导读引领、举办读书论坛分享阅读心得，引导教师加深对专业观、发展观的认识，强化职业认同，明确角色定位，进而走上自主专业成长之路。而一个重视自主发展的教师，会永远处于自觉反思和挑战自我的发展进程之中。有识于此，学校通过多种途径，促进教师更新观念，实现持续发展。

首先，引导教师认识到自身具备了丰富的专业知识，才能在课堂教学中游刃有余，更好地指导学生的学习；鼓励教师在参与“共读一本书”活动时，选择适合自己的教育经典，通过针对性阅读把握知识内涵，从而形成“职业信仰”。

其次，要求教师通过专业写作，促进教学实践的自我反思。反思作为一种个人的内隐行为，外人难以察觉，一般也很难量化检测。为此，学校在推进群体共读和教学研究中，明确要求教师撰写读书笔记、教学反思，并健全激励制度。

最后，通过举办各类论坛，引导教师交流各自的所思、所疑、所得、所悟。而教师通过讲述个人的专业成长故事，将自己理解的道理说出来，从而反躬自身，体会欠缺，继续学习，并在以后的教学实践中逐步完善自我。

（二）立足课堂，帮助教师提高教学能力与水平

课堂是师生共同成长的场所，教师应将其建成师生交往的互动平台。课堂是教师引导学生成长的园地，不是机械地加工教学产品的工厂车间。教师在课堂上，不能只传授现成的知识，应该引领学生探究未知。教师专业发展的终极目的是促进学生成长、成才。因此，课堂不该成为只训练学生行为的试验田，而应成为提升教师实践智慧的职场。子曰："君子不器。"教师要充分理解，每个学生都是不同的生命体，每一节课的教学都需要运用生成性智慧。所以，教师不能一味地照搬、模仿现成的课堂程式，而应对以往娴熟的教学模式进行创造性改造，使课堂满足师生共同成长需求。而要达到这一目标，除了"知"层面上的理念转变，还要在教学实践中加强磨炼，也就是在"行"层面上进行细化研究。

首先，学校以二次备课为抓手，引导教师开展"研究性备课"，即在以原有经验解读教材、设计教学过程的基础上，把学生、教材、教法和教具等要素作为既定的研究对象，在研究过程中积累个人的认知体验，形成自己的理解，重新备课。

其次，在课堂教学改进中学校强调要努力贯彻"五主"原则，即教师为主导、学生是主体、课本做"主材"（即主要材料）、问题当主干、训练呈主线。

最后，加强教学有效性研究，提升课堂教学效率。学校要重点关注学科教学效率，让教师以较少的教学用时使学生掌握较多的知识、技能，进而更好地培养能力，发展智力。

总之，立足课堂，就是要求教师热爱教育事业，关爱和尊重学生，深入研究教材教法，把握课堂教学规律，从实际出发，坚持用改革思路寻求传统教学的变革策略。只有这样，才能避免"题海战"和"满堂灌"现象，防止学生疲劳作战；教师才能不断积累经验，积淀智慧，为自己赢得专业持续发展。

（三）聚焦教研，做强教师专业发展的团队力量

教师专业发展共同体是20世纪80年代美国教师教育改革运动中产生的一个概念，后来日本学者佐藤学曾对此进行研究。它是指以自愿为前提，以"交流""分享""互助"为核心，以共同愿景为纽带，将教师集聚在一起，形成相互合作、共同成长的一种学习型组织。建设教师专业发展共同体，从我校师资队伍实际看，

需要着重关注与把握两个要点。

第一，教师要发展，离不开学习，学校应该向教师提出“敏而好学，不耻下问”的要求。教师应向书本学习，以获取前人的经验；应向同伴学习，以分享同行的智慧。面对同样的教材和类似的课堂，每位教师由于自身经历的不同，可能会有不同的反应。分析其中的差异，探究“不同”背后的原因，体悟“不同”产生的影响，应该成为教师学习的一种常态。这样的学习，可以加深教师对教学内涵的理解，使教师通过不断反思来更新自我。

第二，教师专业发展共同体需要教师自主建立。学校现有的各种群体组织，如教研组、备课组、年级组，只要稍加调整，也可以成为促进教师成长发展的共同体。此外，学校应积极鼓励教师根据共同的兴趣、爱好，成立不同的“民间组织”。因为兴趣、爱好相同，这类组织或许更具有生命力。只要合理引导、支持，它们也可以成为支持教师专业发展的独特平台。

总之，专业发展共同体是教师专业得以持续发展的有效载体。教师在其中开展合作学习，交流各自的看法与想法，在集体讨论中剖析某种观点或做法，这些都是教师专业成长道路上的足迹。

第五节 思察：立足常规建设，向管理要质量

规范是学校各项工作有条不紊开展和教育教学正常有序的重要保障。“不以规矩，不能成方圆”，学校要有学校的规矩。常规建设是学校的一项基本建设，它关乎学校办学的软件水平。学校教育向管理要质量，必须立足常规建设。首先，常规中有些是不能越过的底线，有些是不能触碰的“高压线”，如学生的课业负担、教材教辅的征订使用。其次，常规又是促进教师发展的风向标，如推门听

课、课后反思。因此,校长要经常性地观察这项基建工程是否到位和有效。这几年,我校根据青浦区教育局领导、青浦区教师进修学院专家对学校工作提出的意见与建议,在教学常规、科研常规、管理常规的建设上"三箭齐发",致力于促进教师专业发展,提升师资队伍质量。

一、健全教学常规,促进教师成长

教学常规是学校对教师教学工作的基本要求,常规的落实是学校教学得以正常有序实施的基础保证。健全教学常规,搞好常规建设,才能有成功的教育。为此,学校在充分考虑内外情况的基础上,于 2013 年 10 月设计了"以'二次备课、达成度听课'为抓手,促进教师专业持续发展的行动研究"教改项目,并获得区级立项。在 2014 年 12 月中期汇报中,学校又根据专家意见对核心概念、推进重点等进行了调整。这一项目的推进,对于落实教学常规和规范教师课堂行为,起到了有效的引领作用。

(一) 配合实施,健全制度

为推进项目的全面实施,学校基于合理使用项目经费的要求,就集体备课、二次备课、达成度听课的具体做法,形成了相应的考核方案。方案共分六个类别,对相关的项目内容进行了详细的描述,提出了要求及检查细则。考核以学年为单位,学校对实施中做得好的教师给予一定的物质奖励。

按照集体备课、二次备课的要求,学校教务部门在 2014 至 2015 学年第一学期开学初,对所有备课组组长进行专项培训,要求各备课组在每周五下班前上报下一周集体备课的时间、地点,以备检查,并协同安排具体听课时间。

(二) 稳步推进,及时调整

教改项目实施一段时间后,学校对实际效果进行诊断,发现对集体备课、二次备课的检查是分离的。检查关注的重点是教师有没有参与集体备课,较少关注集体备课的质量。另外,二次备课的检查,主要是核对上传的教案数,只抽取部分内容与主备教案进行比对。这样得到的结果,不够全面、客观。为此,学校在 2014 至 2015 学年第二学期进行了调整。

其一，强调集体备课、二次备课要有针对性。首先，集体备课前，主备教师要提前上传将提供的文本。其次，集体备课时，备课组由专人记录集体备课达成的共识或讨论意见。最后，检查二次备课实况时，要对主备教案与集体备课研讨记录进行核对。

其二，通过论坛交流推广成功经验。细化管理制度，可以深入了解实施的结果。对于实际的操作过程，不能仅靠制度检查，还需要实践经验的支撑和引导。因此，2015 年学校组织了教师论坛，选取在项目推进中做得比较好的优秀学科组上台交流，由此推广成功经验。

其三，统一发放教师达成度听课反馈表。推广达成度听课的目的，主要不在于评判教师教学的优劣，而是给教师相互听评课搭建一个平台，在学校形成教学研讨氛围。因为直接口头交流没记录，不可检测，所以学校设计了相应的听课反馈表，通过它统计教师听课节数，也便于保存资料。在每次统计教师听课节数后，教务人员便将听课反馈表发给被听课教师，统一传递评课信息。

学校借助这一项目的稳步推进，将教学常规管理落实到学科教研组，既推动了教研组自身的建设，促进了教师的专业成长，也提高了教学质量。项目启动不到一年，在生源条件没有明显改善的情况下，我校学生的高考本科达标率明显提升。

二、形成科研常规，引领教师成长

教育科研只有成为教师的内在需求，教师的专业持续发展才有可能实现。教师只有成了研究者，其自身素质的提高与教学质量的提升才有可能实现。以教育科研行动引领教师专业成长，应从科研常规抓起，向管理要质量。近些年，学校从形成科研常规入手，抓住教育科研工作细节、过程，提高教师深化专业发展的自主性，提升教师自我发展的意识与能力，重点工作包括两方面。

（一）精准目标，夯实基础

做好学校教育科研工作，要厘清思路，明确愿景，才能有的放矢。这些年，学校科研常规的重点有三个。

其一,做好"规定动作"。"规定动作"是指青浦区教师进修学院教育科研中心每年布置的常规性工作,如每年区级课题的申报立项、过程与结题管理,包括各类征文、微视频评比活动。学校教科室必须按照区里的要求,认真组织相关培训活动,安排专人负责,做到保数量、提质量,争取每年都有提高。

其二,做实"自选动作"。"自选动作"是指学校自主组织的一些活动,如2013年启动的教师"群体共读"活动就是为推进教育科研创设的一项"自选动作"。该项活动开展以来,已基本形成了一套组织管理常规,共分四步:(1)营造氛围,搭建共读平台;(2)导读先行,激发共读需求;(3)三重对话,推进共读深入;(4)专家解读,提升共读品质。

其三,做优专业引领。近年来,学校在暑期教师全员培训中,着力优选培训者,引导落实"面"上的科研内容。同时,针对阶段性任务,优化专业引领资源,注重"点"上的突破。

(二) 重视策略,尽心服务

有了明确的目标,如何落实是学校管理的一个关键问题。为稳步推进学校教育科研工作,尽心为教师专业发展服务,学校在常规管理上采取了一些措施。

其一,做好项目管理工作。对于区级项目"以'二次备课、达成度听课'为抓手,促进教师专业持续发展的行动研究",学校管理的重点是总结项目实施以来取得的成效与存在的不足,寻找二次备课、听评课活动中的薄弱环节,做好相应的改进工作。

其二,做好名优教师管理工作。名优教师是学校推进教育科研工作的中坚力量,是引领教育科研的优质人力资源。为加强对本校名优教师的使用和管理,学校教科室根据每位名优教师的不同条件和需求,与其共同设计研究重点和方向,并配以若干青年教师,组成若干个稳定的研究团队,创建新型的合作共同体。

其三,做好细节管理工作。细节决定成败,教育科研工作的细节管理,需要在两点上加强落实。一是计划先行。每项具体工作的开展,都要在现状与需求分析的基础上认真制订计划,计划的内容包括宣传动员、培训指导、人员落实(重点人员在计划制订前就要有所考虑)、时间节点等。二是监督随行。计划确定后，对计划中的各个时间节点，都应按照原有要求督促实施。这样才能事事有计划，时时在执行，使每个工作细节都能得到落实。

其四，做好过程管理工作。如果说细节是管理要抓住的“点”，那么过程就是管理要抓住的“线”。点、线连成一体，工作才具有实效性和长效性。对于教育科研方面的事，学校采用“分层过程、分期实施”的策略，据此与相关教师沟通，并给予鼓励、督促，从而更好地为教师服务。

学校的教育科研管理，一半是科学，通过管理的精细化来体现；一半是艺术，需要尽心服务来落实。形成与实施管理常规，要落实细节、抓住过程，认认真真做好每一件小事，这样才能促使教育科研工作绩效稳步提升，教师专业成长优势明显。

三、改善常规管理，保障教师发展

在我校，教学常规被列为教师工作的底线，科研常规则是教师专业成长的“最近发展区”。而管理常规的作用，就是保障这两个常规有效落实，稳步推进教师实现专业持续发展。在改善常规管理方面，学校坚持走规范化、精细化、科学化之路，使备课、上课、作业、听课、检测、评估等管理制度逐步趋向完善。

（一）规范化：着眼课前课后

在教学管理上着眼课前，就是为备课立规矩，要求个人备课与集体备课相结合。学校要求全体教师每周参加一次集体备课，共同分析教材与单元教学目标，探讨重点、难点和教法、学法，研究教案设计。学校要求同年级同学科的教学努力达到四个“统一”，即统一教学目标、统一教学进度、统一教学重难点、统一阶段练习。集体备课的规矩是遵守时间，保证出席率，人人参与，并承担相应工作任务。个人备课则要求做好二次备课，即在共享集体备课形成的统一教案基础上，以新课程理念为指导，根据任教班级学生学情，形成更有针对性的教案。

课后，一是要求上课教师写个人教学反思，记录学生在课堂上的不同见解，梳理自己教学中的成功之举、败笔之处，以分析教学上的创新、不足或遗憾，供今后参考，并在此基础上不断改进、完善教学。二是听课者及时反馈评课意见，肯定优点,指出不足,提供建议,如有需要,可继续跟踪听课。

学校不定期检查备课制度落实情况,不定时组织推门听课活动。

(二) 精细化:着力课堂教学

为实现高效课堂的教学改革目标,学校提出了“四个注重”的常规要求。一是注重预习(学生自学)引导。二是注重互动(生生互动、师生互动)推进。三是注重训练(作业、检测、实验)实效。四是注重质疑探索(发现问题、提出问题、分析问题、解决问题)。

在改变“灌输—接受”式教学的同时,学校尝试建构符合本校学生学情的课堂教学新常规,即预学领先,点拨跟进,讲练结合,达标反馈。预学领先是指教师要以问题为主要形式编制学生预习提纲或导学案,引导学生自学,设计的问题要针对教学目标、教学重点和难点,关注“知识与技能”“过程与方法”“情感、态度与价值观”等方面。上课时,指导学生交流预学结果。点拨跟进是指教师通过精心设计教学活动,运用任务驱动,让学生在探究与体验中进行生动的、富有灵性的思维碰撞,在生生互动、师生互动中迸发灵感,并在交流中尝试深度学习。讲练结合,达标反馈是指通过“先学后教”,给学生一定量的当堂训练,让其用所学知识解决实际问题,以深入理解课堂所学内容,达到课堂教学目标的要求。教师通过达标测试,了解学生学习效果的反馈信息,以精准教学给予补偿。

(三) 科学化:着重作业布置与批改

作业要求是常规管理的难题,难在既要达到巩固和检查教学效果的目的,又不能加重学生的学习负担。对此,我校不断加强作业管理。

一是倡导预习作业。预习作业重在培养学生良好的学习习惯,并为教师把握教学起点、改进教学方法、实施因材施教提供依据。学校要求教师紧扣教材内容和教学目标进行设计。预习题的目的要明确具体,适合学生自学,能促使学生认真阅读教材,积极思考问题。学生通常要在课前完成预习作业,也可根据实际情况课堂上在教师指导下完成。对学生完成预习作业的情况,教师要及时检查,做出评价。

二是用好课堂作业。课堂作业重在帮助学生掌握知识,检测教学效果。学校要求教师提高检测作业的思考价值和可操作性。习题要典型,能发挥举一反三的作用;量要适当,保证练习时间,学生练习时教师要加强巡回辅导。下课前,教师收齐学生课堂作业,及时批改,并根据作业情况采取应对措施。

三是适量布置课外作业。课外作业应根据教学需要,适量布置,并有分层要求;允许学生根据本人实际自主选择。一般情况下,语文、数学、英语三科的作业都应让学生能在40分钟内完成。

四是明确学生作业常规。首先,要求书写工整、页面整洁、格式规范,不抄袭,按时上交。其次,既允许学生按自己能力有差别地完成作业,又激励学生挑战困难更好地完成作业。最后,要求帮助学生养成自我检查、自我订正作业的习惯,对作业完成不合规范或作业完成有困难者,教师应个别指导。此外,实验报告中的习题,一定要根据实验操作的结果来解答。

五是明确作业批改常规。对学生的课内外作业,教师都要及时、认真、全部批改,不能以集体评讲的方式代替批改。作业批改时既要多肯定和鼓励,也要明确指出其中的错误和缺陷,引导学生自我改正。不得以罚做作业的办法,惩戒作业做得不符合要求的学生。

总之,对作业的设计和批改,教师要做到"二精"(精选、精批)和"四必"(有发必收、有收必改、有改必评、有差必补)。学校对教师的作业布置量、批阅次数、批阅质量等,采取月检月报制,即每月进行检查,每月对检查结果进行通报,同时,结合学生调查获得的信息,在网上反馈有关情况。

四、常规落实到教研组,诊断、分析、反思、提高

无论是教学常规、科研常规,还是相应的管理常规,最终都要通过教研组来贯彻、落实。为此,我校把"常规建设在教研组上"作为基本思路,积极引导各学科教研组凝聚群体智慧,通过诊断存在问题,分析产生原因,反思自身不足,提高改进自觉,努力探索常规建设的有效途径。在具体实施中,教研组长也各显神通,积累了一些宝贵的经验。

语文组。以备课组为单位,开学初就制订好学期教研计划,重点突破备课、

上课、作业布置与批改这三个环节中存在的问题。在加强备课上，以集体备课为主，以个人修改为辅，精心设计教学问题，适当增加问题难度，确保有较大的思维容量，以激发学生学习兴趣。备课要落实预习要求，使学生学习有目标、有抓手，预设多种课堂检查方法。另外，要求学生在预习中尝试质疑教材，教师在教学中也要有意识地引导学生析疑、释疑。作业设计分准备性作业和课后作业，内容要紧扣教学目标，具体可操作，适度且有效。教师要认真批改作业，及时反馈和辅导。对学习困难大、作业问题多的学生，教师应采取面批方式进行个别化帮助。

数学组。各备课组每星期安排半天时间用于集体备课，统一准备下一周的课。先请每位教师发表自己的观点，再共同备课。针对学生自主活动时空较少，学生学习主动性不够的状况，要求教师上课时尽量说得少而精，给学生留出一定的练习、讨论时间，充分调动学生学习积极性，激发学生学习热情，提高课堂教学效率。全组要重视落实教学“五环节”要求，重点加强备课、上课、作业布置与批改这三个环节，在“扎实”“得法”“高效”上做文章。高三备课组加强研究教学难点，提高针对性训练的效益，认真学习数学课程标准，从时间、内容、方法上对复习阶段教学工作进行全局性安排，确保有序和高效。

物理组。针对教师“以问题组织教学”意识不强的现状，全组开展深入、具体的讨论，着力寻求解决问题的对策，启动关于“课堂有效提问”的课题研究，精心设计教学问题，适当增加问题难度，使之有较大的思维容量，以激发学生的学习兴趣。教师以问题推动课堂进程，抓住教学契机组织学生讨论、交流，当学生有不同看法或思维阻塞时，给予充分的思考、研讨时间。进一步加强集体备课，上传集体备课与个人备课的教案，注重把握教材，确定教学重难点，探讨教法、学法的运用和资源整合。同时，加强物理实验教学，引导学生努力做好每一个实验。

化学组。针对督导评估中提出的知识呈现形式比较传统、缺少能体现“以学生发展为本”理念的教学手段等问题，教研组用心改进。首先，进一步强化集体备课，尽可能统一教案、统一进度、统一作业，及时上传二次备课教案。其次，要求教师从新课程理念出发，确保学生在课堂学习中的主体地位，充分调动每一个学生的积极性，促进学生自主学习、合作学习、探究学习。再次，切实提高课堂教学效率，防止学生学习活动流于形式。最后，基于每节课的学习内容，及时安排相应练习，尽可能采取面批方式，有的放矢地指导学生订正，使每一个学生都得到发展。

生物组。通过认真研读新教材及考纲，学习教育教学理论，落实各项常规。在加强集体备课基础上，根据学生情况和教师自身教学特点改进教学；关注课堂教学容量，提高常态课的教学效率。以“有效教学——学生学得充分、学得自信”为宗旨，探索建立课堂教学基本规范，总结教师“引得有趣、讲得清晰”、学生“听得进、记得住、用得上”的课堂教学校本经验。加强作业有效性探索，减少作业布置的随意性；针对作业批改中发现的问题，及时纠正。面对有差异的学生，教师要精心设计不同的教学目标，进一步加强分层教学，分类指导。教师要运用不同层次的教学问题，不同的教学方法，不同的作业及反馈形式，对不同的学生提出不同的要求，尽可能使每个学生都有所收获，有所进步。

历史组。重视基础知识的落实，在教学和复习中做到“点”透、“线”通、“面”全。要让学生全面、准确、客观地把握历史发展的线索，理解古今中外的纵横联系，了解某一历史阶段社会各方面的特征。对于一些重要的历史概念，要引导学生正确理解，弄清其内涵和外延。结合知识点的教学，精选典型题目，定时定量进行训练。重视学生审题能力的培养。关注学生的差异，开展分层教学。将着眼点放在教材上，紧扣教材内容，有针对性地进行专项训练、综合训练。通过讲、练、评三结合，加强解题方法的指导，让学生的思维充分动起来，活起来。

信息科技组。加强信息科技课程方案的学习交流，自觉学习学科课程标准和学科课程评价实施方案。在此基础上，积极参加区、片层面的学习研讨活动。通过交流和反思，根据学校学生的具体情况和教师的教学特点，确定研究目标，设计符合本校需要的教研活动的项目方案。按照项目方案，厘清教学目标，重新选择和组织教学内容，确定教学的重难点，加强基础知识与操作技能的联系，梳理知识和技能的逻辑关系。加强集体备课、二次备课和校本作业设计，教学内容、教学进度的安排必须经过备课组集体备课和二次备课两道程序，并根据学校、学生的实际情况设计校本作业。

五、加强集体备课,为课堂改进助力

现在的课堂教学,对教师来说,还只是一个人的“演出”,别人无法“友情出演”。但课前的准备,完全可以各献所长,智慧共享。所以,学校将课堂改进的突破口与相应的常规建设着力点都放在集体备课上。同时,学校要求教师通过集体备课,取他人之长、补自己之短,加快个人的专业成长。以下引用我校一位英语教师的教学总结进行说明。

集体备课其实并不是一件新鲜事,但从学校启动二次备课项目后,我们英语学科高一备课组在操作上更加制度化和规范化了。

一、集思广益,量体裁衣

备课组按照学校要求,将每周二上午的两节课时间用于集体备课,作为“集思广益”抓手。集体备课时,全组六名成员共商下一周的上课内容、教学重难点及其突破方法、具体课时安排等。在大家基本达成共识后,这一周的主备教师负责梳理、整合一周课时的教案。考虑到各人的专长,大家协作完成课件制作、课后练习设计等方面的工作。

集体备课后,每位教师还有各自的二次备课。这个“二”字是一个虚指,可能是两次、三次甚至更多次,我们称之为“量体裁衣”,也就是每位教师根据自己任教班级的学情和本人教学特点,对“共课”教案进行细微调整。同时,在这一周的教学之余,大家还会不时交流,先行上课者会将课堂上碰到的问题及时反馈给其他教师,并给出一些调整建议。在此,以一个案例说明备课流程。

(一) 集聚团队的力量

在一次试卷分析中,我们发现学生语法部分失误较多,主要集中在定语从句关系代词和关系副词的填空中。于是,在备课活动中主备人提出了“定语从句易错题目汇总”这一教研专题,每位教师就学生在定语从句操练中最容易发生错误的知识点、题型及其原因进行梳理、归纳。在此基础上,确定了这一专题的三个主要研究板块,即“定语从句关系词易错题”“含定语从句的时态语态易错题”“含定语从句的翻译”。接下来进行分工,分别完成教案撰写、课件制作、课堂练习设计、回家作业编制、全部文本的审阅及修订等工作。

（二）因地制宜，各显神通

大家整合备课组汇总的资料后进行二次备课。一位教师在自己任教的两个班级中，发现对于as、which在非限制性定语从句中的用法区别，学生掌握得相对较差。就这一点，班级之间的差异比较明显，有些班级大部分学生掌握得较好，所以集体备课时没有将其纳入典型例题，但在worksheet里已经设计了相关题目。因此，这位教师决定在自己任教班级分析例题结束时，提前使用worksheet中的相关题目，并加入了一些自己补充的练习题。另一位教师，针对"共课"初稿中的一个定语从句例句"He has two sons, both of ________ are college students"提出自己的看法，认为此处完全可以加入"He has two sons, and both of ________ are college students"进行对比练习，不必拘泥于定语从句，因为这些知识之间本来就有联系，而且这个知识点学生在初中时已学过了，可以让学生通过对比练习总结规律。她的建议得到了大家的认可。还有一位教师，实际授课后认为导入环节过于冗长，建议将导入环节的六题缩减为三题。她认为，第一环节的设计目的在于激活学生的背景知识，为完成接下来的任务做好准备，导入课题后，应引导学生回顾定语从句解题的基本原则和方法，不必面面俱到地联系所有学过的关系代词和关系副词，节省时间。总之，这样的二次备课活动，既有相对固定的时间空间，又可发挥集体备课的功能。

二、注重积累，坚持实践

教学质量是学校发展的生命线，学校加强集体备课的规范化管理，是为了提升师资水平，保证教学质量。作为一般教师，个人力量微不足道，但只要我们注重平时的积累，切实有效地坚持实践探索，就一定能实现提高课堂教学质量的目标。对此，我有三点理解。

第一，主备人不唱"独角戏"。有效的集体备课，不应当由主备人独自进行前期的教材解读以及相关资料的整理，而应当提倡"百家争鸣"。也就是说，每位教师在集体备课前应各自研读教材，形成自己的教学方案。这样才能在集体备课时对主备人的教材分析提出自己的见解，而不是被动等待或敷衍应对。主备人的作用主要是现场解说，其他幕后制作的环节均应集体参与，协同完成。

第二，二次备课应“形散而神聚”。二次备课活动要有相对固定的时空，但不宜采用固定的模式。零碎时间，几个人三言两语，各抒己见，都可以纳入二次备课的范畴。这样不受时间和空间的限制，校园里到处都能留下二次备课的脚步和痕迹。

第三，集体备课要化“有形”为“无形”。当教师的思想从“学校要我集体备课”转变为“我要参加集体备课”时，学校的这个项目就可以说是实施成功了。此时，不再需要这般那般的检查，备课从关注“形式”变为重视“结果”，教师教学行为也改进了，这一切都是在无形中实现的。

（陈鹃鹃）

第二章

知：读书明理，博览约取

强师，离不开激励、督促教师读书。从读书中获取知识，可以让教师明辨教育之理。明理的要义，在于广博地阅读群书，简约审慎地取用其中知识。教师作为知识分子，读书自然不在话下，但与个人专业发展相关的书籍，读了多少、读得怎样，所获知识能不能用、会不会用，这些问题在我校的调研结果并不乐观。为此，引导、组织教师读书，是有效推进校本研修的重要工作。

第一节　从读开始,知书达理

教育是什么,教师应该怎么做,这些都得经过自己的实践体验,但也需要从他人的经验与理论中汲取智慧。从读开始,把握书中三昧,是教师专业成长不可或缺的过程。著名学者朱永新教授在《我的教育理想》一书中说:"勤于学习,充实自我,这是成为一名优秀教师的基础。一个理想的教师,一个要成为大家的教师,一个想成为教育家的教师,他必须从最基础做起,扎扎实实多读一些书。"由此可见,阅读是教师专业发展基本而有效的一条途径。

一、引导教师认识阅读的重要性

人的发展离不开读书,阅读的边界就是人生的边界,养成爱读书的习惯很重要。古代文人说:"士大夫一日不读书,则尘俗生其间;三日不读书,对镜则面目可憎,对人则语言乏味。"

(一) 读书对于教师的意义

读书,能让人跨越时空与先哲进行精神对话。读书对于促进教师专业发展,提升教师专业素养,具有不可替代的作用。近年来,教师专业素养提升问题备受重视。

教师阅读,是一个关乎现实的沉重话题。不断发展着的教育事业,对教师的要求越来越高。教师队伍专业化、教师专业发展等问题越来越引起教育界关注,并成为学术研究领域的热点。对于通过阅读来提升教师专业素养,许多教育大家都有过类似的观点。苏霍姆林斯基在《给教师的一百条建议》一书的第 87 条"谈谈教师的教育素养"中指出:"读书,读书,再读书——教师的教育素养的这个方面正是取决于此。”他还指出:“有效地开展学生全面发展工作的一个最重要的条件,就是教师集体要有丰富多彩的智力生活,要有多样化的兴趣、广阔的视野、顽强的钻研精神和对科学新事物的敏感性。集体的智力财富之源首先在于教师的个人阅读。”

在建设学习型社会的全民行动中,教师理应成为终身学习的先行者、引领者。教师积极读书的意义在于达理。

(二)教师阅读,对学生是一种示范引领

教育是塑造灵魂的职业,教育者不仅要向学生传递知识,还要在学习方法、价值观上引领学生。因此,教师需要通过阅读不断给自己“充电”,这样才能源源不断地汲取智慧“活水”,滋养学生成长。书籍是人类精神文明的结晶,读书是吸收和内化这些历史积淀成果的过程。学校是传播知识的地方,办学水平高的学校,学习氛围一定非常浓厚。教师勤于阅读,这本身对学生就是一种言传身教。爱读书、有学养的教师,往往就是学生心目中的偶像。教师的一举一动,都会被学生效仿。现实中,很多学生就是在教师的熏染下爱上读书的。

(三)教师阅读,可以提升自身专业境界

教师的教学,既是一门“技术活”,又是一项“艺术活”。教学需要教师不断刷新,而不是单纯复制。优秀的教师,不仅要研究教学内容,而且要研究教学对象及其行为,研究教学的策略和方法。这样的研究,既是对自身经验的总结和提升,也是对教育理论、他人经验的体悟和借鉴。在教育综合改革深入开展背景下,教师需要借助阅读,完善知识结构,培养专业精神,提升人生境界。朱永新教授说:“现代许多教育新思想,其实只不过是用我们这个时代的语言和案例与过去的大师对话而已。”教师的阅读,就是依托文本穿越时空,一次又一次地与大师进行教育对话。一位优秀教师,在培养学生成为“读书人”的同时,也一定会让自己充满“书卷气”,这样的“书卷气”正是一种专业境界的体现。

(四)教师阅读,可以开阔自身教育视野

新课程改革倡导的新理念,为教师舒展才华提供了宽广的舞台,同时也对教师提出了更高的要求。教师只有不断从书中汲取营养,才能在专业成长路上大踏步前进。教师阅读的价值,从一定意义上说就在于阅读本身,在于阅读的过程,在于让阅读成为自身专业发展的一种方式。通过阅读,教师可以探寻教学成功之道。在信息科技迅猛发展的现代社会,学生的知识来源越来越广,教育的影响因素也越来越复杂,这就要求教师有更宽广的教育视野,具备课程开发、设计与整合的能力,具备教学反思的能力,具备实施心理教育的能力等。要想达到这些要求,教师只有阅读、阅读、再阅读。

二、推进教师阅读的思考与行动

基于对教师阅读以及阅读与专业成长关系的深入认知,我校把教师专业阅读作为学校教育内涵发展的奠基工程。世上无难事,只要肯登攀。从 2013 年起,学校把“群体共读”活动作为促进教师发展的抓手,采取措施,建立制度,推进全校教师读书。

(一) 学校初衷

学校倡导教师群体(包括学科组教师、年级组教师、学校读书会成员)共读,是指选取同一本书籍(教育名著或优秀教改经验),通过组织共同阅读(学习)活动,借助论坛交流等形式,引导教师读书。这一行动,旨在将共读活动作为种子,让读书风气在全校生根发芽,并由教师的读带动学生一起读。学校希望经过多年推进,以“群体共读”开阔教师视野、丰富教师底蕴、引领教师发展,以读书教研活动引导教师探寻阅读对教育的本质意义,由此推动教师潜心阅读,促使教师从“知”的注重向“行”的坚持进发,提升教师队伍整体专业水平,从而在全校形成读书氛围。

(二) 课题引领

苏霍姆林斯基认为:“要想让教师品尝教育的乐趣,就要把他们引入教育科研。”2014 年,学校以“以‘群体共读活动’促进教师专业素养提升的实践与研究”为题申报科研项目,获得青浦区教育科研立项。课题立足学校教师队伍实际,以读书丰富教师专业知识与文化底蕴,以边阅读、边思考、边实践促使教师完善教育教学策略,充实教育教学方法,以独立思考、相互交流提升教师教育认知和人文素养。课题研究确保了读书活动的扎实开展,提升了学校教师的阅读品质,营造了“阅读是一种生命成长活动,读书是教师职业生活常态”的校园文化氛围。

(三) 有序推进

共读活动推出后,为鼓励教师积极参与,学校制订了相应的实施计划与奖励制度,又结合课题研究,精心挑选适合全校教师共读的书籍,给教师“充电”。学校对每一轮共读活动的导读要求、读书笔记验收、论坛组织等环节的落实都有明确要求,并对参与共读、撰写读书笔记、参加读书论坛等活动的教师给予一定的奖励,以此提高教师的读书积极性。每轮教师共读活动的主要流程为“发放精选图书、组织专人导读→人人撰写笔记、上传参加评比→举办读书论坛、交流探讨分享”。按照上述流程,全校教师在 2014 至 2016 三年时间里共读了五本书,上传了 300 多篇读书笔记。

三、为教师选好达理之书

为使教师共读计划能够顺利实施,学校在充分调研、广泛征求区内名优教师意见的基础上,统一购置了一批书籍,提供给教师阅读。这些书中,既有青浦本土区域教学改革的经验总结,也有关于教师职业认同的理论,还有日本课程论大家佐藤学对“活动的、合作的、反思的综合学习课程”的精妙解读。而苏霍姆林斯基《给教师的一百条建议》一书,看似写的是一些浅显的建议和劝告,却深入浅出地揭示了教育教学规律,不仅蕴含丰富的教育学、心理学知识,还包含了大量的实践案例。2013 年 10 月以来,学校以五本书为依托,推进教师共读活动。

(一)《变革的见证——顾泠沅与青浦教学实验 30 年》[①]

青浦实验是一场发端于 20 世纪 70 年代后期的区域性教育改革行动,它肇始于数学教学方法的改革。当时,面对青浦教育落后的状况,以顾泠沅为代表的教育工作者,致力于探求让所有学生都能有效学习的教学措施。经过“十年生聚,十年教训”的不断拼搏,青浦全区域达到了大面积提高教学质量的目的。由

① 沈兰,郑润洲.变革的见证——顾泠沅与青浦教学实验 30 年[M].上海:上海教育出版社,2008.

此，青浦实验走出上海、走向全国，走进了国际教育论坛。

这本书记载了青浦教育改革30年历程的主要成果、东西方课堂教学比较研究的结论、教师继续教育模式的改革，记述了我国数学教育专家顾泠沅教授扎根课堂30年的研究经历，总结、提炼了由此得出的四条教学基本原理和相应的课堂教学结构，以经验筛选为核心的实验方法体系，以自愿选择、内化为原则，推广教改成果的经验传播模式。全书分为三部分：第一篇，青浦实验：穷则思变的扎根研究；第二篇，中间地带：跨越东西方教学差异；第三篇，行动教育：教师在职教育的新范式。

（二）《教学勇气——漫步教师心灵》①

当越来越多的研究者将目光聚焦"如何成为一位优秀教师"或者"什么样的教育是好的教育"这一类问题时，帕克·帕尔默关心的是"谁"在教书、"我"是谁、"我"的心灵是什么样子、"我"对教学以及学生的恐惧源于何处、"我"如何面对教与学的关系等问题。对这些问题的回答，构成了该书的主要内容，而所有问题的答案，最终都聚焦一个方向，即认识你自己。

此书建立在一个最普通的信念上，即优秀教学不能被降格为技术，优秀教学源自教师的自身认同和自身完善。在书中，帕尔默带领教师，为重新点燃对人类来说最困难但却最重要的教育事业的热情，进行了一次精神之旅。教师为了心灵的自由选择自己的职业，深爱着他们的学生和课程，但教学要求常常使得很多教师感到激情消退、心灵失落。今天的教师，需要再一次鼓起教学勇气，像优秀教师那样把心灵献给学生。帕尔默帮助教师建立了对教学的共同认识，他号召有关教育机构在这方面支持教师。教育是带领孩子们进行一次心灵之旅的过程，在这个过程中，孩子们学会用更真实的方式看世界，学会在这个世界中生存。

该书颠覆了人们关于教学的许多观念，将一些支离破碎的东西用心灵整合起来，它不仅重新审视了人们的认知方式，还要求教师将知识当成一种信念，将教学当成生生不息的对话，将自己融入学习的共同体。

---

① ［美］帕克·帕尔默.教学勇气——漫步教师心灵［M］.吴国珍，等译.上海：华东师范大学出版社，2005.

(三)《静悄悄的革命》①

这是一本典型的“大家小书”。说其大,是因为该书作者为日本著名的课程论、教学论“大”专家。说其小,一是因为书的篇幅小,不足200页,只有10万字左右,二是因为书的切入口小。作者佐藤学深入分析了广泛存在于教学、教研以及综合课程中的形式主义,指出其根源在于将学生从学生、教师、教材、学习环境这四个相互联系的要素中抽取出来而造成的“主体性神话”,以及教师之间缺乏真正的合作关系。为了应对这些问题,他提出了“润泽的教室”,提出了学习的多重对话,提出了以现实生活问题为中心组织综合学习活动。同时,他指出,学校应该以教研活动为中心,建构教师间的合作性同事关系,促进真正意义上的课堂开放。他还希望构筑以学习共同体为核心的学校改革方案,并在日本的几所学校进行了实践,取得了良好的效果。

对于教师,这本书像一把锋利的刀子,打破了新课程改革之后笼罩在教师心头的“主体性神话”的魔咒,促使教师重新思考教学中更为本质的一些问题,如怎样创设以“学”为中心的教学,怎样的教师是优秀教师,教师怎样去倾听和理解学生,何谓课程,什么是真正的学习,师生交往的实质是什么。对于学校管理者,这本书提出的问题有如何使教研成为学校的核心并实际而有效地帮助教师成长、如何将学校建设为学习共同体。认知这些问题,对于迷失于公开课之中的教师和管理者来说大有裨益。

(四)《给教师的一百条建议》②

该书是教育界的一部经典,堪称中小学教师必读的“教育圣经”。书中,苏霍姆林斯基对中小学教师面临的100个问题提出了自己的看法。这些问题,涵盖教育教学的方方面面,大致可以分为教师素养问题、阅读问题、后进生转化问题、思维问题、记忆力问题、学习兴趣问题六类。它对当前中小学教育教学的改革意义重大。同时,这些建议又并非教育教学技巧的简单罗列,在它们的背后,是作者对教育教

① [日]佐藤学.静悄悄的革命[M].李季湄,译.长春:长春出版社,2003.

② [苏]苏霍姆林斯基.给教师的一百条建议[M].杜殿坤,译.北京:教育科学出版社,1984.

学本质的深刻认识和理解。贯穿全书的核心,则是“自尊”以及“思维挑战”。

这本书虽然没有严谨的理论阐述,但却包含着丰富的教育教学智慧。全书语言生动鲜活,如涓涓细流,慢慢渗透,令人常读常新。随着教师理解的深入,他们的教育教学还会展现出不同的奇妙风景。

(五)《论语今读》①

《论语》是儒家经典,对它的注释传疏,数不胜数。人们耳熟能详的,当数南宋大儒朱熹的《论语集注》。读朱熹的书,重要的是“玩味体察”。因其带有理学观点,只有处处与理学的整体看法对照,才能读懂朱熹的注释。

作为美学家、哲学家的李泽厚,其著作虽用“反向格义”之法,但立足哲学思想层面,通过抽丝剥茧,为人们阅读《论语》提供了很好的指导。无论是专家学者还是初读学生,都可以在书中找到自己阅读的切入点。毕竟,“今读”相较名人的“心得”,意在追求文本本身之义。至于读书,如果一味追求一已之“心得”,又何谈学习、进步? 读书有得,对教师来说,不只是一己的“心得”,而应虚心以求,弄懂作者的意思。只有一步一步理解作者所说,读者自己才有进步的空间。修己安仁,才有提升境界的可能。

李泽厚在书中进行的种种分析,都不是轻易得出的价值判断,而是从理解的维度出发,尽可能阐述儒家的本义。批判性地吸收传统经典,以提升人文素养,是教师阅读本书过程中的重大收获。

四、“群体共读”的推进策略

2013 年 9 月推出教师“群体共读”计划并付诸实施后,学校通过营造氛围,搭建平台,以读书活动为抓手,提升教师专业素养。

(一) 导读先行,激发教师阅读自觉

阅读方式一般包括浏览、泛读、精读三种。在信息泛滥的当下,浏览、泛读到处都有,无时不在。而教师缺少的,则是精读。精读需要时间,需要引导。因此,

---

① 李泽厚.论语今读[M].北京:生活·读书·新知三联书店,2006.

在每一本书开始共读前，学校都要请专人先行阅读，精心准备，以讲座方式导读。每次导读都安排在学校放寒暑假之前，让教师能充分利用假期潜心阅读，用心思考，同时撰写读书笔记。在新学期开学后，教师将读书笔记交到学校相关部门。

对于专业书籍，不少教师是有阅读意愿的，但苦于不知如何去读。为此，学校组织的导读讲座，不仅会介绍所读之书的梗概与价值，还尽量介绍一些有效的读书方法。如导读者会展示自己的读书摘录，引导教师“不动笔墨不读书”，或在网络上传自己撰写的读书笔记博客，或将读书批注的电子稿发给教师。这样的导读，既能指导阅读方法，又是对教师阅读的一种榜样激励。

为了提高教师阅读效益，导读活动引用著名数学家华罗庚教授“读一本书要越读越薄”的名言，引导教师深度阅读。如在导读《静悄悄的革命》一书时，引导者指出：“真正的学习是多重对话，对话是一种交往，而交往中重要的是倾听。这个过程具有‘被动的能动性’。在学校中，要想实现真正的学习，需要‘润泽的教室’。只有这样，我们才能开展学习的革命，同时避免陷入‘主体性神话’。”这段话中，“被动的能动性”“润泽的教室”“主体性神话”等概念，对于很多教师来说很新鲜，激发了他们阅读的需求。

采用导读先行方式，在一定程度上为教师共读活动清除了障碍，它既能激发教师的阅读兴趣，又能引导教师深入阅读，是群体共读活动的有力支撑。

（二）三重对话，推进共读活动深入

共读活动，是引导教师不断学习的过程。佐藤学在《静悄悄的革命》一书中说：“所谓学习，是与作为教育内容的对象世界（物）的接触与对话，是与在此过程中发展的其他学生或教师的认识的接触与对话，是与新的自我的接触与对话。学习是通过创造世界（认知的实践）、人际交往（交往的实践）、完善自我（自我内在的实践）这三种对话性实践而完成的。”我校组织教师开展共读活动，也时时以此为旨归，引导教师进行三重对话。

第一，教师撰写读书笔记，与文本进行对话。每次发书、导读时，学校都会提出明确的阅读要求，每位教师都要上传自己撰写的读书笔记。其目的是促使教师按要求认真阅读原著，积累学习心得。

第二，学校组织读书论坛，推动教师与同伴对话。对教师上交的读书笔记，学校安排专人一篇篇仔细查看，并选择部分教师的读书笔记作为重点文本指导修改，然后在学校的读书论坛上交流。有时还邀请兄弟学校教师作为“它山之石”一起参与。通过交流，教师听取同伴的阅读感悟，回顾自己读书的感受，实现了与同伴的对话。

第三，鼓励教师发表文章，与自我进行对话。教师读了一本书后，自己对照读书前后的认识，深入思考，才会有所收获。为此，每读完一本书后，学校都会精选部分教师的读书笔记，组织专人与这些教师商议如何修改，在此基础上向有关教育期刊推荐发表。这种反复修改的过程，其实是教师个人与自我的一种对话。

我校的共读活动，按照这样的三重对话程序，逐步引导教师深入研读。

（三）专家解读，提升教师共读品质

教师作为一门特殊的职业，需要有特别的发展条件。通常认为，教师的专业发展涉及自我反思、同伴互助、专业引领三方面。阅读作为教师专业发展的有效途径，同样也需要这三方面的支撑。学校要求教师写读书笔记，是在推动教师进行自我反思；组织读书论坛，是为了促进教师之间开展同伴互助。每次读书论坛上还有一些专家应邀对教师阅读心得进行指导，以发挥专业引领作用。

我校的教师是幸运的，因为本校也是青浦实验的一个发源地。传承和发扬青浦实验的宝贵经验，践行青浦实验精神，是当代青浦教师的历史使命。为此，学校在组织《变革的见证——顾泠沅与青浦教学实验30年》这本书的读书论坛时，邀请了青浦实验当年的一位参与者对青浦实验的核心问题进行解读，依据青浦实验理念对我校教师在论坛上的发言进行点评。专家指出：“学习青浦实验，要对照自己的教学实践，找问题，寻差距，这才是一种学以致用的读书态度。教师要用书中所述的理论武装自己，将理论用于教改实践，改造自己的课堂，提升课堂教学效率。”

专家的解读，不但为学校教师指明了专业发展的方向，而且还向年轻一代传递了殷切的期望。他们的精彩点评对于我校群体共读活动的深入开展，对于教师读书品质的提升，起到了及时雨的作用。

第二节　让读书成为教师职业生活常态

苏霍姆林斯基认为，教师必须“一辈子备课”。那么，教师备课时要做些什么呢？一项不可缺少的准备工作就是读书，不仅要读教科书，还要读与育人有关的书籍、报纸、杂志。读书，应该成为教师职业生活的一种常态。

一、阅读，教师生命的一种姿态

教师读书，不是为了应付明天的课，而应出自渴求知识的内心需求。每天坚持阅读，跟书籍结下终身友谊，让读书所得、所悟像潺潺小溪，不断汇入个人思想的大河，这应该是教师生命的一种姿态。

（一）用读书解放人生

教师如果不想把备课变成单调乏味的死抠教科书的过程，就应当利用更多的空闲时间去读学术著作。在他所教的这门学科领域里，教科书里的那些知识，不过是作为入门基础的常识，他教给学生的那点知识，不过是科学知识的沧海一粟。学校要致力于弘扬这种观念，让教师的读书得以从教科书一隅走出来。

一些优秀教师之所以教育技艺高超，正是因为能持之以恒地自觉读书，从知识的大海不断获取补充。有人说，一位教师在刚参加教育工作的头几年里所具备的知识，与他教给儿童的最低限度知识的比例为 10∶1；那么，在他有了 15 至 20 年教龄时，这个比例就会变为 20∶1、30∶1、50∶1。而这一切，应归功于每日的读书。对此，或许能这样分析，时间每过去一年，教科书里的每一滴水，在教师的知识海洋里就会相对变小，这表明教师的理论知识在数量上的增长。在一定条件下，数量可以转化为质量，为教师提高教育技艺打好基础。显然，到那时教师在课堂上就能更加自如地讲解,更有效地分配自己的注意力。例如,数学高级教师在讲函数时,他关注的重点已不是教科书上的函数知识,而是学生的学习。他会观察学生在怎样学,了解学生在感知、思维、识记方面遇到了哪些障碍。所以,他不仅在教知识,而且在教学过程中给学生以智力上的训练。

由此可见,只有坚持不懈地阅读,才能让教师具备强大的智力后盾,并完成自身工作的解放,即从繁杂的事务中解放出来(备课时间缩短,教学效率提升),从单纯传授知识中解放出来(由只关注书本知识转变为更关注学生的有效获得),有更多的创造性劳动时间。

有识于此,学校以共读《教学勇气——漫步教师心灵》一书,为教师呈现、诠释各人的人生姿态搭建交流平台。

(二)用读书增添勇气

当前,过于关注外部世界,关注具体的教育技术,忽略对操作这些技术的教师自身的深入认识,正是许多教师困苦的根源。为此,帕尔默在《教学勇气——漫步教师心灵》一书的开头就指出:“真正好的教学不能降低到技术层面,真正好的教学来自教师的自身认同与自身完整。”但是,现在许多教师却生活在对教学和学生的恐惧中。教师的这种恐惧,来自对学生的错误认识,来自教师的自我封闭,来自教师习惯于分离事物的客观主义的认知方式。教师要走出恐惧,就要全面改造自己对教与学的认识。只有把教学看作师生共同围绕知识这一伟大事物而进行的一段旅行,只有勇敢地开放自己的教学心灵,与同事于共同体中学习,教师才能真正走出绝望,获得解放,并通过教学、学生、同事充分认识自我,使生命重新获得意义并焕发光彩。

学校组织全校教师共读《教学勇气——漫步教师心灵》,就是希望通过阅读与交流,促使教师重新认识教学,重新认识自己,用心灵拥抱教育,将自己的生命融入教育事业,重新燃起育人的热情,并在不断研读中获得前行的勇气。

2014 年 12 月,我校五位教师在读书论坛上交流了自己的学习收获。他们谈到教学中的“恐惧心理”、教师的“职业认同”和“学困生的转化”等问题,虽然论述略显稚嫩,但观点均源自工作实践,涉及教育理解、自身认同、教学感悟等方面。这些发言对其他教师有一定的借鉴意义,也为学校坚定地推进群体共读活动提供了一份有说服力的实证。

二、听课评课,促使教师在读后的实践切磋中碰撞心灵

听课评课,是学校的常态教研内容。让教师将读书所得用于这一活动,促使大家据此开展思维碰撞,催生创新灵感,是提升教师群体专业素养的有效途径。以下引用我校一位英语教师在论坛上的发言稿进行说明。

每当听到要去听课或被听课,自己总觉得很闹心。听课,不过是看戏;被听,就像在唱戏。不管是谁去演出,准备道具、组织排练等一系列事务都让人“压力山大”。听课的,觉得这样上课不实用。评课的,说的多是客套话,索然乏味。要想读懂帕克·帕尔默《教学勇气——漫步教师心灵》这本书,真不容易,书里的一些观点很深奥,但当我读到该书第六章“学习于共同体中——共事切磋”,顿时就和作者有了一种心灵的碰撞。

帕尔默说:“教师也能聚拢在被称为‘教与学’这一伟大失误的周围吗?世界上没有优秀教学的公式,而专家的指导也只能是杯水车薪。如果想要在实践中成长,我们有两个去处:一个是达成优质教学的内心世界,一个是由教师同行所组成的共同体,从同事那里我们可以更多地了解我们自己和我们的教学。”

读这本书,对我的教学很有启发。其实,平时自己最容易忽视的,是怎样有效提高教学效率;最容易忘记的,是身边同事就是帮助自己提高教学能力的最好伙伴。而每周一次的集体备课,是个很好的交流平台,它让同学科教师共享资源,在质疑析疑、困惑解惑中交流教学经验,取长补短。还有,学校提出的师徒结对、导师制方案,不仅考虑到学科建设的需要,还关注了班主任队伍的建设。师徒相互听课,让一些经验丰富却不大愿意主动显露的教师,有了发挥作用、展示自我的机会,也给更多“胆小”的新教师增添了学习的勇气。在徒弟问师父一个问题、师父给徒弟一句建议中,双方实现了双赢,共同成长。每学年,借助实践课,我们从不同教师身上汲取教学经验,学习为人处世的方法,感受教师对学生的大爱,学习教师与家长交流的艺术。这多种多样的收获,已经超出了教学技能

的范畴。也许,我们在交流中还不够大胆,还不能真正放飞思维,但这样的共同读书学习是适合我们所有人的。平时交流不要顾虑太多,应勇敢地发表自己的意见。不然,相互之间的心理壁垒让人无法听到真知灼见,无法学到真正需要的东西。

帕尔默说:“我们可以从彼此间找到帮助自己教学的更好的资源,只要我们能找到互通的门路。但是,难就难在,学术文化的同事间的壁垒甚至比师生间的壁垒更高更宽。”

教学也许是最为个人化的行为,虽然教师上课时面前有很多学生,但这样的教学几乎都是独奏。相比之下,医生和律师的工作就经常要在对本行业了如指掌的同事眼皮底下进行。在法庭上,一方律师还要与另一方律师争辩案件,双方知识水平的高低、论辩技巧的差距,所有在场的人都能清晰地看到。而外科医生做手术,也是在众目睽睽下进行的,操作时手略微颤抖一下,马上就会被人发现。教师则不同,他在课堂上的失当行为,没有专业人员目击,无人知晓,学生更难以察觉。试想,如果律师和外科医生也能像教师那样在个人化环境中工作,那么把被告浸在磨坊水池里,用水蛭对大多数病人进行放血治疗等现象,就仍然会存在。由此看来,实践课、公开课、汇报课以及平时的常态课,如果能让教师打开各自的“城堡”,使得教室不设门槛,也没有栅栏,同行、同事可随时进入,然后,通过真诚对话,互相切磋学习,那么便能督促教师不断提高自我改进意识,提高专业水平。这样,有效教学的目标就能真正落到实处。

帕尔默说:“世界上只有一种诚实的方法可以用来精确地评价多元化的优质教学,那就是身临其境。我们一定要观察彼此的教学,起码要偶尔做到这点,而且我们一定要有更多的时间讨论彼此的教学。”

其实这一点,我们学校已经在做了。每学期的教学交流周,都有教师的汇报课、教研课、展示课,还有各种区、市级的公开课、评优课等。教师通过观察他人上课,从中学习不同的教学方法和技巧。敞开式听课,可以让我们更多地发现别人的教学亮点,再结合自身的课堂实践思考如何改进。那样,下一节课的效果会更好。我们正在进行的“同课异构”,就是一种尝试。

读到现在,我觉得这是一本“高大上”的书,自己得慢慢咀嚼它,细细体会它蕴含的深意。相信通过不断研读,自己对教学会有新的认识,由此促进自己进一步提升教学质量。

（诸小平）

三、认同自我,引导教师在阅读中感受幸福

当今社会,虽然部分教师会有一些不当行为,但绝大多数教师都是非常爱岗敬业的。让教师通过读书认同自我,感受职业幸福,是提高群体共读活动效益的有效策略。以下引用我校一位历史教师在论坛上的发言稿进行说明。

2014 年 12 月 3 日中午,宝山区通河中学发生了一起学生用铁锤袭击教师的事件。这一事件对于同为教师的我们震撼巨大——除了对施暴者的愤怒和对受害教师的同情,更多的是感同身受的痛苦和悲伤。几天后,有这么一条微信在朋友圈转发:“所有被我批评过的学生,我们先说好了,不准敲我头,不能毁我容,不要拿开水泼我。在你的想法要落实前,和我打声招呼,我一定不逼着你背单词、背课文。我会省下我的精力和拿什么都换不回的生命,给我可爱的孩子背单词。”这些话语虽有戏谑与自嘲的成分,但多少表达了教师的寒心和悲观。这条微信的最后,还有这样一句:“我也要对大部分学生说,你若自愿学习,我定会不离不弃!”这句话给出了问题的答案——即使我们悲观着、心寒着,也绝不放弃,亦如受害教师所说的:“我愿意原谅你,我的学生。”

虽然用“红烛”“春蚕”来比喻教师这个职业过于悲壮,但颇高的自我秉性使教师每天都过着欢乐与痛苦、希望与失望交织的生活。为什么会如此?因为教师对自己的职业爱得深沉。正如帕尔默所说的那样:“他们体验过快乐和痛苦的时日,而且其痛苦时日承受的煎熬仅仅源自其所爱。他们不愿意把自己的心肠变硬,因为他们热爱学生、热爱学习、热爱教学生涯。”这样的教师,就坐在你我身旁。这样的教师,就是你,就是我!然而,你我会时常被痛苦压得喘不过气来。这些痛苦,主要来自新课改对教师角色的高期望,来自教师自身在教学实践中产生的困惑。怎么摆脱这些痛苦,使自己做一位幸福的教师呢?帕尔默的书给了

我们答案！

一、铸造自己的学科

马斯洛的需求层次理论认为，人的最高层次的需求是自我实现。作为教师，在学科教学上都有自我实现的愿望。然而，面对“像生命一样广泛和复杂的学科”，以及难以完全把握和控制的课堂教学现实，我们常常会觉得恐惧和力不从心。克服恐惧的方法就是战胜恐惧。我们需要借助教学共同体，在课堂教学中秉承钻研精神，铸造自己的学科，这样才能在不断开展的教改实践中体会到真正的快乐。

二、与学生共舞

帕尔默说：“我们教的学生远比生命广泛和复杂。要清晰、完整地认识他们，对他们快速作出明智的反应，需要融入鲜有人能及的弗洛伊德和所罗门的智慧。”因为这种智慧不容易拥有，所以我们常常陷入痛苦。当学生对教学内容不感兴趣或者不能很好地掌握所学知识时，教师常常会不由自主地恼怒，进而怀疑自身的能力，甚至想到要改行，去找一份自己能做好的工作。要想摆脱这种痛苦，教师首先得正视教学的现实，不能把学生的考试分数放在首位，而应注重培养他们的学习习惯，培育他们的学科素养。我们要牢记帕尔默的话：“教师对学生的亲切款待产生一个更亲切地款待教师的世界。”

三、认识你自己

帕尔默深信：好的教学不能降低到技术层面，而应来自教师的自我认同与自身完整。关于自我认同与自身完整，他说得很详尽，也很抽象，还为此举了两个条件相当但工作业绩和幸福感大相径庭的教师的例子。我的理解是，对于教师本人来说，自我认同就是对教师这一职业要发自内心地喜欢，不是因为考不上其他好大学才选择读师范学校，也不是仅仅为了养家糊口而选择这份工作。凭着对教师职业的理解、对学生的热爱、对自身内在与外在各种因素的合理整合与优化，我们才能全身心地投入工作。这样，“尽管连日辛劳，困难重重，我仍然乐此不倦。甚至这些艰难的日子最终会使我的生活充实快乐，因为这是我真正倾心的工作，其中出现的各种问题正好帮助我成长”。（帕尔默语）

最后，谨以帕尔默先生的话来献给时常感到伤心但仍然坚持着的各位同仁："毫不奇怪，教学牵动着教师的心，打开教师的心——越热爱教学的教师，可能就越伤心！教学的勇气就在于有勇气保持心灵的开放，即使力不从心仍然能够坚持。"

（盛文燕）

四、解读"恐惧"，帮助教师致力于学困生转化

教师这个岗位，每天面对的是不同学习基础的学生，甚至每日都有与平常不一样的心态。那些学习困难学生，更使教师头疼不已。学校希望通过共读帮助教师解读、解脱这份常人难以体察的"恐惧"，寻找教育的对策。以下引用我校一位美术教师在论坛上的发言稿进行说明。

一般而言，学习困难学生都会获得教师更多的关注。对于学困生成因剖析、心理以及功课方面的辅导等，教师倾注了大量的时间和精力。可教师作为转化学困生的实施主体，却没有被过多提及。

美国教育家帕克·帕尔默在《教学勇气——漫步教师心灵》一书中，对人们很少关注的教师教学勇气问题给予了极大重视。他指出："真正好的教学不能降低到技术层面，真正好的教学来自于教师的自我认同与自身完整。"这一独特视角的分析，对现今学困生的转化工作有着巨大启发。循着帕尔默的思路，我就美术班的教学实际进行一些解读。

一、学困生转化中的恐惧分析

帕尔默认为："当两种恐惧混在一起时，恐惧就以几何级数递增——教育就瘫痪了。"他以学困生转化的实施主体为依据，将恐惧分为两大类。

一是教师的恐惧。在学困生转化过程中，教师会心生恐惧，既是对自己的工作不自信，也受制于外部的人事环境。于是，教师的工作激情会因为这些恐惧的存在而慢慢消退，继而沉默应对学困生。

在美术学科中，绘画没有唯一答案，提倡的是百花齐放、百家争鸣。就一幅画而言，它是绘画者内心世界的表达，不可能像印刷产品一样批量生产。"艺考

热”虽已持续多年,但高考美术的教法与艺术形式始终没有定式,其原因就在于此。美术高考在色彩上曾出现过国美风和传统风之争,到底哪个好,还是取各自长处为我所用,本地考官更欣赏哪种风格,同样基础的学生用哪种方法画哪种风格的画在考试中能占据优势……对这些问题,每个专家的意见都不同,因此高考美术评分是按评卷教师的平均分来定的。另外,考试中学生的绘画情绪也是一个不稳定因素,如果教师自身经验不足,就必然会在教学时产生种种恐惧。

二是学生的恐惧。在学校里,学困生也会被各种害怕纠缠,如害怕考试,害怕上课时被提问,害怕被老师和同学嘲笑。

在我校,美术班学生在文化课上多半是学困生,并且大多没有美术基础。他们因为将来无望考取理想的大学,权宜之下才进了美术班。当然,大部分学生很珍惜这个重新燃起的希望,学习美术和文化课的积极性都很高。但仍有少部分学生不但美术基础薄弱,而且自律能力也差,于是就成了美术学困生。

二、以教学勇气促进学困生转化

帕尔默在书中指出“恐惧是一种使我们和同事、学生、学科以及我们自己相分离的东西”,认为恐惧会导致自我封闭,割断教师与学生之间的联系。以自己的教学勇气促进学困生转化,教师需要抓住三点。

(一) 积累知识与技能,消除自身的恐惧

要想转化学困生,教师必须有良好的业务素养和足够的爱心。苏联教育家苏霍姆林斯基说:“教育,首先是关怀备至地、深思熟虑地、小心翼翼地触及年轻的心灵,在这里谁有细致和耐心谁就能获得成功。”因此,教师只有自身消除了教学恐惧,放下身段,才能消除学困生的恐惧。在学习方面,教师要帮助学困生提高学业水平;在生活方面,教师要关爱呵护他们,并寻找造成其学习困难的原因。

几年前,我第一次教高三美术高考班,当时那种教学恐惧永生难忘。每天,整个人都处于紧张状态,无法正常吃饭睡觉,不是上课,就是练习绘画和学习各种技法。每次给学生画示范画,都要在课前画过才敢演示,信心始终提不起来。第二年,教学恐惧感有所减弱,但仍感到力不从心。之后,那种恐惧就一年比一年减弱。究其原因,教师本身有了知识和技能的积累,教学经验逐年丰富,能够与各种类型的学生顺畅地交流沟通，自信心有所增强。因此，我以为教师的教学勇气来自于熟练的业务能力与和谐的人际关系。

（二）给予关心与交流，消除学困生的恐惧

帕尔默说："一个好教师能够倾听学生尚未发出之声音——这样有一天学生才能真实而又自信地说话。"教师要做好学困生转化工作，就必须赢得学困生的接纳和信任。为此，教师绝不能以冷漠的态度和讽刺的话语对待学困生，而应多加关心，多与其交流。

美术学困生一般有两种表现，一是沉默寡言，美术基础非常薄弱，接受新知识较慢，二是浮躁不安，自律能力差，不认真听课和复习。在一个班级里，这两种学生都有一定数量。对于前一种学生，教师要多鼓励，用真诚的爱消除他们的戒心，降低学困生的恐惧。对于后一种学生，教师要先调整好自己的心态，不能摆出高高在上的威严样子，而应像朋友那样去关心、爱护、引导他们。如此，学生才会真诚地对待教师，向教师敞开心扉，生活、学习上遇到困难时也会第一时间寻求教师的帮助。

2019 年美术高考前，一个男生的复习积极性不高。经多方询问，我得知其父母离异，他现在与父亲一起生活。这个男生衣着邋遢，卫生习惯不好。对有这种情况的学生，无论是生活上还是学习上，都需要特别照顾。通过多次交流，他的心结慢慢解开，很快进入复习状态，最终顺利通过高考，考入美术本科院校。

（三）教与学相携同行，带领学生走出困境

转化学困生的过程中，教师会经历痛苦和欢乐，甚至产生各种恐惧和无奈。这一切，都源于教师对学困生、对教育事业的挚爱。而这种逆流而上的勇气，使教师的业务水平得到了提高，使学生与教师都从中得益。

在近 10 年的美术教学中，我深知学习如逆水行舟，不进则退，从来不敢懈怠。从教材教法到绘画技术，再到教师素养，总有那么多吸引我的地方。课上课下，我常常与学生分享自己所学，竭尽全力转化学困生。

古人云，亲其师而信其道。较之一般学生，学困生的心灵更加脆弱，需要教师更多呵护，需要教师与他们共同努力。教师是师生共同学习的引领者，不应是高高在上的学生命运主宰者。让每个学困生都能抬起头，与其他学生一起沐浴阳光，同圆大学梦，是我的心愿和教学勇气所在。

（齐亚东）

五、审视内心，鼓励教师涵养优秀教师特质

拿破仑有句名言，不想当将军的士兵不是好士兵。同样，不想当优秀教育工作者的教师不是好教师。我校组织读书活动的一个重要目的，就是鼓励教师从自己内心出发，进行观念与行为的变革，以涵养并积淀优秀教师的特质。以下引用我校一位生物教师在论坛上的发言稿进行说明。

读了《教学勇气——漫步教师心灵》这本书，我仿佛跟着作者在教学中未知的“自我”领域进行了一次心理旅行。美国教育家帕尔默以富有洞察力和说服力且充满激情的文字，加深了我们对教育与受教育者的理解。

在书中帕尔默指出，越热爱教学的教师，可能越伤心！很多教师非常热爱教学，但他们却时常遇到许多困难，并因此感到无助和恐惧。是的，我们都有过这样的经历：初站讲台时，如履薄冰忐忑紧张；辛苦付出得不到相应回报、满腔热忱得不到理解时，烦恼与苦闷；现实和理想有巨大反差时，无奈失落。有时，教师那颗热爱教育的心，会怀疑，会动摇，会退缩。

一位教师，如何在热爱教学的同时又不失勇气？这种勇气又来自哪里？帕尔默以他的实践经验给了我们答案。教师在教学方法和技巧之外，还有一个特殊的、不被人重视的领域——教师的内心。

他对比分析了好教师与不好的教师，认为好教师有一种共同特质，即具有将自身认同融入工作的强烈意识，能在生活中将自己、学科和学生联合起来，不好的教师则把自己置身于他正在教的学科之外——在此过程中也远离了学生。也就是说，好教师具有联合能力，他们能够将自己、所教学科和他们的学生编织成复杂的联系网，以便学生能够学会编织一个他们自己的世界。好教师能联合这些因素，主要原因不在于他们的教学方法，而在于他们的心灵，即人类整合自身智能、情感、精神和意志的力量所在。帕尔默生动地描述了这种联合能力：“当优

秀教师把他们和学生与学科结合在一起编织生活时，他们的心灵就是织布机，针线在这里牵引，力在这里绷紧，线梭子在这里转动，从而生活的方方面面被精密地编织伸展。”他进一步阐述：“对热爱教学的教师来说，教学牵动着他的心，甚至伤了他的心——越热爱教学的教师，可能越伤心！教学的勇气在于有勇气保持心灵的开放，即使力不从心，也仍然能够坚持。那样，教师、学生和学科才能被编织到学习和生活所需要的共同体结构中。”作为教师，我们很容易理解他所谓的这种“联合力”。每一位教师，不论优秀与否，肯定都上过几节自己满意的课，这些成功的课是他把自身、学科和学生结合得最完美的课。帕尔默认为，好的教学来源于教师的自我认同与自身完整。对于成功的教学而言，解决教师的自我认同与自身完整问题比技巧更为重要。

每位教师都想成长，都想做个好教师。那么，怎样才能找到自身、学科和学生的最佳结合点呢？结合对该书的理解及自己的教学经验，我认为主要有三种方法。

一、勤学习

教师必须不断学习。教师不仅要学习专业知识，学习教学理论，向书本学习，还要向生活学习，向学生学习。谈到向学生学习，许多教师可能会皱起眉头：我们的学生真是一代不如一代了！我们的学生真的是一代不如一代了吗？看到学生坐在电脑前娴熟灵巧地玩着游戏，嘴里唱着网络流行歌曲，装扮着各种形象时，我们不得不承认他们有优于教师的能力。帕尔默认为，教师要让自己处于不断的自我更新、自我变革中。如果不学习，教师很快就会陷入不适应、不稳定、不平静的恐惧之中。《孙子兵法》说：“知己知彼，百战不殆。”这里的知己、知彼主要是通过学习。

二、多钻研

教师要钻研教材、教法，认真研究学生。备课时，教师要把握教材的重难点，了解学生的认知基础，以学生容易接受的方式，将知识传授给学生。一堂精彩的课，功夫在课外。教师只有修身、好学，才能管理好自己的课堂。“教无定法，贵在得法”，靠的是教学实践。帕尔默以他的导师为榜样，在漫长的实践中不断反思,找到了一种与他的本性更契合的教学方式。

三、开放心灵

帕尔默认为,对优秀教学而言,解决教师的自我认同与自身完整问题比掌握技巧更重要。作为年轻教师,我们要成长,就必须做一些学术以外的事,如丰富内心生活。今天我们怎样当教师?许多人都问过于漪老师这个问题。她的回答是,首先必须追求人格的完美。于漪的这种人格的完美与帕尔默的自我认同与自身完整应该是一致的。一位优秀的教师,他的心灵是开放的,他有勇气把他的一切展示给学生,包括他的思想和他的内心世界,他不仅在教授学科知识,而且在展示自己。陶行知先生说:"生活即教育,教育即生活。"生活中有教学取之不尽、用之不竭的精神财富。

帕尔默还告诉我们,教师的威信、教师在课堂中那种泰然自若的定力,来自教师的内心。当教师获得自我认同与自身完整,人格趋于完美时,他就有机会在学生的内心获得默契的回应和共鸣。因此,教师应该经常与自己的内心对话,以各种可能的方式倾听自己心灵深处的声音,进而深入到学生的内心世界。这不只是为了我们的工作,更是为了我们自己的健康。正如帕尔默所说:"方法固然重要,然而,无论我们做什么,最能获得实践效果的东西是在操作中去洞悉我们内心发生的事情。我们越熟悉我们的内心领域,我们的教学就越稳健,我们的生活就越踏实。"

有这样一句话:"如果你热爱你的工作,你就是它的主人。如果你恨它,它就是你的主人。"愿我们都热爱自己的工作,愿我们都能找到教学的勇气并保持教学的勇气,无所畏惧,勇往直前!

(何 蓉)

六、正视恐惧,帮助教师提振自身教学勇气

"恐惧",是不少教师的一个"心病"。很多教师面对所谓的"差生",常有一种恐惧感。学校希望借助群体共读活动,帮助教师从书中寻找智慧和力量,由此提振自身教学勇气。以下引用我校一位语文教师在论坛上的发言稿进行说明。

翻开《教学勇气——漫步教师心灵》一书，让人感触最深的是第二章中对教学恐惧的诠释。作者运用严谨缜密的理论，通过生动真实的案例，揭示了这种恐惧的根源，即一种不合常理但又强势的生活分离，它包括教学中的自我和工作本身的分离、教师和所教学生之间的分离等。这种分离状态源于教师自我认同与自身完整方面的缺失，它使教师的教学陷入困境。教师只有正视恐惧，用自我认知的力量去克服这种分离性结构，才能获得教学的勇气。

学生时期，我们都有过这样的经历，认为老师的话是至理名言，老师无论说什么都是对的。这既是对教师的敬畏，也是对学习生活的恐惧，恐惧上课时答不出或答错问题，恐惧考试成绩不好，恐惧被老师定为差生等。学生时期，我曾经有很深的恐惧。如今自己成了教师，身份地位发生了转变，可扪心自问，内心的恐惧仍然存在，恐惧上课提问后没有学生能站起来回答，恐惧一个人在讲台上唱独角戏，恐惧学生不认可、不接受自己上的课，恐惧教学效果不好，恐惧学生家长、社会对教师提出高要求……

我也曾遇到帕尔默所说的“来自地狱的学生”，并因被这个学生困住而忽视了其他学生。帕尔默将这类学生称为“来自地狱的学生”，乍听起来似乎很吓人，甚至含有鄙视之意。但帕尔默本意并非如此，他承认自己是有宗教信仰的。从宗教角度说，这样的学生就是被地狱的魔鬼撒旦所控制的学生，而学生本身并不坏，人们不能从人格本质上去定义他是坏人。帕尔默提到的那个“来自地狱的学生”的父亲是一个失业工人、酒鬼，他认为自己的儿子不可能大学毕业，更不可能成为专业人才，每天都训斥儿子。父亲还说：“这个世界到处都是愚弄我们的人。大学是向我们耍的一个骗局。不要去上学了，找份快餐店的工作，存点钱，凑合着过吧。”但实际上，“来自地狱的学生”不是天生就那样的，而是受到了他不能决定的环境的影响。他们是被忽视、被误解的一个群体，总是处在教育的边缘。教师从被他们困住到对他们放任不管，都是不可取的。因为教师放任不管，“来自地狱的学生”的学习欲望日益减弱，最终，沉默成了他们的学习方式。上课，他们基本上都趴在桌子上；作业，他们几乎永远不做；考试，他们总是交白卷；谈话时，他们只用点头或摇头来回答。他们的沉默，是边缘人经常采用的沉默。为什么会这样？读了帕尔默的书，我想那可能就是恐惧——师生共同的恐惧。学生恐惧权威，恐惧偏见，因此不说话就相对安全。他们宁愿在教室里保持沉默，也不愿冒被指责、被开除的风险。他们的沉默，不是天生的愚笨或者平庸，而是感到疏离、无力。他们只想保护自己，没有一点点过错。沉默，是他们真实思想感情的一种表达方式。教师则恐惧被拒绝，恐惧被藐视，恐惧引发冲突。其实，无论学生的外在表现会让教师有什么样的误判，教师都应该耐心观察他们的真实情况，虽然有时很难做到。教师只有尝试去理解学生的恐惧，他的教育与生活才能找到正确的方向。那么，教师该怎样体谅学生的恐惧，又该怎么做呢？帕尔默在书中给出了答案：不断地宽容他人，关注他人，关心他人，尊重他人；不能匆忙地用可怕的语言去填塞学生的沉默，不要迫使他们说我们想听的话；充满深情地走入学生的内心世界，以便他或她把你看成能一直倾听他人真话的言而有信者。

如果班上没有这样的学生，教师也许会感到很庆幸，但恐惧还是无法避免。如今，越来越多的突发事件、新闻热点都在暗示着教师职业的“高危性”。特别是在中国，很多家庭只有一个孩子，这个孩子往往要承载两个家庭三代人的梦想。每个孩子都有着无形的压力，而这些压力对教师而言只是一个“基数”，它通过班级人数被成倍放大。作为教师，我们难以了解每个学生的真实状态，往往会通过责备“来自地狱的学生”来掩饰我们的弱点与无能。其实，很多时候教师误读了学生传递出的信息，鲁莽地为学生戴上“差生”的帽子，把社会、家长对教育的要求所形成的压力变为一种焦虑、恐惧，有意无意地转移到了学生身上。自然，学生也有恐惧，他们的恐惧无法在教师那里得到释放和疏解，师生的矛盾冲突在所难免。特别是对“来自地狱的学生”，部分教师会惶恐地选择防范，而学生会不自觉地躲避教师，师生双方都陷入了恐惧的恶性循环。每当此时，每个人的心中都会说：“不，这不是我需要的教育。”教育的初衷是什么？这是需要我们认真考虑的。

正如帕尔默所说，对真正的学习有所感悟、有所触动的恐惧，是一种健康的恐惧，这种恐惧能提高教育的效益。我们必须对付的那种恐惧，会使人处于自我封闭、无动于衷的停滞状态。这种恐惧，会割断我们与人联系的能力，会破坏我们教与学的能力。我们不要惧怕恐惧，因为有恐惧，我们便会拼命地寻找改变它的源头活水，不断拼搏、奋斗……

（顾叶静）

第三节　以群体共读提升教师专业素养

倡导读书，有助于促进教师进入丰盈的职业生活状态。推动群体共读，有利于提升整个教师队伍的专业素养。共读了佐藤学的名著《静悄悄的革命》后，教师对教育的认识逐步深入：真正的学习是与文本、同伴、自己的多重对话，对话是一种交往，而交往中重要的是倾听；在学校中，要想促成真正的学习，需要“润泽的教室”。教师从书中汲取自己需要的营养，以提升个人的专业素养。

一、学会倾听

倾听即侧耳而听，后引申为细听，强调“倾”与“听”的结合。倾听不等同于听。听是人耳对声波的单纯感受，是被动的无意识的行为。倾听则是主动获取信息的一种积极的有意识的行为，主要取决于人的主观意识。倾听又是人体多种器官综合运用的结果：耳朵要听，眼睛要观察，心灵要感受，大脑要思考，嘴巴要提问。倾听是一个接收信息、确定其含义，并且对此进行反应的过程，它由三个连续的操作组成：(1)信息的接收，即耳朵对听到的言语信息或眼睛对观察到的非言语信息的接收；(2)含义的确定，即大脑对接收到的信息进行分析、加工、理解等，明确这些信息所包含的意义；(3)对信息进行反应，即在内心接受或拒绝，在言语上进行评价。

教育离不开倾听，倾听是教育的前提。倾听既是教育的起点，也是教育的终点，是教师教育学生的手段和目的。北京师范大学教授陈向明认为，在教学中最重要的不是述说，而是倾听——无条件地、全身心地、共情地倾听。课堂上有多种形式的教学艺术，倾听便是其中之一。教学倾听创造出相互关心、相互尊重、相互理解、共同发展的世界，在教学艺术中具有独特的魅力。教学倾听既包括教师对学生的倾听，也包括学生对教师和同学的倾听。

教学是“说”的艺术，教师怎么说、说得好不好，都与“听”有关。倾听是教与学的基础，无论是学生的“学”，还是教师的“教”，都要注重倾听。群体共读推进策略中的“三重对话”，同样存在倾听。与文本对话，是无声的倾听；与同伴对话，是一种相互倾听；与新的自我对话，则是倾听自己内心的声音。倾听又是一种学习方法，在课堂中，无论是学生还是教师，都要按照以下要求来倾听：(1)相互尊重；(2)尽可能清楚理解对方表达出的意思；(3)用心提取对方想表达但未能说清楚的情感和内容；(4)表示理解和赏识。在课堂这个环境中，教师自己“听”并指导学生“听”，是一门教学艺术。通过群体共读，不少教师有了自己的感悟。以下引用我校一位化学教师的感悟进行说明。

佐藤学是一位朴实、认真、讲求实效的学者。他长年徜徉于一座座校园内，驻足于教学楼的一扇扇窗户旁，端坐在一间间教室里。他以敏锐的目光洞察教室里发生的细微却是革命性的变革，并精辟地论述“静悄悄的革命”。在《静悄悄的革命》一书中，我发现佐藤学先生在追求一种理想的教育，那就是通过实施“活动的、合作的、反思的学习”，创造以“学”为中心的教学，创造以“学”为中心的课程，使学校发展成为一个合作学习共同体。这里的合作，强调与同伴、教师、专家对话，强调相互沟通、交流，从而使自己得到提升。读了这本书，我感到学生应是这样，教师也应如此。

随着新课改的深入，以及减负增效举措的逐步实施，教材变得越来越“薄”，而要传授给学生的知识却越来越“厚”，这就需要教师的教学更精益求精。面对挑战，教师单枪匹马去完成教学任务，会变得越来越难，这就需要教师之间、师生之间、学生之间进行合作、沟通、交流，结成学习共同体。这个学习共同体的内部成员之间，不仅可以实现信息与资源共享，而且可以通过不断扩展和完善自我认知、整合思辨，学会交往、学会参与、学会倾听、学会尊重他人。相互倾听，则是构建学习共同体的前提。

一、教师要善于倾听学生

教育的过程是教育者与受教育者相互倾听与应答的过程。师生在倾听中交流，在倾听中沟通，最终实现教学相长。倾听是一种等待，倾听可以增进沟通，促进理解，佐藤学先生特别强调教师的倾听。倾听学生的发言，在此基础上进行指导，远比教师先说来得重要。互相倾听的第一步，是教师自身要自始至终专心听取每个学生的发言并敏锐地进行回应，这样学生才会互相倾听。

（一）接住每一个“球”，产生共振

佐藤学先生把倾听学生发言比喻成接住学生的“球”。他说：“未能接住每个学生的发言，就不能与那些倾心投球的学生的想法产生共振，如果持续的话，那些投不好球、投偏球的学生就会讨厌投球，甚至还会讨厌他们自己。结果，仅仅只有那些擅长事先了解教师棒球手套情况的学生，才能瞄准教师准备好的手套位置把球投过去。当然，明确地控制教学进程是教师必要的工作，而在这件事上应先让教室里的投球成为愉快的事情。不擅长接球的教师，应当专心一致面对学生，重视他们的每一个球，接住他们的每一个球，而不是以为只能按自己的教学计划上课。”

（二）慎重倾听有声和无声的语言

教师要慎重倾听每一个学生，倾听他们有声和无声的语言。课堂上，教师要使自己与学生一个一个地展开对话，而不是以学生群体为对象讲话。因为教室里坐的，是一个个有着鲜活生命与感受的学生个体，而不是无生命的抽象群体。为此，教师先要调试自己的声音和体态语言，将信息传达到每一个学生那里，再以全身心投入的方式和身体姿态来观察每一个学生的反应，包括他的声音、体态。教师要向每一个学生敞开心扉，与每一个学生的思考和情感相互碰撞，相互应答。教师要用心倾听学生说话，了解学生内心的真实想法，并帮助学生完善。这既是对学生的肯定，也是对学生的激励。这种倾听意味着关注和尊重学生；意味着充满觉悟地走进学生的心灵世界，使他们把教师当作一个能一直倾听其说真话的言而有信者；意味着对学生的亲切款待，而这种亲切款待将会产生一个更亲切地款待教师的世界。当教师用欣赏的眼光看待学生时，教师与学生之间的壁垒和障碍便消失了。

（三）给予机会，启发思维创新

作为一位已有十几年教学经验的高中化学教师，虽不能说我对化学知识已全部了然于胸，但也自认为是比较有研究的。反思自己平时教学，每当课堂提问，学生答不出自己心中预想的答案时，我也会让学生继续解答，而一旦学生说出了自己预想的答案，我便以为大功告成，终止了提问探索活动。一次又一次的教学实践反思，使我认识到，教师的思维代替不了学生的思维，在学生答出教师心中预想的答案后，教师如果能给学生提供探讨的机会，往往会有意料之外的收获。学生的创新思维是不可估量的，作为教师，无论你有多少年的教学经验，都不要让思维定式束缚自己，要时时学会倾听。对学生的创新投以赞赏的目光，才能让自己的课堂变得更精彩！

（四）倾听同伴与专家的意见，虚心接纳

教师的倾听，不仅要体现在课堂内，也应体现在平时的教研活动中。集体备课、课堂教学展示、评课与研讨是学校主要的教学研究活动。教师参与这些活动，有利于自身的专业成长。在公开课、展示课等活动中，很多教师都能虚心接受同事的点评和指正，认真听取专家的专业引领。而他们的指导，也为青年教师的专业成长提供了很好的帮助。

二、教师要鼓励学生懂得倾听

佐藤学先生指出，在日本，小学教室的特征是“闹哄哄（发言过剩）”，而初中、高中教室的特征是“静悄悄（拒绝发言）”。中国的教室，又何尝不是这样呢？有一个学期，我有幸作为女儿学校举办的开放日活动观察员，参观了小学课堂。的确，孩子小，活泼可爱，好动又好表现。面对教师提问，小学生总是积极发言，踊跃表达自己的想法和观点。只是有些孩子，并不在意老师的问题以及同学的应答，总是举手要求发言。有些孩子答的，与教师问的问题根本对不上号。有些孩子的发言内容,前面同学已经说过了。这时,教师如果不予以适当指导,孩子的倾听意识与能力就得不到有效培养,久而久之,学习成绩就会下降,教学效果可想而知。高中的课堂恰恰相反,学生常常拒绝发言,面无表情地坐着。教室里教师如果一味激发学生学习的积极性和主动性,让学生多发言,活跃课堂气氛,无意中就会忽略倾听。听是语言交际活动中一个重要的环节,是人们获取信息、求得知识的重要渠道。其实,在教学过程中,“听”有时候比“说”更重要。课堂是借助无数个说与听向前推进的,学生在倾听之后有所思考,才能有进步。那么,课堂上教师该如何培养学生的倾听能力呢?

(一)教师要善说,激发学生听的兴趣

很多学生都喜欢有魅力的教师。擅长说,就是一种魅力。课堂上,教师的“说”如果能吸引学生,学生就乐于倾听。教学在很大程度上,是一门“说”的艺术。教师要激发学生听的兴趣,就要修炼自己的语言表达能力,增强自己的语言表达魅力。教师平时要多学习教学理论,钻研教材、教法,还要增加自己的知识积累。当然,除了增强“说”的艺术性,教师还要以朋友的身份与学生对话,运用鼓励的眼神、和蔼的态度、细微的动作,缩短师生之间的心理距离。这样,学生就会乐于倾听,喜欢倾听。

(二)教师要适当等待,调控学生听的情绪

课堂上,有些学生可能很难长时间地集中注意力听讲。对此,教师要适时调控,让他们能持续地耐心倾听。教师上课时应注意观察学生,运用语调变化、设问质疑等方法引起学生注意,促使学生认真倾听。当学生发言“卡壳”或出现错误时,教师应宽容相待,让学生的情绪得到缓和。在面对难度较大的问题或学习内容时,学生可能会来不及思考,教师应通过有意等待、重复呈现、稍作提示等引起学生注意,让他们能耐心倾听并思考、解答问题。

(三)教师要善于鼓励,培养学生倾听习惯

倾听是思考和领悟的前提,也是培养、发展学生各种能力的基础。所以,培养学生良好的倾听习惯很有必要。对于那些课堂上认真倾听的学生,教师可以用眼神或言语对他们进行表扬。对于一些不认真倾听的学生,教师不能忽视,但也不要粗暴地批评,而应想方设法督促、激励与教会他们倾听。教师应告诉学生,倾听不仅是学习的需要,还是一种有礼貌的表现,使学生从内心深处知道倾听的必要性和重要性,并把倾听内化成自己的一种学习习惯。

三、教师要教会学生互相倾听

在课堂中,师生之间互相倾听非常重要,学生之间互相倾听也很有必要。课堂上学生的倾听分两种,一是倾听教师讲解,二是倾听同学发言。教师要告诉学生,同学发言时,不可随便插话,不要左顾右盼,更不能思想开小差,要一门心思、专心致志地听别人说,要擅于抓住别人发言的关键点,认真思考对方表达了什么,理解对方这样表达是为了解决什么问题,分析对方的思路是否正确、分析是否到位,如果不正确、不到位,思考问题出在哪里,应该怎样表达,如果对方回答正确,想一想自己的想法是否和他一样,如果自己的想法有出入,那么问题出在什么地方,考虑还欠缺什么。通过这一系列的思考,学生就能明白自己应该向别人学什么。这样,学生既倾听了别人的发言,也在这个过程中学习了别人思考、分析问题的方法,从而使自己受益。

学生之间互相倾听,旨在促进思维的交流与碰撞,促进相互沟通和理解。而这种相互倾听,又始终伴随着教师对学生发言的倾听,为此,教师要适时介入,引导学生弄清楚别人是怎样思考的,反思自己是怎样思考的,这样思考有什么好处,那样思考有什么不足,在判断、吸纳中选择有效的学习方法,开阔自己的学习视野,拓展自己的问题认知空间,提高自己多方面、多角度分析问题和解决问题的能力。

课堂上的互相倾听,是相互学习的基础。师生、生生之间的相互倾听,有助于整合意见,求同存异,反思自我。而师生彼此的倾听,又是一种真诚的等待,有助于教学相长。

总之,这种以倾听为基础的相互交流、相互启发、共同探究,就是佐藤学先生所说的"活动的、合作的、反思的学习"。它既包括"量体裁衣"般的学生自主学习,又包括"交响乐团"式的合作学习。

学会倾听,是学生要具备的一种学习品质。教会学生倾听,是教师的一种施教艺术。善于倾听,更是教师的一种优秀品质。师生的有效倾听,能让课堂变得更加美丽,能提高学生的学习能力,能使教师的教学更为有效。

（周世杰）

二、探知“润泽”的课堂

“润泽”本身不是学习的方式,而是学习的保障,它可以提供心理安全。“润泽的教室”是一种学习的氛围,是在构筑一种良好的学习关系。它的核心是关心,是相互关心。这种关心具有多层含义,如爱、信任、倾听……它使师生免于恐惧。课堂,是教师从事教学工作的主阵地。今天的课堂应该是什么样的?我校教师经过共读活动,形成了自己的认知。以下引用我校一位数学教师的文字进行说明。

工作后,深藏在我潜意识中的许多理念,就像数学公理一样,构筑起了一个教育教学观念体系。对此,我未曾怀疑过。近两年,教学过程变得越来越艰难,我也越发困惑。这些金科玉律,真的就是公理般的存在吗?

课堂的主体究竟是谁?自己在当学生时,从未想过谁是课堂的主人。“主体”这个词,也只在政治课上老师讲公有制经济时提到过。那时的教学,也不太会出现所谓的“一言堂”“满堂灌”。自己成了教师后,“主体”这个词便开始频繁出现。近些年,它出现的频率更是越来越高,可见其重要程度。

很多人也许会对“课堂的主体究竟是谁”这个问题嗤之以鼻,因为答案似乎很明确。他们不理解为何这个早已形成共识的问题,却被拿出来让我们反反复复讨论,甚至编制出各种量表,用来观测、评价教学过程是否体现了学生的主体性。《静悄悄的革命》这本书,对此有精彩的论述:“具有讽刺意味的是,这几个地方在把‘主体性’绝对化的同时,其教学的状况又是世界各国中,被大一统教学形式最顽固地支配着的地方。”

关于“课堂的主体究竟是谁”的争论,让我陷入困惑。显然,争论的目的,是要在教学过程四要素(学生、教师、教材、学习环境)中,将学生这一要素凸现出来,以其为核心,重新架构学校的课堂,以扭转“一言堂”“满堂灌”的教学现象。

而恰恰是这种主张,常常使我思考以下两个问题:

第一,没有且也不可能有抽象的学生。坐在教室里的每一个人都有自己的独特想法,他们不是一个个用"学生"这一符号就能囊括全部的个体。如果一个教室里有40个学生,那就是说有40个主体,这就相当于没有主体。而且,学生学习最终都是个体化的,让每个学生自主学习是个体可持续发展的基础,在教室里的群体学习只是提高个体学习效度的一个主要途径。那么怎样的教学设计,才能让40个主体的主体性均能有所体现?

第二,教学过程的设计者是教师。所有的过程设计都是教师主观意图的体现,其中的每一个预设都建立在教师自己的主观认识的基础上。这就意味着,所有的教学流程都会按照教师的主观猜测而展开。既然这样,教师怎么可能脱离"主体"的核心位置呢?

显然,所有的困惑、矛盾、争论都来源于一个问题,即"课堂的主体究竟是谁"。对于这个问题,在我看来,基本上是无解的。因为这个问题的答案,无非是在两个极端之间来回:前者是将教师的"教授作用绝对化",后者是将学生的"自主学习理想化"。无疑,两者均否认了学习四要素之间的平等地位。

因为,学习只有在教师、教材、学生、学生环境的相互关系中,才能够得以生成、发展,儿童的主体性不是和这一切毫无关系而独自起作用的,学生的需要、愿望、态度等也不是在这些关系相互作用之前就存在的。在达成不同目标的互动中,师生互为主客体。所以佐藤学认为,学校应变为"学习共同体",在教室中要实现"活动的、合作的、反思的学习",在传统的"阶梯型"课程之外创造"登山型"课程。其目的是要充分发挥师生在教室活动中的"双主体"作用,即学生的自主、自律的学习必须在与教师的互动中,在与教材、教室中的学生以及学习环境的关系中来加以认识。因此在教学中,师生与生成教学不可简单分割。

如果重新定义课堂架构,争论"课堂的主体究竟是谁"就显得多么无趣。或者说,我们争论不休的问题,根源在对概念的定义是错误的,因为在我们的潜意识中,"主体=核心"。

何为主体与客体?根据《百科知识辞典》的解释,主体指认识者,客体指与主体相对应的客观世界，是主体认识和活动的对象。

至于“核心”，是指中心和主要部分(就事物之间的关系说)。

实际上，在此观念架构的课堂上，“核心”是交流，如教师与教材的交流——备课，教师与学生的交流——讲授，教师与学习环境的交流——调控，学生与学习环境的交流——合作，学生与教材的交流——自主学习。

在交流中，教师与学生体现了各自的“主体性”，而我们课堂的所有顽症，最终都指向一点——交流不畅。在《静悄悄的革命》一书中，佐藤学先生针对这一问题，提出了“润泽的教室”的概念。

“润泽的教室”给人的感觉是教室里的每个人的呼吸和其戒律都是那么柔和。读了《静悄悄的革命》，我总是在想象佐藤学先生所描述的“润泽的教室”应该是一种怎样的情形，思考为什么他要用诗一般的语言描绘“润泽”二字。后来想得久了，我渐渐理解了作者为何要这样描绘。正如杜甫在《春夜喜雨》中所写的那样，“好雨知时节，当春乃发生，随风潜入夜，润物细无声”，那是一种无痕教化。

我和一个学生的家长曾有这样一段对话：

“老师，我孩子挺怕您的。”

“是吗？为什么呢?”

“她说，你每次叫她回答问题，她都会紧张。上课时她总是提心吊胆，怕被叫到名字。”

“回答错了，我又不会责备她，有什么好害怕的?”

“因为回答错了，她会不好意思。虽然您不说，但她终归很没面子，而且她从小就挺怕老师的。老师，请您多鼓励鼓励她啊!”

“嗯，我会私下找她聊一聊，请您放心。”

“谢谢老师，请您对她严格要求。”

听了这位家长的话，我能体会到那个学生在课堂上的心情，因为我也有过同样的学习经历。这样的课堂，对她来说恐怕是一种折磨了，根本谈不上“润泽”。像这样的学生，在我的课堂上又有多少呢？怎样做，才能创建出“润泽的教室呢”?

很多次课后，在反思教学过程时，我总是这样想："要解决交流不畅的问题，我应该先了解学生内心最真实的想法，搞明白学生为什么不愿意表达自己内心的真实想法。当他们无法清楚、准确地表达自己的想法，甚至害怕发表个人意见时，我该如何去做？怎样做才能消除彼此交流的障碍呢？"

佐藤学先生在书中，给出了解决这一问题的一些方法。他提出"以'应对'为中心的学习和教学"模式，强调倾听的作用，尤其强调课堂教学中倾听"异向交往"话语的重要性。教师是教学的主导性主体，学生是课堂中的发展性主体，教师要提高他们的学习能动性。教师的教学设计和实施一定要依据课程标准和学生实际。教师要充分调动学生这一发展性主体的能动性，以促进学生自主学习，自我提升，这是发挥教学主导性的意义所在。不过联系自身的教学实践，在今天的课堂上，要实现"双向交往""反向交往"没有那么容易。

让学生说出自己的真实想法（哪怕是以含糊不清的语言表述的），是目前课堂教学中首先要解决的问题。到目前为止，也许增加学生活动是我能够想到的最好的解决方法了。很多时候，学生解题时的表情与肢体语言，以及互相之间的窃窃私语，是教师了解他们内心想法的最佳途径，这也勉强算是一种倾听吧。

在结束了十几年的求学生涯，成为一位教师后，我总在有意无意地复制自己学生时代的经历。在我看来，先过滤掉那些糟糕的体验，别让噩梦降临到自己学生的身上，再将那些成功的经验，一代又一代地传递下去，就可以了。但实际上，这是行不通的。作为教师，要倾听每一个学生内心的声音，那是多么难的一件事啊！

（孙明明）

三、摆脱虚假的"自主性、主体性"

随着社会的开放，媒体形态的日益多元，很多新概念、新理念先后出现在校园。教师只有读书，才能明理，才能辨识各式各样的说辞。以下引用我校一位心理教师的读书总结进行说明。

最近，再读佐藤学先生《静悄悄的革命》，我对书中"第三章设计课程"的"第十一节自主性、主体性"这部分内容很感兴趣，联系个人近年来的教学实践，与大家说说自己的感受。

书中，佐藤学先生提到："在某小学五年级的一个教室里开展着这样的学习：每个学生各自决定了主题，制订了调查计划，开展了个别的学习。有的以地区商店街上日本点心的制作为主题制订了学习计划；有的则制订了调查蔬菜店各种商品产地的计划。不限于这个班级，常常可以在许多学校的综合学习实践中看到这种状况，即让每个学生以自己的兴趣和爱好为中心，制订出个别化的课题计划，开展自主的、主体的学习活动。"但这些看似给了学生很大自主性的课程设计，在佐藤学先生眼里，却是"有一部分学生能有目的地、主动活泼地进行学习活动，但多数学生只停留于表面性的活动上，或仅仅草率地进行一些调查就停滞不前了，有的虽然确定了课题，却不能制订出学习计划来"。对此种情况，我也有类似的感受。

一、缘起：我的困惑

看了这些描述，我就联想到自己开设的研究型课程。我本以为，调动学生学习积极性，只要设定一个既有助于教学过程正常开展，又兼顾学生兴趣的研究主题就可以了。于是，我就设定了"爱情"这个主题。在我看来，学生总认为爱情很神秘，肯定会非常感兴趣。鉴于目前很多学校对青春期的爱情观教育讳莫如深，学生大多只能自己通过其他途径获取信息，难免会受一些负面新闻的影响，形成不利于身心成长的价值观念。为此，我将这门课的主题设定为"引导高中生树立健康的爱情观"。接下来，我先搜索期刊文献库，寻找相关资料，如爱情的含义、爱情观的构成要素、爱情观的调查问卷，再设计课程，准备上课。因为是研究型课程，要关注学生研究能力培养，在思考教学目标时，我就将其设定为"学生在课程确立的主题下，自己选择子课题，设计方案，开展研究"，我还对中期汇报交流和最后的论文撰写提出了要求。这样考虑，似乎充分发挥了学生的自主性、主体性，还让我觉得上课可以省力，不用费心设计教案，只要引导学生自己研究、讨论、分享就行了。可是课程正式实施后，在开头两堂课上，看到学生闪闪发亮的期盼眼神，以及交来的寥寥几笔并带有复制粘贴痕迹的作业，我觉得压力很大。

对爱情这个话题，学生理应很感兴趣，教师也给了他们发挥自主性、主体性的空间,可为何教学效果与预期相差甚远?一开始,我也和有的教师一样,感慨学校的生源不理想。我安慰自己:"一所普通中学的学生写得出研究报告吗?很多学生,原本学习习惯就不好,怎么会静心完成这种无关紧要的作业?他们能给教师一个回应已经不错了,你还能期待什么?"尽管如此,我还是试着去引导学生做研究,和他们一起搜集、分析古往今来有关爱情的定义,探讨爱情观的构成要素,学习了课题研究的相关理论。在此基础上,我又帮着学生理顺研究思路,引导学生分组整理各自小课题所需的资料,编制问卷,尝试进行小范围访谈。经过一番努力,很多小组的学生变得认真起来。虽然还是有人"抱怨"我每节课都要布置作业,但多数学生都能如期上交,只是这些作业从研究角度看还是那么不成熟。

二、对比:我的思考

第一次开设研究型课程,我就遇到了挫折。这激发了我对综合学习的好奇心。我希望能从书中找到一些可以用于自己教学实践的东西。

佐藤学先生在书中提到的综合学习,是以现实的"主题(课题)"为核心,把"知识"和"经验"组成单元的学习,有别于以学科"内容(题材)"为核心的学习。这种综合学习,不是对学科进行横向跨越或综合,而是在学习过程中以"主题"为中心进行探究。课程的具体内容也不是事先计划好的,而是作为学习经验的积累在事后确定的。综合学习成功的关键,在于教师关注每个学生在学习过程中出现的细小变化,关注其发展,加以爱护并给予帮助。综合学习被认为是一种没有统一答案的学习,即使一个问题解决了,马上又会出现另一个问题。

《上海市中小学研究型课程指南》指出,研究型课程不同于语文、数学、物理、化学、历史、地理等学科课程,主要不是传授学科知识,也没有严密的知识体系。由此可见,研究型课程是以问题为起点,以研究为中心,面向整个生活世界,强调直接经验,重视实践体验的经验课程;是将自然、社会和自我以及学科知识、学习经历与经验有机融合的综合课程。研究型课程对于学生改变单一的学习方式,培养创新精神和实践能力,发展多元智能,形成健全人格,全面和谐发展,具有独特的作用。

对比综合学习与研究型课程，我发现两者都具有探究性、开放性、实践性、综合性和生成性。日本的综合学习涉及信息教育（培养适应信息社会的能力）、环境教育（培养环境保护的意识）、国际理解教育、福利教育四个领域，相比上海学校实施的研究型课程，涵盖的范围似乎更广。而综合学习课程的计划性，没有研究型课程那么强，这是因为它更关注学生在学习过程中的细微变化和发展。我个人认为，佐藤学先生提出的关于综合学习的概念，可以用于研究型课程的研发。

佐藤学先生还认为，案例中那种虚假的"自主性、主体性"的出现，"责任当然由教师来承担"。因为这样的教师总认为，只要让学生自主地、主体地设定课题，每个学生都自主地、主体地解决问题，就是很好的学习了！教师只需要指导学生在活动前写计划，活动后写反思。这样的教师对重要活动题材的发展缺乏预见，没有准备丰富的想法或对策，对使得学生失去方向、陷入困惑的事实无动于衷。按照我的理解，这里最主要的原因是教师自己没有很好地思考课题研究可能涉及的范围，没有指导学生选择适合的子课题，对小组讨论中可能出现的问题和相关事例没有细致的设想和全面的准备，只是让学生依靠自己的能力和努力。正如佐藤学先生说的那样，这些教师不负责任。

三、借鉴：我的领悟

教师该如何指导学生选择课题呢？结合佐藤学先生书中的论述和自己的实践经验，我认为有三点值得关注。一是要尊重学生的兴趣和爱好。教师可以通过对研究主题的介绍、分析，引导学生理解和挖掘自己的兴趣点。具体操作时，先通过集体讨论得出若干子课题，再按照兴趣，分组确立子课题。二是要让所选课题能促使学生愉快地进行学习，勤奋地进行探究。教师作为设计师，要以自己的激情带动学生探究，并且参与相关活动。三是要为学生的研究准备丰富的资料，提供必要的时间和环境条件，认真组织好"主题—探究—表现"式单元学习，通过对与课题相关的辅助资料进行整理归纳，形成课程的一个大致框架。四是要引导学生从生活现实出发就课题研究进行学习，如先通过讨论形成访谈提纲和调查问卷，之后深入生活进行访谈、调查，了解身边人的观点，再分类整理、归纳各种信息，形成自己的观点。

教师不仅要让学生选择并确立一个课题，而且应从整体出发思考课程框架，构思细化每一堂课，关注每一个学生的细微变化！

读了《静悄悄的革命》，让我对研究型课程的开发与实施有了一些新的想法。首先，教师要深入了解学生的需求，解决好学生在学习过程中可能遇到或出现的问题，这是课程设计和教学实践的前提条件。其次，在学生课题研究中教师要发挥好主导性作用，掌控好学生独立学习和教师帮助学习的节点。正如佐藤学所说，“学校是通过教师的帮助和学生的合作，来实现学生独自一人无法进行的学习的场所”。最后，教师要把握好课程标准与学情，在有目标地促进学生独立学习的基础上，有针对性地帮助学生学习，即“鼓励学生自己学，帮助学生学会学，促进学生乐于学”。

总之，教师在教学中不能机械发挥学生的自主性、主动性，只希望学生自己努力，而应该充分设想学生每一次自主学习可能遇到的问题和困惑，关注学生学习过程中的每一个细微变化，进行适切的引导。俗语说，要给学生一碗水，教师自己要有一桶水。在信息时代的当下，教师自身更要修炼成一条潺潺不息的溪流，那样才能源源不断地提供给学生一碗碗他们心中期待的智慧之水。

（徐晓翠）

第四节　让阅读陪伴教师成长

培根在《论读书》中说：“读书足以怡情，足以傅彩，足以长才。”教师的专业成长要有持续性，可从中获得启示——让读书贯穿自己的职业生涯。为大力推进群体共读活动深入开展，学校通过厘清思路、个案引领，让阅读成为教师的一种生活方式，引领教师专业成长。

一、思路：借鉴“易经”哲理，组织群体共读

阅读，已成为我校教师专业发展的一个重要途径。为了扎实推进教师读书活动，学校需要深入思考和行动。为此，我校积极向中华传统经典问计，从中寻找有益启示。

（一）向《易经》问计，推进教师群体共读

《易经》是我国古代传统经典，其六十四卦揭示了自然界64种现象所蕴含的义理，预示了特定环境、特定条件下的做事方式和规则，从哲学角度阐述了事物变化、发展的规律。如果说改变教师的阅读状况是一种变革，那么它不是一件轻而易举的事。为了有效推进教师阅读，我校借鉴了《易经》中的“革卦”内涵，力求改变教师原有的阅读状态。

“革卦”卦辞：革，巳日乃孚，元、亨、利、贞，悔亡。其中的“巳日乃孚”，一般解释为“举行祭祀活动，乞求上苍、先人辅佑，以使推行的新政能顺利成功”。而“元、亨、利、贞”，则是指推行变革的过程。“悔亡”是指结果，意思是如果能按前面说的正道进行改变，即使时间久，险阻多，最终也能成功，成功了就不会后悔。改革的关键，是中间的过程，即“元、亨、利、贞”。

《程氏易传》（卷一）指出：“元亨利贞，谓之四德。元者，万物之始；亨者，万物之长；利者，万物之遂；贞者，万物之成。”程颐所说的，是世间万物生长的全过程。如果将此用于“改变”的过程，可做如下理解：元，象征变革的初始，指在变革之始，要审时度势，等待时机，不可轻举妄动。亨，象征变革的成长，指当变革条件成熟时，既不可盲目躁动，引起恐慌和抵触，也不可不动而错失良机，而应在相互沟通、取得大家信任后，再采取行动。利，象征变革的收获，指当大家理解了变革的意义时，要稳步发动，推动变革进程，同时，改革的引领者态度要更加坚定，力求公开过程，坦诚交流，这样才会得到改革的“红利”。贞，象征变革的收藏，指在变革一段时间后，需要有严格的制度，以及对制度的严格执行，这样才能巩固改革的成果。

基于对卦辞的分析,可认为符合事物发展规律的变革一定是有生命力的,遵循规律的变革一定会成功,成功了就不会后悔,而变革也需要有一段时间,以取得大家的理解和信任。

(二)以“革卦”之道,运用阅读引导策略

从2013年9月组织教师开展群体共读活动起,我校借鉴《易经》“革卦”中蕴含的哲理,运用一些策略,引导与推进教师群体共读活动。

1. 发动之初,着力“造势”

改变教师阅读现状的前期,属于“元”的阶段。在这个阶段,要审时度势,为变革营造氛围,积累势能。此时的关键环节和任务是,发起者要对内外环境进行分析,并通过系列活动加大宣传,为变革的推行造势。为此,学校以一种“紧迫感”营造变革气氛,号召教师改变以往的阅读状态。《吕氏春秋·恃君览》“召类篇”中指出:“圣人不能为时,而能以事适时。事适于时者,其功大。”意思是要营造氛围,为变革提供适合的时机。于是,在教师群体共读活动推进之初,学校组织了一系列宣传造势活动。

首先,开展全员培训,邀请市内外多位专家开办讲座,改变教师对待阅读的原有观念。

其次,遴选阅读书籍,在充分调研、广泛征求意见的基础上,确定共读书目。

最后,依托课题推进,随着研究的深入,逐步强化、完善共读活动的组织管理。

就这样,学校通过全员培训,让教师在思想上明确了阅读活动的重要作用;通过买书发书,为教师提供了精神食粮;通过课题研究,为教师提炼读书成果提供了智力支撑。

2. 推进之时,充分“用势”

通过造势行动,全校基本上形成了群体共读的氛围。变革进入正常时期,是变革能量的释放阶段。此时的关键环节和任务是确立发展愿景,按照变革事物的规律开展活动,同时,改革的引领者要与教师持续而坦诚地进行沟通,对话互动,既要维护强有力的领导,也要积极发挥支持者的作用,逐步建立与变革相适

应的组织架构和相应制度，让阅读全面展开。教师的阅读，本质上是一种学习过程。而学习过程，按照钟启泉先生的说法，是通过创造世界（认知的实践）、人际交往（交往的实践）、完善自我（自我内在的实践）这三种对话性实践来完成的。据此，学校以三种对话推进教师读书活动。

首先，以导读对话为引领，导读者先走一步，用自己的阅读心得引领教师领悟书中的微言大义。

其次，创办对话论坛促进交流，选择部分教师的读书笔记进行指导修改，鼓励教师与同伴分享读后感。

最后，与专家对话谋提升，聘请资深教师在读书论坛点评教师交流内容，实现专业引领。

上述定期组织的推进活动，使教师"独学"式的阅读变为各种对话引领下的"共学"式的阅读，推动了教师阅读变革的进程。

3. 成功之后，合理"变势"

变革经历一段时间后，一些成果逐步展现，某些环节开始固定下来，变革进入了相对静止阶段。此时的关键环节和任务是巩固变革的成果，通过制度化逐步稳定下来，同时，根据形势发展的要求，对一些措施进行微调，用以固化新行为，通过加强服务，助力教师持续发展。教师在阅读活动中撰写的读书笔记和教学论文，如果没有合适的"出路"，容易让人产生写了也没有多大用处的感觉，久而久之，教师难免会懈怠。为此，学校从两方面采取促进措施。

其一，推荐发表，集结群体智慧。对教师写的读书笔记，学校组织专人协同修改，然后积极向区内、市内专业刊物推荐发表，或者编成学校文集。

其二，鼓励挑战，享受阅读"红利"。对群体共读中表现突出的教师，学校在区名优教师评选活动中为他们搭建展示阅读成果的平台，让教师感受读书带来的"红利"。

二、引导教师回顾自己的阅读经历

每位教师都有一本"读书经"，它记载了个人的阅读经历。在群体共读活动中,学校引导教师回顾自己的阅读经历,体悟其中酸甜苦辣。以下这份案例,是我校一位信息科技教师的阅读经历,它展现了教师的一种精神风貌。

当今教改,要求教师不断增进、更新知识,读书是获取知识的一个重要途径。工作至今已十几年,回顾个人成长历程,每一步都有阅读相伴。读书仿佛是一条生命线,贯穿我的职业生涯。

一、回望来路,一遇竟成终生缘

曾有朋友问我:“你是理科科班出身的,怎么会喜欢阅读?你的阅读范围按理似乎扯不到哲学社会科学一类的书籍。”对于这个问题,我也在思考。我认为,读书无关所学专业,主要在于个人经历。与书相伴,或是机缘巧合。至于我为什么会喜欢阅读,有四点很重要。也可以说,我个人的阅读经历,有这么四步或四个阶段。

(一)从偶遇“高加林”和“孙少平”说起

这两位都是路遥小说中的人物,高加林是路遥第一部小说《人生》的主角,孙少平则是路遥最后一部小说《平凡的世界》的主角。幸运的是,在读高中时我“遇见”了他们。

印象中,这两个人物有许多共同点——自信坚毅、辛勤朴实、热爱生活、喜欢阅读,同时,他们两个也有差异。有人说,高加林像《红与黑》中的于连,聪明、不屈而忧郁。我觉得不全是,两者虽有相似之处,但也有本质区别。对自己身处的社会,于连是蔑视,而高加林始终心怀希望。至于孙少平,在高加林的基础上又进了一步,他是保尔(《钢铁是怎样炼成的》的主人公)和堂吉诃德的合体。他聪明努力、自信坚强,但同时又不畏世俗的眼光,活在自己的世界里。这种区别,正是作者将自身对生活的认识打在小说人物身上的印记。

这一评价是今天的认识,高中时并未形成,但肯定处于酝酿期。冥冥中,这样的读后感在影响着我的生活。正是有这种阅读经历,我养成了买书、读书的习惯。虽然前期的阅读,多属于那种无意识的,兴趣使然而已。

(二)“困而学”,摆脱职业初期的倦怠

高中毕业后,我考入东北师范大学计算机系,2000 年参加工作。从教初期,我的阅读基本上是前期兴趣的延续。工作五六年后，业务上没有多大进展，教育的激情随之淡化，我进入了“职业倦怠期”。

孔子说：“生而知之者，上也；学而知之者，次也；困而学之，又其次也；困而不学，民斯为下矣。”看来，处于“职业倦怠期”的我，属于孔子讲的第三类人。“困而学”，让我有了阅读的需求。从此，我开始对读过的书做摘录，并尽量写读书笔记，发布于青浦教师博客。这一步走了约 3 年，我做了 10 本读书摘录，写了 200 余篇读书随笔。

（三）成就感激励我在阅读中不断前行

那几年，我花了约三万元从网上购得近千册书，“强迫”自己每天至少阅读两个小时。很长一段时间，我的博文位于青浦教师博客榜首。正是这个小小的“成就”，促使我形成一种良性阅读循环——读后即写，写了再读，在阅读中不断前行。

2015 年，我的文集《阅读与阅历——一名理科教师的读书经历》出版了，文集中很多文章都写于这一阶段。现在看来，有些文章的见识非常肤浅，但敝帚自珍，因为它见证了我在这一阶段的阅读过程。

（四）知性阅读——让阅读融入自己的生活

2009 年 2 月，我无意中进入“教育在线”网站，看到教师专业发展这一板块设有“专业阅读”栏目，由此获知“知性阅读”这一概念。魏智渊在《教师阅读地图》中说，知性阅读是一种带有咀嚼性质的研读方法，指阅读者通过对书籍的选择、聆听、梳理、批判，在反复对话中，将书中有价值的东西吸纳、内化于自己的知识结构，从而使原有结构得到丰富、优化或者重建的过程。

基于这样的认知，约从 2010 年起，我开始用知性阅读方式读苏霍姆林斯基的《给教师的一百条建议》、佐藤学的《静悄悄的革命》以及里尔克的《给青年诗人的信》。

二、我的“精读”之路

知性阅读也是一种“精读”，这里以阅读《给青年诗人的信》为例，谈谈我的读书感受。

（一）反复阅读，把握书之内涵

莱内·马利亚·里尔克（1875 至 1926），生于捷克布拉格。《给青年诗人的信》一书，辑录了他在 1903 至 1908 年间写给渴望成为诗人的青年卡卜斯的 10 封信。这些信，既是里尔克对创作的思考，更是他对艰难、寂寞、爱等人生问题的解答，还是他给予青年人的精神指导。教师的成长通常是从青年起步的，这样的思考同样适合教师。

目前，市场上畅销的是冯至的译本，整本书很薄，不到两万字。“教育在线”网站干国祥老师向我推荐了这本书。打开书本，读到译者序中冯至的描述：“人们爱把青年比作春，这比喻是正确的。可是彼此的相似点与其说是青年人的晴朗有如春阳的明丽，倒不如从另外方面看，青年人的愁苦、青年人的生长，更像那在阴云暗淡的风里、雨里、寒里演变着的春。因为后者比前者更漫长、沉重而更有意义。”这样的句子，让人读了欲罢不能，产生心灵共鸣。

由于文化差异，阅读这本书对于当时的我，有着一定障碍。古人言，书读百遍，其义自见。由于喜欢、认可，我读了 30 多遍。每当压力大、心情烦躁时，我就细细品读这本书。里尔克对职业困惑的理解，对忍耐、等待等精神的阐释，让人复归平静，重新燃起希望，这大概就是培根所讲的读书怡情吧。

（二）撰写批注，试与作者对话

鲁迅先生曾提出，读书要“眼到、口到、心到、手到、脑到”，不动笔墨不读书。在反复阅读该书后，我开始尝试边读边批注。2012 年暑期，我针对书中某些句子写下了自己的感悟。2014 年至 2015 年间，我又对这些文本进行修改、整理。

里尔克在第二封信中写道：“你自然必须知道，你的每封信都永远使我欢喜，可是你要宽恕我的回答，它也许对你没有什么帮助；因为在根本处，也正是在那最深奥、最重要的事物上我们是无名地孤单；要是一个人能够对别人劝告，甚至帮助时，彼此间必须有许多事情实现了，完成了，一切事物必须有一个完整的安排，才会有一次的效验。”对此，我这样批注：“行走在自己内心，每个人都是孤单的。你能找到理解你孤单的人，但不可以让他分担自己的孤单。人在成长过程中，不能只有孤单，必须学会与各方面的人交往，这种交往可称为学习。关于学习，孔子认为，学而时习之，不亦说乎？有朋自远方来，不亦乐乎？人不知而不愠，不亦君子乎？他讲了学习的三种状态，学而时习之是与知识的交流，有朋自远方来是与同伴的交流，人不知而不愠是与自己内心的交流。其实，读书也是这三方面的融合，缺一不可。里尔克喜欢读青年诗人的来信，认为与青年诗人沟通，既是回顾自己的青春，又是总结自己的认识。这样的交往，也是一种学习和提高。”

这样的批注，既是对原文本的解读，也是与作者的某种对话。通过反复对话，读者才能将书中有价值的东西吸纳、内化于自己的知识结构。

（三）通过随记，展开合理联想

朱永新教授说：“一个人的阅读史，就是一个人的精神发育史。”人每读一本书，就不同程度地将它融入自己的生命。所以，读书除了与文本对话，还可以适当联想，将它与相关书籍进行对比分析或相互印证，这有助于更好地理解这本书。

如在读该书第三封信时，我遇到一个核心概念——根本性书籍。里尔克说：“在我所有的书中只有少数的几本是不能离身的，有两部书甚至无论我走到哪里都在我的行囊里。此刻它们也在我的身边：一部是《圣经》，一部是丹麦伟大诗人茵斯·彼得·雅阔布生的书。”这两本书被里尔克看作根本性书籍，它们时时刻刻对诗人的生活、工作进行指导。读至此，我觉得，教师也应该有自己的根本性书籍。于是，结合当时正在读的美国人艾德勒和范多伦合著的《如何阅读一本书》中的观点，我写了一篇随记《主题阅读：根本性书籍的读法》，阐述自己的阅读观，以下是节选：

在《如何阅读一本书》中，作者指出：“要深入阅读一本经典，一定要去读它——一遍又一遍地读。阅读经典书籍是一生的工作，当然，并不是说你得花一生的时间来阅读伟大的经典，而是这些经典本身值得再三玩味。而在放下某本经典的时候，我们对这本经典的体会，可能更超过我们的认知。”这也就是里尔克所讲的“在自己的行囊中，有几本书是一直都在的”。对于根本性书籍的阅读，理应如此。

当然，以主题阅读方式读自己的根本性书籍，不只是为了获得某一方面的知识，更是为了生命的成长。经历这样的过程，至少有两方面益处。第一，读了一本难读的好书，自己的阅读能力必然会提高。第二，一本好书能教你了解这个世界，了解你自己。这让你不仅懂得如何读得更好，而且懂得生命的意义。你不仅更有知识，而且更有智慧。一位智者，不只是拥有信息，对人类生命中永恒的真理也有深刻的体会。这就是阅读根本性书籍的目的。

我想，进行了这样的对比联想，你才有可能说你读过的书已融入自己的“血液”，成为生命的一部分。

三、三种对话，推进教师群体共读

2013 年，我调入本校。根据学校的职务安排及工作要求，我调查了教师读书现状，提出“群体共读”建议，并参照钟启泉先生“学习是三种对话性实践”的论述，组织教师共读。

首先，以导读引领共读。导读活动面向全校教师，先发书再导读，涉及《变革的见证——顾泠沅与青浦教学实验 30 年》《教学勇气——漫步教师心灵》《静悄悄的革命》等书。每次导读，根据学校安排，都在寒暑假前。学校提供假期阅读书目，提出读书笔记撰写要求。就实际效果看，导读对教师共读活动具有引领意义。

其次，搭建论坛促交流。对教师写的读书笔记，学校安排专人查阅，并选择部分读书笔记指导修改，然后在读书论坛交流。2014 年 4 月，学校举办了《变革的见证——顾泠沅与青浦教学实验 30 年》读书论坛，不仅有本校教师交流，还邀请兄弟学校资深语文教师一起参与。2014 年 12 月，学校又举办了《教学勇气——漫步教师心灵》读书论坛。交流，有助于教师了解同伴的阅读感悟，比照自己读书体会，找到“它山之石”。

最后，对话专家谋提升。教师的专业发展不是一蹴而就的。通常认为，教师发展包含自我反思、同伴互助、专业引领三方面。引领教师共读，也有三方面：一是写读书笔记，促使自我反思；二是通过读书论坛，促进同伴互助；三是邀请专家进行指导，提升教师阅读水平。正是这些活动，我校教师的阅读从“独学”变为“共学”，群体共读质量有了保证。

从2005年坚持阅读至今，自己也收获颇丰，发表文章30多篇，出了一本书，连续两届被评为青浦区学科带头人。最重要的是，我已摆脱了当年的职业倦怠，无论遇到何事，都能以积极心态面对。这是阅读带给我的一大收获。

（周世杰）

三、促使教师激发自己的阅读情怀

读书有缘，读书更要有情。回眸走过的阅读路，细数自己成长过程中留下的脚印，共读活动促进了教师的成长。我校一位英语教师，在一次交流中，和大家分享了自己的心路历程。

日子在一天天地过，书也在一页页地读。行走在阅读路上，蓦然回首，竟是那样泾渭分明：成长之路、奋斗之路、归寂之路，三处道口上巍然屹立的里程碑，无一不与读书相关。是该好好梳理阅读对于我的意义了。

一、春风十里，一路有你——书中，我读出了“理想”

孩童时代，面对骨感现实，父母叮咛：“只有读书，才能书包翻身。”当时，自己并不理解读书的意义，只想以加倍的努力用功来获取好成绩，渴求由此改变贫穷的命运。未曾想，无心插柳柳成荫，山高水长的书海生涯真的从此开启了。那时，内向而自卑的我，总是手捧书本，寻找知心玩伴。在我看来，读书实在太有趣了，宁舍一顿饭，也不舍读本书。看到父母眼中流露出的欣慰与赞许，我读得更有劲儿了。邻居伯伯，是乡里一位德高望重的语文教师。他家有一个充满书香的樟木柜子，很吸引人。我留恋那一排排厚薄不一、整齐排列的书籍。放学后，我经常赖在他的书房，直至得到一本心仪的书才喜滋滋地飞奔而归。在父母面前说起我，伯伯总是频频颔首，满是赞誉：“这女娃儿爱读书，将来一定有出息！”上小学时，我有幸成了伯伯的学生。除了常规学习任务，伯伯经常给我布置一点额外作业，如对对诗句，说说故事人物，猜猜小说结局，表达对书中某句话的看法。我的语文成绩，在班级里独占鳌头。这更让我黏着伯伯，占着书柜，沉浸在快乐中，忘掉了物质的匮乏与生活的不易。那五年，是我读书人生的启蒙时段，好书点亮智慧，阅读伴我成长。那五年，也是我立志向教的关键时期，心里默念将来也要做一位像伯伯那样知识渊博的教师。尝到甜头的我，渐渐有了自己的“理想”：拥有好多好多的书，做一位令人敬仰的教书先生，回报养育自己的父母。令人汗颜的是，儿时读过的那些书，现在还记得的仅有《中国古代寓言故事》《安徒生童话选集》《格林童话全集》《三毛流浪记》《天方夜谭》《成语故事 365》《稻草人》等。书中那些细枝末节，虽已记不清楚了，但当时阅读带来的快感，仍留存至今！

初中、高中、大学，在不同的学习环境中，我结识了性格各异的同学，虽谈不上以书会友，但也一路读来一路欢笑，收获了志同道合的若干闺蜜。茶余饭后，阳光午间，夕阳西下，灯光摇曳，我们携手共读，同醉于书香之中。由于报考的是英语教育专业，大学四年我更多地沉浸于外国原版经典的泛读。《失乐园》《格列佛游记》《鲁滨孙漂流记》《雪莱诗选》《傲慢与偏见》《呼啸山庄》《德伯家的苔丝》《飘》《红字》《汤姆叔叔的小屋》《教父》《老人与海》等作品是我的最爱。透过英语单词，我对外国文化有了理解与体会，对外国友人的观念也有了较为深刻的认识。读书，让我在工作后面对学生的提问时能旁征博引，泰然处之。

《简・爱》是我大学四年反复研读的文学范本，它的语言审美价值很高。读书时，我们非常向往英国文学界那种朴素典雅的浪漫格调，欣赏 19 世纪英国的经典文风，憧憬着有朝一日能身临其境。而每每遇到不顺心的事，我就会想起《飘》中的女主人公郝思嘉，模仿着她，暗暗告诉自己明天又是新的一天。读海伦・凯勒的《我的故事》则让我在痛心、唏嘘不已的同时，又赞叹有加。精读各章，剖析海伦・凯勒的学习经历和成长过程，她虽然听不到这个世界的声音，看不到这个世界的样子，却因为一位优秀教师的教育而成功度过了一生。对于我，这本书是学习、生活以及写作的典范。如今，这满腔热情也成了我生活和工作的常态：先熟读之，吟咏之，再用于教学实践。

一个爱读书的人，会发现整个世界在偷偷地眷顾自己。因为在书的世界里行走，一个人会遇见最值得爱的、最美的自己。至于我，原来的自卑感在悄然消失，说话也越来越有底气了。读书，没有给我带来物质财富，却满足了我内心的需求。书，我学生时代的最爱、我的青春伴侣，你让我如何感谢？当初，我走向你的时候，只想收获一缕春风，可你却给了我整个春天！儿时的梦想，在一路上开花结果，春风十里，有你相伴着。终于，太阳底下最光辉的事业向我伸出了橄榄枝，阅读让我终生受益！

二、拨云见日，幡然顿悟——书中，我读出了“奋斗”

毕业后，我走上憧憬已久的教育岗位。带着强烈的忧患意识，我特别关注专业发展必需的生存技能。为了搞清楚“教什么、怎么教与为什么教”，我沉浸于教材之中。可源头活水并不充盈，困惑依然一箩筐。《战国策》曰：“羽毛不丰满者，不可以高飞。”涉猎经典，与教育家对话，过去的广泛阅读成了我飞翔的翅膀。

苏霍姆林斯基《给教师的一百条建议》，是我阅读的第一本教育专著。作者的每一条建议都有事例支撑，整本书把枯燥的教育学、心理学理论阐述得如此生动、明白。书中的观点启迪我，教师要心存博爱，永不言弃。从学生到教师，关键是找准角色转换后的位置。马克斯·范梅南《教学机智——教育智慧的意蕴》这本书，启发我面对课堂突发事件，要冷静处理，因势利导，运用教育机智处理师生关系，利用课堂上的各种契机为教学服务。

读了亚米契斯《爱的教育》，我尝试走入书中小男孩安利柯的生活，领悟他学习、生活和爱的方式。在感动中，我发现爱其实包含了人们对美好生活的追求。如此看来，我和学生都是在为同一个求学梦想而努力着，想到这里，信心骤然倍增。参照万玮的《班主任兵法》，我启动了极具操作性的班主任工作模式，以全新的管理理念，用一个又一个“高招”，解决新班主任工作中的许多问题，在学生中树立了威信，令同行惊讶不已。

第二语言教育权威、加拿大教学法专家 H.H.Stern《*Fundamental Concepts of Language Teaching*（语言教学的基本概念）》一书，让我在英语教学的起步阶段，就了解了系统的教学知识和各种教学模式，并将其用于改进自己的课堂教学实践。职初阶段的阅读感受，可以用梁启超的一句话来概括：“趣味总是藏在深处，你想得着，便要进去。”当然，读书的最大获益是，一旦自己从书本中走出来，就会在课堂上变得更加体面和自信。

顺利度过五年的模仿学习阶段，还未来得及沾沾自喜，“（学生）学什么、怎么学、为什么学”这些需要青年教师回答的问题,又促使我积极投身教改实践。探索突破,进步提高;光阴荏苒,说走就走;必须抓住,持续发展。从教学能手到示范教师,再到区学科教学带头人,十年的专业历练,自己不知有过多少次迷惘、失意,而阅读习惯则一次次地帮助我坚持在教学改革的路上,痛并快乐着。

Fraida Dubin & Elite Olshtain 的《*Course Design*(课程设计)》一书,让我对确定课程纲要,撰写具体目标,有序组织教学内容,有了深层次的思考与体验。塞林格的《麦田里的守望者》,让我在当今物欲横流、教学清贫的矛盾中找到了出口和支撑。原来,人活着不仅要有物质生活,还要有精神生活,一份职业,意味着一份坚守。这种信念在托德·威特克尔《优秀教师一定要知道的 14 件事》一书中表达得更加明朗,当时我的读书笔记中摘录了这样一段经典:“不管发生什么事情,教师都是课堂的净化器。教师的素质决定学校的素质。每位教师都有影响力。优秀的教师可以创造奇迹。”是的,我很想成为一位优秀教师,我在不懈地努力着。苏霍姆林斯基说:“如果你想让教师的劳动能够给教师带来乐趣,使天天上课不至于变成一种单调乏味的义务,那你就应当引导每一位教师走上研究这条幸福的道路。”著名教育家查有梁先生指出:“学然后知不足,教然后知困,研然后知美。知不足,然后能自反也;知困,然后能自强也;知美,然后能自创也。”于我而言,教学研究确实是一条艰辛与快乐殊途同归之路。为此,我试着从郑金洲《教师如何做研究》一书中寻找捷径,力求使自己的教育、教学能以更有效的方式实施。这种对自己教育观念和行为的思考和探究,不仅帮助我找到了有效的教育、教学问题,解决了种种教育、教学问题,减少了无效的重复劳动,提高了教育、教学效率,还促使我唤醒情感意识,深刻体验和深度理解自己的职业。我不甘心当一个技术熟练的教书匠,要做一位研究型教师,更好地教英语,更好地为学生服务。这几年,我笔耕不辍,无论是论文发表与获奖,还是课题申报,总是在努力收获。

走近大师,寻找增长点;对话专家,反思实践,解惑改进,教学智慧在不断启迪中累积迸发。我职业生涯中的阅读“伙伴”啊,当初走向你的时候,我只想获得一个可以依赖的支点,你却赠予我一根魔杖,让我行走自如,穿梭于教学与研究两重世界，更让我在书林中拨云见日，幡然顿悟：奋斗了，才会有丰厚的回报；奋斗了，才能够深谙过程的艰辛；奋斗了，才惊诧潜力的无限；奋斗了，才懂得工作的价值。

三、沉静尘心，重新启程——书中，我读出了“师道”

经过努力，各项荣誉接踵而至，自己感觉教师专业发展之路越走越轻松，进入了舒适区。可日复一日的重复教学，疲乏和怨言在所难免。再者，人生到了某个阶段后，生活和工作会开始做减法。有时疲于奔波的自己，会忽然找不到工作和生活的节奏，恐慌、焦虑，甚至患得患失，心力交瘁。

再次捧起《论语》，与相隔近20年的初读，感受完全不同。那时，自己囫囵吞枣，食而不知其味；此时，犹如牛吃草后的反刍，重新加以咀嚼。《论语》是一部人生百科全书，我被书里的是非曲直深深吸引住了。大到齐家治国，小到日常起居，如何交友，《论语》提供的是待人接物处世的金科玉律。一切计较心思，都会在读了后释然。

读了《古文观止》这本书，我如同跨入中国古籍文化的巍峨殿堂。书中，描述的是平凡人生，闪耀的是真知灼见。书中对胜利与失败、顺境与逆境、幸运与磨难、荣誉与羞辱、追求与幻灭、希望与失望、奋起与沉沦、为官与卸任的论述折射出人生的哲理，滋润了我干涸的心田。读这本书，我获得了一种豁达的人生态度——做自己该做的事情，做自己想做的事情，是非功过任由他人评说！

人过中年，容易泄气，为了过上幸福美好的生活，我买了很多励志图书。卡耐基的《人性的弱点》《细节决定成败》让我的心灵获得了一片宁静。丁远峙的《方与圆》最有意思，它没有深奥的理论，也没有提示什么人生秘诀，只是浅显地将人的心理活动剖析出来，却让作为读者的我感悟到天圆地方，无限广阔，人在其中，微如芥子。诚然，凡事都要讲究个度，过犹不及，“大智若愚，大巧若拙”是真理。用老子的话来概括，即“为学日益，为道日损”。不是吗？我可以在淡泊独处中与道在一起，可以在静坐深思中与道在一起，可以在热闹的人群中与道在一起，还可以在教育教学研究中与道在一起。与少年时期的懵懂相比，现在的我已看清楚了一点，书中根本没有千钟粟、颜如玉和黄金屋，但人们可以穿过汉语的字里行间,走向闪烁、幽静的远方,进入那个令人无限向往和期冀的境界!《小窗幽记》中有两句诗,闭门即是深山,读书随处净土。诚者斯言,保持从容的心境,远离喧哗的物质世界,坚守着自己的教育岗位。所谓"师道",即循厚积薄发的经历,持潜心研修的心态,炼卓尔不群的品质,立追求卓越的精神,自己这辈子能躬行之,足矣!

回忆过往,梳理所得,终于明白:读书于我,是一场陪伴,是一次内心旅行,去往精神世界;读书于我,又是一种自我成全,品格在其中悄然形成。阅读路上,荆棘丛生,在光阴织成的锦簇中细数成长的线缝,针脚疏密不一,不成规矩,却是真实生活、工作的痕迹。最重要的是,我还在一如既往地阅读着,辗转回眸,岂不快哉!

(钱海珍)

四、推进教师在阅读、反思中成长

美国学者波斯纳曾经提出一个教师专业成长的公式"经验+反思=成长",认为只有经过反思,教师的经验方能上升到一定的高度,并对后继行为产生影响。从我校的群体共读活动实施情况看,无论是"经验"还是"反思",都离不开读书。书中传递的他人经验和教育教学理论,可以指导教师深入反思自身经验中的有效成分与不合理因素,从而提炼符合教育教学规律的实践智慧。我校一位化学教师表达了读书对自己成长的帮助。

有人说,一个人的气质里,藏着他读过的书,走过的路,爱过的人。那是因为,气质是岁月沉淀的产物,是漫长时光赠予人们的最好礼物。回想起来,在我成长的过程中,无论是求学阶段还是工作时期,都离不开阅读,读书促进了自己的成长。

一、读书明理,立志为师

自我懂事起,没有读过多少书的父母就期望我努力读书。很庆幸,我的父母比较开明,他们不像传统家长那样,认为"女孩子读那么多书没有用"。只要我想买书,不论是知识类的学习用书,还是心灵鸡汤类的书籍杂志,父母都会毫不犹豫地买给我，尽管那时的家境并不富裕。母亲还常常会拿回来一些旧书、旧报纸，让父亲从中挑选，留给我和妹妹看。我记忆中，读小学时的班主任是一位拥有甜美笑容的女教师，她会在班级里用抑扬顿挫的语调，朗读我的读书摘抄和心得体会。她告诉大家，读书可以明理。从那时起，我便立志要成为一位教师，像她那样让学生通过阅读学会做人做事的道理。

二、读书解惑，提升能力

大教育家苏霍姆林斯基说："读书，读书，再读书——这是教师的教育素养这个品质所要求的。要读书，要如饥似渴地读书，把读书作为精神的第一需要。"简单明了的两句话，道出了为师者的要义。

回首我的从教之路，是读书使我单调孤寂的生活变得丰富生动起来。在书中，我找到了工作的自信和教书的底气。读名师的书，感悟他们的成长经历、奋斗足迹、艰辛和快乐，可以激励自己有所追求，奋发而为。读书促使我自省，让我扪心自问"今天上课有哪些新气象，今天学习有什么新收获，今天处理问题是否有了新方法"。读教育学、心理学方面的书，可以引导教师遵循教育规律，从学生实际出发进行教学，始终牢记"教育的根本在于人格的塑造"。

苏霍姆林斯基的《给教师的一百条建议》，是我最常翻阅的书。这本厚厚的书中，列出的每一条建议，谈到的每一个问题，既有生动的实际事例，又有精辟的理论分析，很多都源于苏霍姆林斯基本人的教育教学实践。作者娓娓道来，开阔了我的眼界，让我读了一遍又一遍。每一次阅读，我都有新的感受和新的收获。读苏霍姆林斯基，我体悟到把心灵给了孩子的那种无与伦比的幸福。书中第二十二条写道，教师要"争取让学生热爱你的学科"。在苏霍姆林斯基看来，学生只有喜欢上了某一学科，他们的天赋素质才会得到发展，他们的爱好、禀赋、才能、志向方能建立起来。而一个研究者最终的发展方向，与他所喜爱的那门学科有着千丝万缕的联系。

苏霍姆林斯基指出："每位教师都在尽量唤起学生对自己所教学科的兴趣，使他们入迷地酷爱这门学科。"是啊，作为教师，最希望的就是学生热爱自己教的学科。只有这样，学生才有兴趣学，也才有可能学好。受这些话的启发，我在化学教学实践中努力探索激发学生学习热情的方法。比如,化学实验能唤起学生的好奇心,激发学生的学习兴趣。为此,我根据教学内容,组织学生做一些探索实验,从而激发他们的探究热情。在讲授盐类水解时,我设计了分组测定溶液酸碱性的实验比赛,学生对此很感兴趣。学生的学习热情一旦被激发,就能更好地掌握这节课的学习内容。经过多次公开课的磨炼,我逐步体会到,阅读教学理论、借鉴他人经验对提升自己教学能力有很大帮助。我通过同桌、小组、全班交流等形式,组织学生围绕某个问题进行开放式大讨论,让每个学生都能表达自己的看法。

三、读书为师,提高素养

读书,让我认识到教师不仅要教书,更要育人。为此,教师自己先要做一个有思想的人。著名特级教师窦桂梅老师说:"教育的真谛在于将知识转化为智慧,将文化积淀为人格。教师因读书铸就备课灵魂,便成就了教育的永恒爱心、理想信念、社会良知以及社会责任心。这才是一位真正的教师不可或缺的精神底子。"自从当了班主任后,面对层出不穷的班级问题,我意识到育人是一门大学问,必须加强读书,提高自身素养。

读魏书生的《班主任工作漫谈》,我明白了教育就是帮助学生培养良好的习惯。书中第三章"科学管理班集体"、第四章"特殊情况育人方法种种"、第七章"科学管理班级要靠班级的主人们"介绍的方法,给了我很大启迪,让我打开育人思路,找到解决问题的钥匙。魏书生鼓励教师科学管理班集体,对学生进行思想品德教育,培养学生自我教育能力。虽然自己目前还说不出多少教育道理,但能真切地感受到这样做是符合科学规律的。魏书生自己要当两个班的班主任,外出讲学、参加会议的时间又比较多,而他的班级却照样管理得井然有序,各方面都非常出色。魏书生那深邃的哲学思想和深厚的文化素养,让人仰视,也足以说明他的文化底蕴之深。我想,只有用读书来滋养自己,才能提高自身素养,比较公正、有效地处理班级中的问题,转化问题学生。为了做一个称职的教育工作者,我利用各种机会向学生宣讲读书的价值,在主题班会上让学生分享自己的阅读体会,积极响应学校号召,组织学生进行"经典诵读",向学生推荐自己认为比较好的有关读书的微信公众号。

曾有人这样形容读书："阅读不能改变人生的长度，但可以改变人生的宽度；阅读不能改变人生的起点，但可以改变人生的终点。"随着教龄增长，我更重视阅读了。我相信，阅读对一个人的影响是终生的，教师可以在阅读、反思中不断成长！

（黄晓丽）

第三章

行:深耕课堂,精做教学

群体共读活动的逐步推进，为全校教师打开了一扇通向“知”库的大门。知而即行，在实践中才能检验出真知，也才能化“知”为“智”，在教育教学工作中产生实际效益。教师的成长，主要在课堂，优秀教师都是在课堂中拼搏出来的。有识于此，我校将课堂改进行动作为教师队伍建设的奠基工程，引导教师运用读书所得的理论知识和先进经验，在“真枪实弹”的演练中，不断提升自己的专业发展意识与能力。

第一节　立足学科课堂,谋划改进方略

立足课堂,上好每一节课是教师践履师德的基本要求。我校启动群体共读活动,旨在提高教师的教育教学素养,但书中的原理、前人的经验,能否转化为教师个人的实践,最终要通过课堂来验证。为此,学校以各学科的备课组为单位,组织教师基于"三关注两反思"行动教育模式,探索教学改进方略。

首先,根据单元教学的总体设计,规范日常备课。学校要求教师在充分分析学情的基础上,完成好各自的教案,通过校园网站交流,尽量达成共识。

其次,要求教师每人每学年至少上一节实践研究课,涉及课题申请、实践反思、改进研讨、经验概括、成果提炼、形成研究报告等环节。

再次,设立教学论坛,交流各学科课堂改进的研究成果,邀请区内专家教师点评指导,汇聚、传递先进教育理念与有效教学经验,全校共享。

近年来,越来越多的教师通过学校创设的开课听课评课平台,在个人专业发展上取得了进步。

一、课堂改进从"预学"开始

在青浦,"预学"这个概念有着丰富的含义,它不仅包括以往"预习"所指的事先想一想、读一读、做一做等程序,还包括情感、态度上的预备,指学生进入新的学习过程之前在知识、技能、情意与方法等方面的全方位准备。它的目的,是在帮助学生尽量扫除知识障碍的同时,促使学生产生认知冲突,让学生带着问题进入课堂,也让教师准确把握学生的学习起点,有针对性地进行教学。设置"预学"

的根本目的是帮助学生养成自主学习的习惯，从“学会”走向“会学”。对此，我校教师虽不能充分领悟、把握全部意蕴，但也在努力践行。以下引用我校一位语文教师的研究成果进行说明。

随着时代的发展与教育理念的更新，高中语文教学也要顺势而为。语文新课程标准提出：“要充分激发学生的主动意识和进取精神，积极倡导自主、合作、探究的学习方式，要通过改变学生的学习方式培养学生终身学习发展的能力。”其中，加强课前预习是培养学生自主学习能力的一条重要途径。

一、基于“预学”理念，引导学生自主学习

在以往的高中语文教学中，预习是一个容易被忽视的环节。多数语文教师虽然会把课前预习作为一项常规要求，但在实际操作中往往流于形式，以致收效甚微。有教师认为，不是每篇课文都值得预习，有时不必要的预习反而会降低学生对文本的新鲜感。也有教师指出，未从实际出发的、形式主义的烦琐预习，不但不利于学生学习，而且会加重学生负担。这些观点与“以学生发展为本”的新课程理念，无疑是相违背的。

为贯彻新课改精神，教师应将传统的课前预习转变为培养学生自主学习习惯与能力的“预学”，并从内容和形式上探索其指导策略。教师的任务不只是传道、授业、解惑，他们还应成为学生学习的组织者、促进者和参与者。而教学目标不仅要包括课本上知识的学习，还要包括学生自学能力的培养。这就要求教师在教学过程中，把学生自学放在一个突出的位置。充分预学，是求知过程的良好开端，不仅能让教师为课堂教学做好知识准备，而且可以为教师落实重点、化解难点、达成教学目标奠定心理基础。良好的预学，使教师授课更有针对性，学生听课更有目的性。坚持预学，不仅能使学生养成良好的学习习惯，还能激发学生的自学潜能，进而实现“教是为了不教”这一教学终极目的。

以往，教师布置预习任务的随意性比较强，学生的执行情况也不够理想。很多学生的语文课前预习，仅停留在读准字音、弄清词语解释的浅层次上。在教学实践中,我发现很多学生十分茫然,不知从何处入手完成预习任务。由此,注重课文预学设计,加强预学指导,传授预学方法,提高学生预学有效性,应是语文教学改进的应有之义。

二、基于预学单的指导

语文课程标准指出:“应充分发挥师生双方在课堂中的主动性和创造性。”怎样将这一要求付诸实践?设计与运用预学单被证明是一种有效策略。预学单是教师在课前向学生提供的一份辅助性学习指导文本,其内容包括呈现任务、提出要求、供给资讯、援助工具等。

预学的一项任务是培养学生阅读课文先研究题目的意识。对此,教师可指导学生围绕课文题目展开思考,发现问题,围绕问题进行质疑。这有助于学生理解文章主旨。具体来说,一是质疑题目中的关键词,二是将题目的陈述表达改为疑问表达。如在高二语文《读书示小妹十八生日书》一课的预学单中,我设计了几道题目,见表 3 - 1。

表 3 - 1　《读书示小妹十八生日书》预学单

一	1. 熟读课文,划分段落,圈出生字、难字,查字典扫除文字障碍 2. 解释下列字、词、成语 示:________ 孱:________ 富绰:________ 囫囵吞枣:________
二	收集有关贾平凹的资料,阅读感受贾平凹的作品
三	1. 梳理作者的写作思路,思考作者在信中向妹妹传授了哪些读书之道和做人之理(圈画出关键字词句) 2. 思考作者的写作意图
四	写出不懂和疑难之处

学生弄懂了预学单中的这些题目,就能把握文章的主要内容。

【设计意图】

第一,重视积累。语文课程标准要求:“能围绕所选择的目标加强语文积累,在积累的过程中注重梳理。”荀子云:“不积跬步,无以至千里;不积小流,无以成江海。"学语文尤其要懂得积累，在日积月累中，完成知识积淀。重点积累三方面内容：(1)一些重要词语的读音、意义及用法；(2)一些优美语句；(3)相关的文学常识。

第二，重视品读。语文课程标准要求："中学生能根据自己已有的知识和语言能力，结合文本内容，发现并把握文章的关键语句；能感受语言的表现力，并在此基础上学习典范的语言，提高语言表达能力。"所以，通过摘抄和点评精彩句子，提高学生的鉴赏能力和语言表达能力，不可或缺。

第三，重视质疑。有人说："最精湛的教育艺术，遵循的最高准则就是学生自己提出问题。"此言不虚。教学中，教师要有意识地培养学生的问题意识，让学生尝试提出问题，并运用工具书和资料分析并解决问题，以此提高学生的质疑能力和自学能力。

【存在问题】

检查几轮预学效果，我发现学生预学单的完成情况参差不齐。学习态度端正者完成得规范认真，部分学生则比较粗糙。经过分析，我认为自己在指导预学方面，存在一些问题。

第一，指导不到位。特别是句子赏析，语文基础薄弱的学生无从下笔，只是泛泛而谈，缺乏深度。

第二，个别学生欠缺课文整体感知能力。有些问题联系上下文就可以回答，但部分学生没有深入思考，就将此作为疑难问题上交，有偷懒之嫌。

第三，个别学生从课文里随便抄写几个词语，摘录几句话，既没有理解性说明，又显示不出思维"痕迹"。这种预学难有实效，有敷衍了事之嫌。

第四，没处理好预学单与课本的关系。有些学生为了应付检查，完成了预学单，但课本上却一片空白，预学过程没有在课本上体现出来。

【改进策略】

第一，不断完善预学检查手段和评价方式。课前，提前通知预学篇目，发放预学单。预学情况由组长检查，课代表汇总统计。教师归纳大部分学生反映的问题,将一些问题先交小组讨论,小组不能解决的问题或有代表性的问题,提交全班讨论。课上,通过提问或课件呈现方式,展示学生预学中思而难解或解之有误的问题,给予点拨,为学生扫除理解障碍,使课前预学与课堂教学有机衔接,激发学生学习兴趣,让学生产生“课堂主人感”。课后,要求学生回答预学中提出的问题,自我完善,巩固强化。教师及时反馈,帮助学生释疑解惑。

由于教师课前布置了预学任务,课堂上对学生提出的问题适时指导,课后作业也可控。这样,提高了教学有效性,教师自身也从繁杂的作业批改中解脱出来,把工作重点放在检查学生的学习态度和自改准确度上。

第二,不断丰富预学单形式。在实践中使用较多的是表格式预学单,如《晨昏诺日朗》一课的预学单就是两张表格,见表3－2和表3－3。

表3－2　第一张表格

瀑布	所见	所感(找关键句,写关键词)	写作意图
第一天黄昏的瀑布			
第二天清晨的瀑布			
第二天上午的瀑布			

学生通过填写该表格,对课文内容有一个整体感知,理顺了全文的思路,从而明确了文章的主旨和作者的情感倾向,避免了因对课文缺少整体感知而形成的学习困境。从纵向角度分析,第一天黄昏、第二天清晨、第二天上午三次呈现瀑布,让学生明确了文章的写作思路,掌握了按时间顺序叙述这一常用的散文写作方法,即以一事物为聚焦点开展多次联想。从横向角度分析,所见、所感的“配对”顺序,让学生掌握了虚实结合的表现手法,即所见为实、所感为虚。而高中学生深感困惑的,就是由“实”到“虚”的升华。

表3－3　第二张表格

你最欣赏的句子或认为最有意蕴的句子	
对这一句子含义的解释或表达手法的赏析	
由此句你想到了哪些事(历史、现实)或名言	
此句给你怎样的启迪(抒情、议论,力求优美)	

该表格让学生用于整理归纳和总结点评。如此设计，是为了让学生的思考有明确指向，不会陷入模糊应对境地。表格运用上，可以分层次。语文基础好的学生，预学后可以完成全部内容。基础较薄弱的学生，可以先完成一部分内容，在对课文进行整理拓展时，再将表格补充完整。学生对句子含义的理解如能达到以上要求，其思维将被激活，有更多的个性化解读。语文阅读教学如能推进学生与文本和社会生活对话，作文素材也就有了源头活水。

三、关注不同学生，尝试小组预学

预学环节能否有效实施，与学生的个体差异有着较大关系。从“差生”方面看，主要是没有养成预学习惯，主观上也不太自觉。而教师提供的预学单，是作为家庭作业布置的，一般不会在上课前一个一个检查完成情况，而是在课堂上进行评价。于是，一些自觉性差的学生，就把预学单当作可做可不做的作业，甚至根本没有按照要求去预学。

学生预学的情况，与家庭和父母也有关。家庭生活条件好的学生，可以通过上网或查阅家中的图书、报纸、杂志搜集信息。家境差的学生，往往没有这些条件。文化水平高的家长，可以指导孩子怎么搜集、处理信息。文化水平低的父母，无法提供具体指导，甚至认为预学无关紧要。

学生预学的效果，与本人的知识基础和学习能力密切相关。基础好、自学能力强的学生，独立完成预学单没什么困难。有的学生语文基础差，自学能力也差，甚至连查字典都磕磕碰碰，要让他们完成预学任务，难度不小。

面对现实，我在实践中尝试采用小组合作的预学方式。其基本思路是关注全体学生，发挥每一个学生的长处。教师在充分了解学生个体差异的前提下，按学习基础、自学能力、爱好特长、家庭情况等要素，将学生分成若干预学小组，然后选择有一定组织能力又认真负责的学生担任组长。预学活动开展后，教师注意观察各组预学情况，适时调整成员和组长，改进分组标准与方式。

在教说明文《南州六月荔枝丹》时，我设计了这样一组预学单。

预习单 1：精读课文第 2 至 10 段，根据文章内容和提示信息，填写表 3－4。

表 3－4　预习单 1 任务表

说明对象和说明重点		说明对象的基本特征	说明方法
荔枝的形态和果实	大小	通常直径三四厘米，重十多克；重达四五十克；重 19 克左右；重 60 克	
	壳膜		
	果肉	颜色：________ ________：细胞壁特别薄，入口不留渣滓，味甜微酸，有的纯甜，早熟品种酸味较强 ________：________	
	花朵	1. 花期：________ 2. 花形和花色：花形小，绿白色或淡黄色，不耀眼 3. 构造：花分雌雄，极少数品种有完全花 4. 花序：________ 5. 功能：________	

预习单 2：精读课文第 11 至 13 段，根据文章信息填写表 3－5。

表 3－5　预习单 2 任务表

说明对象和说明重点		说明对象的基本特征	说明方法
荔枝生产的有关情况			

预习单 3：根据已完成的两张表格，从说明思路的角度，谈谈本文的说明顺序。

各小组根据成员实际情况，分配预学任务。

四、预学单的实施效果

预学单让学生在上课前，对所要学习的知识内容和有关要求，有了总体了解，便于做好必要的准备。这一环节做得好，对于发挥学生语文学习的主动性和创造性作用不小，具体表现在六方面。

（一）强化学习动机，提高学习积极性

学习动机是直接推动学生学习活动的内部动力。在预学过程中，学生带着问题阅读课文，强烈的求知欲驱使他们积极思考。在上课时，他们想知道自己对预学问题的解答是否正确，想了解老师和同学会如何评价自己的解答，强烈的好胜心促使他们认真听课。整个学习过程，学生会处于一种兴奋状态。有了这股学习动力，学习就不再是沉重的负担，成了一种创造性活动。

（二）有助于打好学习基础

学生通过预学进行初步探索，课本上哪些知识能懂，什么地方还不清楚，心中基本有数。这有利于他们把注意力更多地集中到自己难以理解的问题上，提高了听课的针对性。从心理学角度看，这为学生上课打好了注意定向的基础。对于还不懂的地方，学生会听得更专心。用教育学理论分析，带着问题上课，学生的求知欲会更强，学习时主动又执着。这一切，将有利于教师提高课堂教学有效性。

（三）有利于巩固所学的知识

按照传统教学观念，巩固所学知识的办法是学后复习。其实，预学也有利于学生巩固将学的新知识。首先，学生在预学过程中通过自己的努力弄懂了一些学习内容，由于经过独立思考，这些知识不易遗忘。其次，对于预学时没能弄清楚的问题，学生已经进行了一番思考，上课时经教师讲解释疑，常会豁然开朗，留下深刻印象，经久不忘。

（四）有益于推进课堂教学过程

教师通过课堂巡视与检查，了解学生的课前预学情况和学生对课文内容的理解程度；通过学生提出的疑难问题，了解他们的知识基础。这样，教师上课时就能抓住重点和难点，有的放矢地进行教学，既可避免只凭主观判断，也不会平均使用力量。整个课堂进程可以有条不紊地推进，教学效果会更好。

（五）人人都有提高自己的机会

预学是学生独立探索的过程，需要学生自己动脑思考。没有预学这一环节，课堂上往往只有几个优秀学生在展现学习成果，大多数学生当“陪客”。常见的课堂现象是，教师提出问题后，中下游学生还未思考结束，优等生就已举手发言，把答案告诉大家。至于一些惰性强的学生，他们懒得动脑思考，专吃现成的“包子”，可这样的人永远也学不会做“包子”。不经历独自一人的学习实践，就提高不了自学能力。安排预学的目的,就是让学生根据单元学习目标自学提纲,自己动脑探究,自己动手练习。这样,每个学生都有锻炼、展现能力的机会,都能提高自己。

（六）激发学习兴趣,丰富语文知识

坚持预学,让学生逐步养成了边读书边思考的习惯。为了解决预学中碰到的问题,学生必须自己找工具书与学习资料。养成这种运用工具书的习惯,培养相应能力,旨在让学生握有打开知识宝库的钥匙,不依靠别人,独立获取知识。工具书也是学生的老师,不仅能为学生提供许多课外知识,还可以为学生积累写作素材。

总之,抓住预学这个环节,用好预学单,对于有效推动语文学科“以学定教,先学后教”的课堂改进,有保驾护航的作用。

（张丹华）

二、以反思推动课堂改进

反思是学习者对个人思维活动过程和结果的自我觉察、自我评价、自我探究、自我监控、自我调节。反思能力是反思过程中反映出来的一种稳定的个性心理特征,指对认知活动起指导、支配、决定、监控作用的能力。它以反思的体验、反思的知识、反思的技能为基础,并在对认知过程的评价、控制和调节中显示出高层次思维活动的特征。反思有自我检查的意思,教师的反思是指教师对自己过去和现在的教育教学思想、观念、行为的肯定与否定的思维活动。其中,肯定是通过自我认同的思维活动来实现的,而否定是通过认知冲突的思维活动来实现的。两者的地位和作用不是平行的,相对自我认同,教师反思时产生的认知冲突是通过教师专业素养中更为活跃的思维因素来实现的,它对教师的专业化有着更为重要的意义。教师反思的意义不仅在于使教师发掘自己教学的成功之处或发现和解决教学问题,还在于使教师明确自己的教育信念。

据有关研究,目前教师反思中还存在着一些问题。一是有的教师反思意识淡薄,多数教师是为了完成学校的任务才进行反思。二是教师反思的内容相对肤浅，大多停留在较低层次的教学技能和教学策略上。三是较少采用成熟教师和专家型教师经常运用的教育理念反思和教育科研反思，没有从自我职业生涯的全过程来进行反思。四是多为描述性的教学经验总结，随意性比较大，很少对问题进行系统而深入的分析并提出解决办法。五是反思形式比较单一，多以教后记、课堂感悟、学期总结、教学随笔等形式出现，并带有模式化倾向。形成这些问题的一个重要原因，是教师对反思的实践意义及可以反思的内容和角度缺乏深入的认识。

由此可见，引导教师基于新时代教育改革提出的实际要求进行反思，学校还有许多工作要做。但不管怎样，我校教师仍在努力践行教学反思。以下引用我校一位数学教师的教学总结进行说明。

作为一位数学教师，自己曾有这样的想法：高密度大容量的教学，题目讲得多的课堂就是有效课堂。因此上课时，我很少顾及学生的思维、感受与接受程度。后来，我发现上课时多数学生似乎都听得懂，却不会独立做题。更可怕的是，有些学生最后连学习数学的信心也没有了。对此，我深感困惑。

一、一次研究课引发反思

带着这些困惑，我读了一些数学教学理论书籍。带着教学中的问题，我积极探索适合我校学生的教学策略。有一次，我在高三年级上了一节实践研究课"由递推关系求数列的通项公式"。在设计了这节课的教案后，我经历了"说课→试教→正式上课→评课"的过程。这一过程是渗透着不断反思的"磨课"过程。经历这一研究，自己受益匪浅。

从教学内容看，这是一节有关数列基础知识的综合复习课，贯穿其中的是数学思想方法。第一次试教后，区教研员和学校教研组长指出了我教学中的不足之处：(1)例题之间的衔接和过渡不明显；(2)上课太注意面面俱到，原本要让学生掌握各种类型的数列通项公式，结果讲的题型面太广，没能突出重点，所以题型面要缩小。按照这些意见，我调整了例题，又试教了一次。第二次试教的思路比第一次清晰多了，但数学组教师又向我提出建议：可以重新编排一下例题的顺序，使例题与变式练习的类型对应起来，达到举一反三、深入浅出的效果。资深教师的一番话,让我清楚地认识到自己的不足,促使我不断反思以往对教学的理解。

二、新课程理念下的数学课应该怎样上

苏霍姆林斯基告诫教师:“希望你们要警惕,在课堂上不要总是教师在讲,这种做法不好……让学生通过自己的努力去理解的东西,才能成为他自己的东西,才是他真正掌握的东西。”

我认为,数学课必须舍弃“注入式”“满堂灌”的教法,高三复习课也不能由教师一讲到底,更不能成为教师展示自己解难题本领的舞台。教师要让学生成为课堂学习的主人,让他们在积极主动的探索中展示自己的智慧才华,有所突破,有所创新,提高自身的数学素养和学习悟性。作为教学活动的组织者,教师的责任是点拨、启发、诱导、调控。

高三复习阶段的一个突出矛盾是时间紧,内容多。一节课上,既要呈现足量的题目,又要体现学生的思维过程,二者似乎很难兼顾。针对这个问题,我采用“焦点访谈”思路,较好地解决了问题。现在,很多数学题“入口宽,上手易”,可学生在探究过程中常会在某一点或某几点上搁浅受阻,这些点就是“焦点”,其余部分则是“外围”。教学中,教师不能将大量精力花在“外围”处,进行浅表性的启发诱导,而应引导学生在“焦点”处探寻突破口。通过“访谈”,让学生的思维在这里碰撞,弱点在这里暴露,能力在这里增长,意志在这里磨砺。通过“访谈”,集中学生的智慧,实现学生之间、师生之间的智能互补,促进相互之间心灵和情感的沟通。

三、教师反思什么

课堂教学能否取得满意的效果,关键在于教师能否改变陈旧的教学观念和教学方式。这需要教师有极大的责任心、耐心和勇气,挑战自己习以为常的教学行为和教学习惯。更重要的,教师要不断加强理论学习,开展反思性教学。教师的专业自主反思,可从四方面着手。

(一) 反思成功之处

成功之处包括教学中那些引起师生心理共鸣的做法,课堂上一些精彩的师生对答、学生争论,教学理念、教学原则的合理运用,课堂教学中的灵活变通,教材处理、教法改进中的创新等。上述反思,是促进教学观念转变的基本手段,是教学经验理性化的过程,具有改进和完善教学的功效,可供以后教学参考。

（二）反思失误之处

失误之处包括创设了问题情境却没有给学生思考的空间,组织了学习活动却没有考虑是否有利于学生自主学习,小组合作学习流于形式,没有关注学生情感、态度、价值观的发展,没有重视学生学习兴趣的激发等。上述反思,旨在重新审视自己的课堂,回顾、梳理教学中的问题,找出有针对性的解决办法,形成教学改进的新思路,为以后的教学提供借鉴。

（三）反思学生的行为

课堂上,学生时常会有一些独特的见解。这些智慧的火花,不仅能启发同伴,对教师拓宽教学思维也有作用。学生在课堂上还会有一些特别的表现,如有时回答精彩,有时表达阻滞、气氛沉闷。这些都事出有因,与教师的教有这样那样的关系。反思学生行为,可以把他们的独特见解作为课程资源。学生的异常表现,也是教师研究教学改进的有用资料。

（四）反思学生提出的问题

学生在学习中会遇到各种各样的困难,也会提出形形色色的问题。这些问题中,有些是个别性的,有些是普遍性的;有些是教师意料之中的,有些是教师未曾想到的。对于一些富有创意的问题,教师一时可能难以解答,应及时记下来并反思,以便今后教学时能对症下药。教师这样做,不仅可以丰富自身的教学经验,还能促进自己的研究。教师关注学生提出的问题,既体现了教学民主,也有利于调动学生的积极性。

金无足赤,人无完人。教师要多反思自己的教学,总结发扬成功经验,改正缺点,弥补不足,这样才能不断完善,不断进步。

四、引导学生反思

如果说教师反思是为了更好地教,那么学生反思就是为了更好地学,这是教学改进的重点之一。怎样引导高中生进行反思?基于教学实践,归纳出两点认识。

（一）让学生反思什么

反思应围绕数学问题的解决或者怎样解数学题进行。首先,要求学生对自己的思考过程进行反思,包括得失与效率。其次,要求学生对探究过程所涉及的数学知识及结论的形成过程进行反思,关注数学思想方法。再次,要求学生对有联系的相关问题,如对数学题题意的理解、解题思路、推理与运算过程、语言的表述进行反思。最后,要求学生对学习的结果进行反思,特别是在数学题做好后要及时反思,将解题过程本身作为思考对象。

（二）怎样教会学生进行反思

有些学生,课一结束就忙于做作业。由于学习内容没有全部消化,做题只会模仿,照抄照搬,结果不是漏洞百出,就是解题思路受阻,方法欠妥。这既影响学习效率,又极易挫伤学习信心。对此,教师可引导学生在解题前,首先从学习态度、情绪、意志等要素着眼进行反思,如自己的身体、精神状态怎么样,碰到难题能否静下心来做,自己有没有能力、信心解决它,失败了能否坚持,其次从解题思路、方法上进行反思,如这类数学题自己以前是否见过,解决它需要哪些知识、技能。

总之,一线教师在新课程改革实践中,一定要立足课堂深入反思,以反思推动课堂改进。

（邵秋芳）

三、构建学生"自主学得"的课堂

"学得"这个概念包含两层意思:一是指通过学习去获得,二是指学习之后有所得。而学生的学习包括个人的独立学习、与小组或同伴的合作学习。其中,"获得"是指过程,包括思考、体验等学习经历;"所得"是指结果,不仅体现在知识掌握方面,还表现在能力提高与创新精神培养方面。学生的"自主学得",是指学生在教师的启发教学下,通过自我努力,最大限度地发挥学习潜力,在学习中有所获得。提出构建这样的课堂,就是希望教师用心关注在自己的课堂上有多少学生在多大程度上获得了进步与发展,这种进步与发展又是怎样获得的。对这个问题，我校教师已进行了自己的实践探索。以下引用我校一位信息科技教师的教学总结进行说明。

信息时代，各种技术与知识呈现爆炸式增长，让人目不暇接。在快节奏的现代社会，学校要教给学生什么，才能让他们“以不变应万变”？答案应是教给学生获取知识技能的方法，让他们知道很多知识并非教师传授不可，自己也能通过自主学习获得。学习方法常常蕴含在教师的教学中，教师教学方式改变了，才能引导学生改变自己的学习方式。

为此，我校信息科技组积极探索如何改变传统的课堂教学方式，从以“教”为主转向以“学”为主，建设“以学生的学为中心”的课堂。授人以鱼，不如授人以渔。其中的“渔”，指的是正确高效的学习方法，包括技术技能、综合能力与智慧，这一方法体系是从习惯到志向的延伸。在“授人以渔”的教改实践中，我和学科教研组全体教师一起，以构建“学得课堂”为研究目标，进行了一些探索。

一、运用学习单加强指导

这几年的实践证明，新授课使用学习单，效果特别明显。它不仅便于教师实时收集反馈信息，动态调整教学进程，从而提高教学效率，还有助于培养学生自学能力，促使他们自主构建知识体系。信息科技学科设计的学习单，内容包括三部分。

（一）知识罗列图

设计知识罗列图，目的在于概括新授课的主干知识。一节课主干知识的清晰与否，关系到学生能否正确构建学科知识的逻辑框架。知识罗列图好比一棵大树，树的主干由教师给出，树上的枝叶由学生自己描上去。这样，既能让学生记住一节课的知识要点，又可使学生了解本学科的知识体系。“声音的数字化”一课学习单中的知识罗列图见图 3－1。

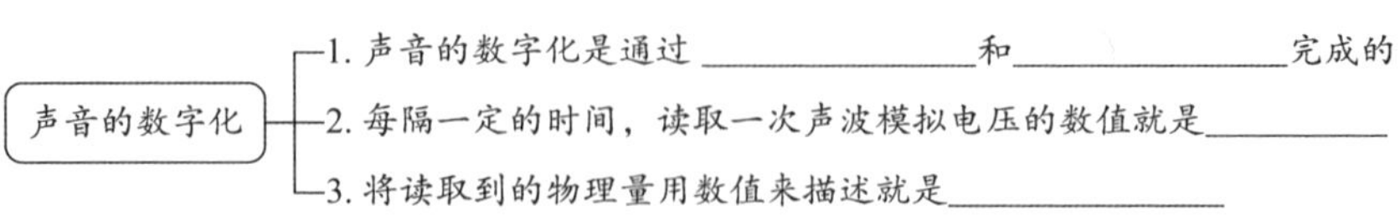

图 3－1 “声音的数字化”一课学习单中的知识罗列图

（二）典型例题解析

教师上课时提供必要的典型例题,目的是引导学生以此理解所学知识。运用典型例题建立主干知识的标准式,并有重点地辅以变式练习,十分有利于学生自主建构学科知识体系,切实掌握所学知识。课堂上,在呈现知识罗列图后,教师可以让学生借助学习单上的典型例题,建立理论知识的标准式。“声音的数字化”学习单中有这样一道例题:课前,某同学录制了一段诗朗诵,使用的采样频率为 8 kHz,每个样本采用 8 位二进制量化、双声道录制,录制时间为 10 秒,试计算这段诗朗诵文件的数据量。对此,学生会从记忆中搜索音频文件数据量的计算公式,若想不出,教师可以提示。在学生尝试计算后,教师可以展示这段音频的实际存储容量。如果学生自己解析的结果与教师给的结果一致,学生就会获得成功的满足感,同时也会记住音频文件数据量的计算公式。展示典型例题,虽是教师主导下的讲授,但教师仍可大胆放手,让学生尝试自己解决问题。课堂是学生学习的主阵地,教师如果给学生一个机会,也许学生会还给教师一个惊喜。

（三）练习巩固

课堂练习,是帮助学生巩固所学知识的重要环节。一方面,可以让学生通过练习理解所学知识的精华;另一方面,练习也是例题的变式应用,能够促使学生灵活掌握知识,举一反三。“声音的数字化”一课的学习单中,设计了两道练习题。

1. 练习题一

声音的数字化,通常需要经过采样和量化等程序,在图 3－2 中,图 a 和图 b 是同一段声音数字化过程的示意图,关于它们,正确的表述是________。

A. 图 b 的采样频率高,数字化后的数据量大

B. 图 a 的采样频率高,数字化后的数据量小

C. 图 b 的采样频率低,数字化后的数据量小

D. 图 a 的采样频率低,数字化后的数据量大

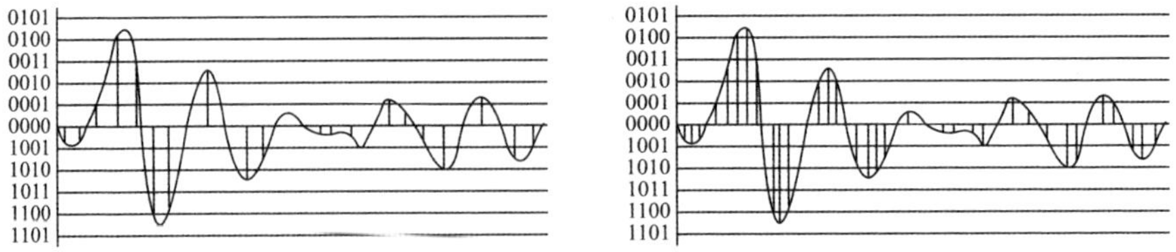

图 a　　　　图 b

图 3-2　练习题一示意图

2. 练习题二

对录音机输出的音频信号进行数字化，若采样频率为 47 kHz，每个样本的值用 16 位二进制数进行量化，且用立体声双声道录制，则每秒录音需要占用________字节(填写计算结果)。

在这里，练习题一有两个考查点：一是学生能否理解声音数字化过程中的采样环节(采样是指单位时间内采集的样本数，样本数越多则采样频率越高，体现在图像上则是声波图形上的点越多)；二是学生能否理解采样频率与数字化后数据量的关系(两者成正比关系，这已体现在数据量计算公式中)。练习题二的考查点与例题非常相似，即学生对数据量计算公式的理解程度。

以上是构建“学得课堂”的三步，循序渐进，环环相扣，逐级深入，缺一不可。

二、精心导入，问题引领

良好的开端是成功的一半。课的导入，是教学过程的第一个环节，也是非常重要的一个环节。导入得好，教师的主导作用发挥了一半；导入得不好，至少会让部分学生游离于课堂之外。所以，教师上每节课之前都要精心选择情境材料，为有效导入做准备。这样，教师一开始上课就能吸引学生注意力，激发他们的求知欲望。

例如，在教授“变量和表达式”这一课时，教师可用数学中的圆周率导入：一个算法中有 100 处用到圆周率的近似值 3.14，后来由于提高了对计算结果的精度要求，圆周率的值要精确到 3.1415926，因此需要想一个办法高效修改算法。问题一经提出，学生就沉浸在方法寻找中，但不久便意识到仅用已有的知识无法解决这个问题。此时,教师出示了这节课的学习主题“变量和常量”,让学生在预学内容中探索问题的答案。让学生带着问题学,有利于激发其学习兴趣,有助于提高其学习效率。

三、查漏补缺,重视反馈

课后作业可以帮助学生巩固课堂所学知识,也能帮助教师检验学生是否掌握了新知识。然而,高一信息科技课算法部分的教材,至今没有配备与教学同步的练习题(作业)。为了帮助学生及时巩固新知识,我校教研组几位教师参阅大量与算法相关的练习册、历届的学业考试题,一起为这部分的每一课时设计作业单。课后作业单的实施,不但使教学环节趋于完整,而且能让教师及时了解课堂教学的实际效果,进行查漏补缺,也为下一节课的教学设计获取了参考资料,避免问题累积。

探索理想中的课堂,引导学生“自主学得”,是教师永无止境的梦。教学实践的路还很长,需要我们知难而上、敢于创新。为了梦想,我们一直在路上。

（任万丽）

四、依托集体备课,改进课堂教学

教师是一种很个性化的职业,上课就是一个人在工作。备课则是教师上课前的教学准备,包括钻研学科课程标准、研读教材和有关参考资料、了解学情等工作,有个人备课和集体备课之分。集体备课是指教同一科目的教师共同研究教材中的重点和难点,交流、介绍本学科新的信息和知识,其前提是个人备课。而教师个人又可在集体备课后进行二次备课,由此提高自己的备课、上课能力。以下引用我校一位青年教师的教学总结进行说明。

在我校数学教研组,这几年让我感觉变化最大的是逐步形成的集体备课制度。“每日一传,每周一会”,虽说有点烦琐,但已是我们习以为常的动作。我作为这个大家庭中年龄最小、资历最浅的一员,对这个制度带来的助益深有感触。

一、在研讨中引导教师改进教学

2015 年 4 月 7 日下午,我们高一数学教师与往常一样进行集体备课,备课内容是“解斜三角形的应用”。参加这次备课活动的，有校长、区数学教研员和高三备课组的教师。作为这节课的主备教师，我谈了自己的设计思路，汇报了教案初稿的形成过程。然后，组内同仁和高三备课组的教师逐一提出修改意见。研讨期间，我们碰撞出一些思维火花。经验丰富的教研员倪老师认为，这节课的例题设计应以课本为主，适当补充。有多次阅卷经验的林老师认为，设计的“航海问题”可以不给出图像，让学生读题后根据方位角自己画草图，标出已知条件，因为几次学业水平考中都有类似题目，这与教研员的意见不谋而合。高三备课组的顾老师提出，导入新课前可以简单复习一下旧知识，课后应有巩固性练习跟进，还可以找一些真题作为参考。其他教师也说了他们的看法。我一一记下这些意见。我深深感受到了个人的渺小与集体的伟大。最后，校长对这次活动进行了评价，充分肯定数学组每位教师在贯彻学校备课制度中的积极态度和兢兢业业的工作作风。

这个集体备课过程，考验我们是否积极参与并在研讨中发表有个性的见解，能否在钻研教材的基础上提出有价值的问题，能否通过查阅资料补充教学内容，能否博采众长用于自己的教学实践。一个学科组出一两名优秀教师并不难，难的是全体组员都有较高的教育教学水平。青年教师与有经验的老教师之间的差异是客观存在的，两者的教育教学水平不在同一层次上。青年教师要想跟上，一靠自身努力，二靠学校组织的校本教研，而集体备课无疑是有效途径之一。

二、运用达成度听课促进教师反思

教师备课的效果需要在课堂教学中得到检验。学校通过开设区级名优教师示范课、青年教师邀请课、新教师汇报课等多种课堂教学展示研讨课，检验教师的备课质量，锤炼教师的教学能力。学校主要领导结合常规管理工作的检查，每学期深入各班级推门听课。一方面，了解真实的集体备课情况；另一方面，与一线教师一起探索符合新课堂改革要求的教学方法，将达成度听课的教学评价观落实于课堂。每节课结束后，教研组组长、备课组组长和其他听课教师认真进行评议，提出改进意见，填写反馈表，教务部门则及时把反馈表送达上课教师本人。

这样,既发挥了达成度听课的应有作用,又使教师能及时认识自己的不足,撰写教学反思。

三、集体备课促进教师专业发展的再思考

研究是教学改进之本,教师要重点研究“教什么”和“怎样教”的问题。我们备课组的活动坚持指向教师教学实践的改进、教学质量的提高和教师自身的专业发展。教师成长的关键在于有一个高水平的教学研究团队,营造了一种支持教学研究的氛围。有了这样的集体备课制度,才能形成改革的思路与力量。以往,教师参与集体研讨,更多关注个人的发展。如今,在新课程理念引领下,我们应当强调同伴互助合作。教师之间应建立积极的伙伴关系,共同分享经验。学校应建立一种新的促进教师合作、发展的校园文化。对此,提出如下建议。

其一,学校以备课组为单位,进行集体考核和评价,由此增强备课组全体组员的学习意识、研究意识和合作意识。人人为集体备课出谋划策,人人是集体备课的参与者和得益者。教师从参不参加集体备课无所谓,转为没参加集体备课心里就不踏实,有了危机感和紧迫感。

其二,学校通过集体备课活动,促使教师转变教学观念,让教师从“教教材”转向“用教材教”。集体备课需要教师拥有较多的资料,这就要求教师提高信息的搜索、筛选和分析能力,以此提高自己的研究能力。另外,集体备课让备课组积累的资料日益丰富,进而为校本化学科教学资源库建设打好基础。

其三,学校通过集体备课促使教师形成讨论意识和反思意识。集体备课有固定的时间、地点和人员,而教学实践中的问题随时会产生,一些突发性事件需要及时解决。因此,在办公室里、走廊上、操场边、餐桌旁,常常有几位教师围在一起探讨教学问题。有些教师甚至晚上回到家中仍通过网络与同事交流教学心得。许多教师还养成了撰写教学反思的习惯。不少教师通过理性思考,将教学问题设计为课题,开展研究。

（王祖惠）

第二节 参与新课堂实验，紧跟前行者步伐

青浦区于“十一五”后期正式启动的新课堂实验，是青浦实验在课改新形势下的承续。它提出的“以学定教、少教多学，鼓励挑战性学习”教学理念，它倡导的课堂教学基本样式和“同课共构”学科研修机制，引领了全区学校的新一轮教学改革。近年来，我校全体教师积极参与由青浦区教师进修学院科研部门主导的这一新课堂实验，在课堂改进实践中取得了长足进步，取得了一批成果。

一、支架式策略在英语翻译教学中的应用

教学策略是指为达到某种预测效果所形成与采取的多种教学行动的实施方案，即根据特定的教学条件和需要，向学生提供教学内容并引导其活动的最有效率的方式、方法和步骤。它是教学过程实施的基本依据，是教学设计的中心环节，具有综合性、可操作性、灵活性。教师运用教学策略，就是为了提高教学效率，即在教学目标确定后，根据既定的教学任务和学生的特征，有针对性地选择与组合相关的教学内容、教学组织形式、教学方法和技术，以形成具有效率意义的特定的教学方案。循此认识，我校教师不断探索合适的学科教学策略。以下引用我校一位英语教师的教学总结进行说明。

汉译英是高中英语教学的一个难点，考试题型比较新，考查学生对所学生词、固定表达、句子结构等的理解能力，以及对句法表达、语法规律的应用能力。虽然教师非常重视翻译教学，但从学生平时的汉译英作业和考试中翻译题的得分情况看，实际教学效果还是不尽如人意。大部分学生的翻译基本功差强人意，翻译的内容存在语法不通、搭配错误、句子主干混乱、内容缺乏连贯性等问题。

在《上海市中小学英语课程标准》和《英语学科教学基本要求》中,对“写”这一基本技能提出了“能运用所学的语言知识译出准确通顺的句子”的要求,强调了翻译教学的重要性和紧迫性。

一、面对挑战的思考

翻译的实质,是在两门语言之间进行代码转换,其过程包括理解、表达、校对三步。汉译英时,尤其要把握好词汇含义、句法结构、习惯用法等方面的知识内容。学生通过英汉互译练习,获得语言知识,了解英汉两种语言的不同表达习惯,把握两种语言的转换规律,强化用英语思维进行表达的意识。翻译能力与听、说、读、写能力是不可分割的,教师在翻译教学中要帮助学生掌握汉译英的基本知识和常用技巧,并辅以针对性练习,检验学生的理解是否到位,进而释疑解难,让学生的英语应用能力逐步提高。为此,在新课堂实验主导理念的引领下,我们尝试运用支架理论,建设以“学”为中心的翻译课堂,通过“以学定教、少教多学,鼓励挑战性学习”的教学实践,让学生学得愉快,学得有效。

支架理论(scaffolding theory)是在皮亚杰的建构主义思想和维果茨基的最近发展区理论上发展起来的。支架式教学旨在为学习者建构对知识的理解提供一种概念框架(conceptual framework),即在教学中,将复杂的学习任务加以分解,创设真实情境,让学生在教师的指导和同伴的帮助下,逐步建构起整体概念。撤掉支架后,学生能够独立地解决问题。在这一模式中,学生是知识意义的主动建构者,教师是教学过程的组织者、指导者和意义建构的帮助者、促进者。教材所提供的知识,不再是由教师单向传授的内容,而是让学生主动建构意义的对象。

基于我校学生的学情,在准确判断学生现有水平、充分了解学生原有经验后,笔者尝试将支架式策略运用于翻译教学,并进行了初步探索。由于翻译所涉及的知识面比较广,笔者最终选取了一个较小的切口,给课堂教学设计了两条线:一条明线指向如何确定句子的真正主语,一条暗线指向解题思路和步骤。明暗双线相辅相成,据此搭建一个学生可以登攀的教学支架,以贯穿学生思维过程,帮助学生有效掌握翻译知识技能,提高翻译的准确度。

二、从学情出发，确立教学起点

批改学生的翻译作业时，笔者经常发现一些共性错误，笔者将此记下来，整理分类，要求学生及时订正，但学生常做常错的现象仍然存在。反思以往的英语翻译课，大部分时间都是教师一人讲，学生被动地接受和做笔记，缺少自主思维的时空，这不利于提高学生的翻译能力。为此，笔者从学生错题集中选取6个与课文主题相关的句子，按照由易及难的顺序，设计成一张预学单（见表3-6），让学生回家完成。笔者通过批改，重新汇总错误类型，分析每个学生的错题，做到心中有数。

表3-6 笔者设计的预学单

序号	翻译句子	主语	时态语态	提示词	犯错者
1.					
2.					
3.					
4.					
5.					
6.					

上课时，笔者以Wall Stickers形式将句子一个个地呈现出来，先让犯错者阐释自己当时的解题思路和步骤，再请大家思考讨论，分析错误所在，提出改正办法。必要时，笔者进行讲解，帮助学生归纳和巩固研讨成果。

上述预学单，是笔者基于教学主题为学生搭建的课堂学习脚手架，适当运用，不但可以培养学生观察、分析问题的能力，帮助学生养成自觉学习的习惯，而且可以让学生明确学习目标，从而带着问题进课堂。更为重要的是，预学单的使用，能使师生在短时间内有效进入课堂情境，提高上课效率。内容选择时，教师必须从学生的学情出发，确立教学起点，通过合理设计，引领学生短、平、快地进入学习状态。

三、以纠错驱动，鼓励探究发现

由于预学所用的错句来源于学生平时的作业，而且错误明显，纠错的难度适中,因此在笔者的鼓励下,学生不但愿意参与并和大家分享解题过程,而且在课堂讨论时,一旦发现错误,就跃跃欲试,要求发表看法。此时,课堂气氛热烈,学生在不知不觉中进入“全体总动员”状态,你一言我一语,敢于表达己见。在争论中,学生模糊的认识清晰起来,错误转化为正确,形成了规范的解题思路。经过如此操练,学生颇有成就感。学生的主体性在发现问题和探究解决方法中得到了有力体现,学习效果自然显现。

支架理论强调以学生的“学”为中心,倡导体验参与,注重培养学生独立解决问题的能力。通过教学支架的帮助,教师引导学生主动完成学习任务。实践中,笔者设计层层推进的问题,将其作为脚手架,并通过示范与提示,引导学生发现问题、共同讨论、协作探索,直至学生独立归纳、总结出解决问题的要点,最终对所学知识有一个较完整、全面的理解,完成知识的自主建构。这使笔者体会到,“以学为主、少教多学,鼓励挑战性学习”的课堂需要教师为学生创建“有援”的学习环境,提供“支架”就是在创建“有援”的学习环境。学生在学习过程中需要获得帮助时,教师既应及时提供支持,又要注意适时隐退,撤去“支架”,把课堂学习主动权还给学生。实践证明,学生在课堂上迸发出的学习能量是巨大的,他们身上的发现、探究和协作能力常常让教师惊讶。当然,支架的设计可以多样化,不管是哪一种,只要随着学习任务提供给学生,促使他们积极思维,顺利完成任务,那样的教学就是有效教学,那样的课堂就是有效课堂。

四、用作业检测,致力教改进步

检验一节翻译指导课是否有效,最终要看学生独立练习的结果。因此,教师搭建支架,不仅要考虑教学的起点和课堂上学生的探究活动,还要把握教学素材的特点。预学单中的“六句翻译”取材于学生平时的易错题,支架结构不能局限于此,否则学生的思维得不到进一步训练。为了夯实基础,培养和提高学生运用知识解决问题的能力,笔者抓住教学重难点突破处、新旧知识连接处、文本概念易混淆处、学习内容归纳总结处,自编了反馈跟进作业单,用于当堂训练与学生回家自练,检测支架运用的有效性。

笔者通过跟进式练习,促使学生准确掌握所学翻译知识,并灵活熟练地应用；促使学生将学过的知识系统化，并在头脑中形成知识网络；引导学生在掌握知识的同时，进一步提高分析和解决问题的思维能力。笔者通过跟进式练习，发现学生的学习问题与个体差异，发现自己教学上的不足，从而及时查缺补漏，扬长避短。

一系列有结构的教学素材形成的支架，促使学生在探究活动中有所发现，用其解决翻译中的问题，发展解题思维，并在翻译实践中将课堂上学得的翻译理论转化为自己的技能。对于一些完成常规作业有余力的学生，笔者鼓励他们尝试“一句多译”，以激活思维，丰富语言知识，夯实翻译技能，创新翻译结构，从根本上提高自己的翻译水平。

支架式教学策略的运用，为翻译教学提供了有效的支持和帮助。整个支架的设计，体现了新课堂实验以学生的“学”为主的理念，遵循了低起点、高达标、小步子、顺势而上的原则。教学过程中，学生凭借教师搭建的学习支架，顺利找到了方法，解决了问题。对教师来说，“磨刀不误砍柴工”，把备课时间花在设计能供学生登攀的“脚手架”上，为学生的学习活动明确方向，以引导学生有效学习，提高教学效益，是值得的。

随着英语教学改革的深入，还会有许多新问题出现，每一堂课都有新的研究点，也会生成新的问题，英语课堂教学的改进任重而道远，需要每位教师不懈努力。笔者将结合支架理论的运用，积极参与“以学定教、少教多学，鼓励挑战性学习”的新课堂实验，把先进教学理念用于课堂实践，在语法、词汇、阅读和写作教学上积极探索，更好地为学生的学习服务。

（钱海珍）

二、关注学生的学与思

新课堂实验主张“以学定教、少教多学，鼓励挑战性学习”，其中的第一个“学”应指学生，第二个“学”则指学习。打造这样的课堂，教师应加强对学情的了解与把握，关注学生究竟是怎么学的以及学生在学习中是怎么思考的。以下引用我校一位物理教师的教学总结进行说明。

“学而不思则罔,思而不学则殆”,这是孔子对学与思的思考。新课堂实验倡导的教学理念“以学定教、少教多学,鼓励挑战性教学”,正影响着教师的教学行为。在教育价值追求上,教师要从功利取向的教学,转移到对“人”本身的关怀。教师如何以学生发展为本,关注学生的存在与成长,尊重学生的个性特长和兴趣需要,将教育理念和教育价值追求与自己的教学实践相结合?对此,我认为要从关注学生的学与思入手。以下基于一些物理教学案例,谈谈教师如何关注学生的学与思。

一、关注学生的“学”

学生的“学”涉及若干方面,包括每个人原有的学习基础、具有普遍性的学习规律、凸显个性特点的学习兴趣。教师可从三方面着手。

(一)学生的学习基础

相对初中来说,高中物理教学更强调理性思维的培养,这是初高中物理教学的一个明显区别。教师只有把握这一点,才能更好地体现物理学科不同于其他学科的独特教育价值。

这里以“功”的教学为例,说说如何把握学生的基础。关于这个概念的学习要求,初高中有所不同。初中只要求学生在力的方向与运动方向一致时,计算力所做的功。而高中则要求学生进一步理解运动方向与力的方向垂直时,这个力没有做功;如果两者不垂直,甚至相反,这个力在做功。所以,在课一开始,我就向学生强调功是能量转移转化的量度,举了一个例子(在水平面上推动一个箱子,此时推力在做功,重力和支持力没有做功),帮助学生温故知新,在此基础上问学生“摩擦阻力有没有做功”。结果,很多高一学生都异口同声地回答“没有做功”。“为什么没有呢?”我问。学生答:“因为在力的方向上没有发生位移,它们的方向是相反的。”他们根据自己记忆中“功”的定义进行了回答。我又举了一个例子,请学生思考“人下蹲后再跳起来的过程中,地面对人有没有做功”。对此,也许很多教师会想:“对人来说,确实是有位移的。为什么地面对人向上的支持力却没有做功呢?”这个问题,别说学生搞不懂,有些教师也会犯困。如果教师在教这个概念时能让学生真正理解“功是能量转移转化的量度”,而不是死记公式

$W=F\cdot s\cdot\cos\alpha$,那问题就迎刃而解了。因为,人跳起来时增加的能量不是地面给的。这时要考虑两个问题:(1)既然它不做功,那"$F\cdot s\cdot\cos\alpha$"怎么理解;(2)应如何理解定义中 s 的含义,才能满足量度能量转移转化的要求。教师要启发学生,人蹲下跳起的过程中,重心确实有位移,但更要关注地面对人的作用力到底作用在哪里,也就是人在跳(站)起来的过程中,脚底有没有位移,据此理解"$F\cdot s\cdot\cos\alpha$"中的 s 应该是真正受到力的作用的那个质点的位移。对此,常有学生会指出:"人跳起来脚离地后,脚底也有位移。"其实,脚底离地后,有位移时的弹力已不存在了,这应该是对"功"这一概念的本质理解。在"推箱子"一例中,学生应当理解两点:(1)推力做功的实质是人将能量转移到箱子,而箱子的重力是不做功的;(2)箱子的重力势能没有改变,它在支持力的方向上没有发生位移,所以支持力也没有做功。最后,我将问题引向摩擦生热。这种能量的转化需要摩擦力来做功,但摩擦阻力做功和推力做功的效果不同,一个是帮助物体运动,一个是阻碍物体运动。

可见,教师必须从学生的基础出发,精心设计教学过程,通过不断引导,让学生逐步吸收、消化所学知识。

（二） 学生的认知规律

"加速度"这个概念确实不好学,但又非常重要。它表达的是速度对时间的变化率,也就是变化的快慢。在物理学中,类似的概念很多,典型的有电磁感应现象。如磁感应强度与感应电动势,并非磁感应强度强,电动势就一定大;也不是磁通量大了,感应电动势就一定大;磁通量变化多,电动势不一定就大;只有磁通量变化快了,才能说感应电动势一定大!

可见,让高中生的思维逐步适应变化快慢的概念,是很重要的。但这种变化快慢的概念,不易理解,对高一新生来说是个难点。另外,"加速度"这个概念可以有很多延伸,有很多综合应用,涉及向心加速度、牛顿定律应用中的加速度等。高一新生学物理刚起步就遇到"加速度"这个概念,难免会焦头烂额。对这样一个有难度的概念,教师要把握好教学节奏,特别是在用物理题帮助学生理解加速度概念时,物理题的难度要调节好。千万不可为了一步到位,就把难的、变化多的、复杂的题一股脑儿放在学生面前。教师要让学生从简单了解到深入理解,再到逐步应用。这样一个关注学生认知规律的过程,可从三方面着手。

1. 向学生提供猜测的依据

物体的加速度,究竟与速度、速度的变化、速度变化的快慢这三者中的哪个有关？解决这个问题时,教师可以用学生比较熟悉的生活中的例子,让他们感受各种物理量或其他量的变化,理解变化的大小、变化的快慢,进而认识物体的运动。如让学生分析庄稼的生长过程,分析物价、房价的变化,让学生通过类比获得这种思维体验。这样一来,学生就有了猜测的依据。

2. 把握学生学习的难点

概念教学中还会碰到这样一种情况,如果学生认真思考了某个物理概念,就比较容易想通。一些高一新生初学时没能把握好某些物理概念,就是因为没有养成仔细想问题的习惯,总是马马虎虎,觉得差不多就行了。所以,教师应明确告诉学生,物理是一门自然科学,所有概念都有精确的含义,学习物理、理解这些概念时必须精准到位,养成慎思习惯。学生理解了"变化快慢"的确切含义,就能理解加速度其实就是一个用来描述速度变化快慢的物理量。

3. 运用图像帮助理解

图像是物理教学的一种辅助工具,常用来直观地表示物理规律,以帮助学生理解某种物理现象的变化过程。教师讲解"加速度"这一概念时,就可以利用 $x-t$ 图像形象地描绘变化的过程,让学生一目了然,理解变化率的关系,从而认识增加和减少、增加快和增加慢、减少快和减少慢等变化过程。

（三）学生的学习兴趣

高中物理教学中,很多探究性实验用材简单,趣味性强,既有助于学生掌握物理知识与技能,又能让学生经历探究过程,领悟科学方法,发展自主学习能力,还能激发学生的好奇心与求知欲,让学生体验成功的乐趣。如"机械能守恒定律"这节课中的"提桶碰鼻"实验,就能激发学生探究兴趣,调动学生的学习积极性。

认知冲突是指学生在学习新知识时，总是试图以原有的认知结构同化对新知识的理解，当遇到不能解释的新现象时，就会产生冲突。其实，认知冲突是促使学生优化认知结构的契机和动力，也是学生在课堂上积极参与、主动思考的动因。

讲解“圆周运动”一节时，教师利用翻滚过山车的例子引发学生认知冲突。

师：在过山车到达最高点时，如果把安全带解开，乘客有没有危险？

生：有危险，乘客会掉下来。

师：在过山车到达最高点时，如果将一个倒立的矿泉水瓶的瓶盖打开，水会不会流出来呢？

生：当然会。

教师没有急于指出学生的错误，而是做了“水流星”演示实验，让学生自己发现错误。教师用细绳的一端拴住一个装满红墨水的透明玻璃瓶，用手抓住细绳的另一端，将瓶子快速转动起来。

师：水流出来了吗？

生：没有。

师：如果玻璃瓶中放的是小石块，小石块会掉下来吗？

生：也不会。

师：那么坐过山车的乘客，如果不小心把安全带解开了，就一定会掉下来吗？

至此，学生明白了自己原来的回答是错误的，但他们仍想不通为什么错，产生了强烈的学习欲望。

二、教师要关注学生的思

思维和语言的关系，是国内外学术界长期争论的一个问题，有以下几种观点：(1)独立论，认为思维可以先于语言而独立存在；(2)先后论，或认为思维先于语言，或认为语言先于思维；(3)决定论，或认为思维决定语言，或认为语言决定思维。不管谁对谁错，思维的过程都离不开语言，语言的使用也离不开思维。教师要想了解学生的思维，必须倾听学生的语言表达，而语言表达训练对学生思维能力的提高很有帮助。所以，教师要精心设计课堂提问，促进学生积极思维。关注学生的思,可从以下几方面着手。

（一）倾听学生的想法

一节“简单逻辑电路”习题课上,学生在分析 A 点电势高低(见图 3－3)时,不断提到“支路”这个概念。实际上,学生是在运用电路的串联和并联知识来分析逻辑电路。对此,教师在倾听学生诠释的同时,可提醒他逻辑电路的分析方法,进而了解学生的问题所在,帮助学生扫除解题障碍。

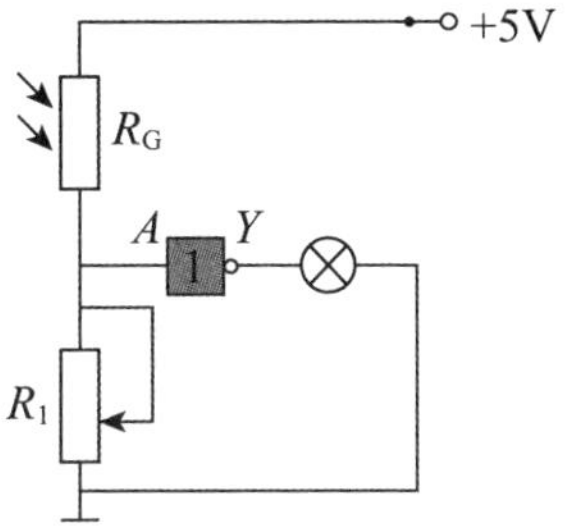

图 3－3　“简单逻辑电路”一课的习题

（二）以提问促进学生思维

1. 精心设计课堂提问

一节“力的分解”公开课上,教师以情境设问,引导学生思考“为什么大桥都采用斜拉结构”。

板书一:力的分解遵循什么规则?

为引导学生探究力的分解的多样性,教师在黑板上画了一个图形,让学生思考“在没有限制的情况下,同一条对角线可以画多少个平行四边形”。

学生通过自主探究,得出结论:“如果没有限制,同一条对角线可以画出无数个平行四边形。也就是说,对于同一个力,如果没有限制,可以分解成无数对大小、方向均不同的分力”。

教师结合教材中的图,让学生直观地感受力的分解的多样性,并适时提问,将教学导入下一个环节。教师提出问题:“在没有限制的情况下,一个确定的力可以分解成无数对大小、方向均不同的分力,那么,一个已知力应该怎样分解呢?”

板书二:在实际问题中怎样分解力?

教师用幻灯片展示人拉行李箱的图片,让学生回想生活场景,引导学生思考“行李箱受到什么方向上的力,这个力对箱子有什么作用,效果如何”。

这样的设计,让学生的思考有一定的坡度。课堂提问层层推进,教学效果比较好。

2. 减少碎片化问题

在教“自由落体运动”这节课时，一位年轻教师先后提了将近20个问题，平均2分钟提一个问题。以问代讲的结果是学生思考不充分，教师讲解也不透彻，影响了课堂教学效果。

3. 增加思维容量大的问题

美国学者斯腾伯格在《思维教学——培养聪明的学习者》一书中提出了两类问题，并阐述了两类问题的特征和适用情况，见表3-7。

表3-7 两类问题的特征和适用情况

分类名称	特征	最适合
以事实为基础的问答	教师提问主要是引出事实	复习刚学的新知识
以思维为基础的问答	教师提问主要是刺激学生思考与讨论	鼓励讨论，激发思维

依据这一理论，可对教师的提问进行归类，见表3-8。

表3-8 对教师提问进行的归类

分类名称	教师提问语言的特征	学生应答语言的特征
以事实为基础的问答	选择性问题：是……还是……	做出非此即彼的选择
	判断性问题：会不会、可能吗	依据经验进行判断
	事实性问题：是什么	根据记忆，再现事实性知识
以思维为基础的问答	程序性问题：怎样做	按照程序说出步骤
	分析性问题：能得出什么结论	分析并进行归纳
	探究性问题：为什么	分析结论背后的依据
	评价性问题：哪个更好，为什么	依据自己的观点，进行评价

课堂上，教师要关注提问的有效性，适当增加思维容量大的问题。有经验的教师在教学过程中，总会留给学生思考问题的时间，从不打断学生的思路。他们非常重视评价学生的思维，而且总是恰当地评价学生的回答。

总之，关注学生的学与思，目的是让学生成为课堂学习的主人。

（吕 兵）

三、课堂问题的设计策略

课堂问题是指教师在课堂教学中向学生提出的问题。这些问题涉及方方面面,或引发学生回顾思考,或为学生创设探究情境。而教师最需要设计的是核心问题,也就是那些能整合一节课的主要教学内容、激发学生学习兴趣、调动学生学习积极性、与学生实际思维水平相适应的问题。对其意义,我校教师也许还缺乏全面的认知,但在教学实践中从未停止过探索的步伐。以下引用我校一位政治教师的教学总结进行说明。

我国著名教育家张楚廷教授说:"教学,从根本上说,是指思考着的教师引导学生思考,而思考着的学生又促进教师思考的过程。在这个过程中,问题是最好的营养剂。"由此可见,有效的问题能促进课堂上师生之间的思维碰撞,提高课堂教学质量。有效的问题设计是实现少教多学的第一步。如何有效地设计问题?本文以我执教的区级思想政治学科展示课"市场经济的作用"为例进行探讨。我想就最初备课时的问题设计和磨课后的逐步修正,说一些个人的心得。

一、问题设计要贴近生活,增强探究结果的可信度

这一课最初的教案中,有一个活动环节是观看视频。我就旅游市场淡季和旺季价格变动这一现象,设计了三个问题:(1)一种商品供不应求,或供过于求,其价格会怎么变动?(2)价格变动对生产、需求会有什么影响?(3)这种互相影响、互相制约的情况,最终会使社会经济资源怎样配置?

对于这三个问题,学生因为不知如何把握,讨论及回答没有达到我预期的目标。课上,预设的问题只能由教师来讲解,出现了教师"多教"、学生"少学"的局面。课后,学生反映,课堂气氛沉闷,令人昏昏欲睡,知识掌握情况并不理想。在区教研员和我校教师的帮助下,我明白了课堂上提的问题要贴近学生实际生活,而我原本的设计思路是从教材出发的,直指知识内容,没能引发学生思考和讨论,最终导致学生无话可说。再设计时,我基于旅游市场淡旺季价格变动这一贴近学生实际生活的现象,对问题进行了调整:(1)作为消费者,视频中最吸引你的是什么?(2)为什么淡季中机票、酒店及旅游产品的价格会下降?(3)这种价格变动对旅行社本身会产生怎样的影响?

旅游产品价格往往随着旅游淡旺季的到来而跌涨,这已是学生的生活常识。我结合这一点设计问题,打开了学生的思路。学生从无话可说变为有话可说,从

兴趣不高变为兴趣浓厚。在问题引导下，学生思考、讨论、分析、讲解，自己生成知识，学得更为有效、扎实。通过对旅游市场的探究，学生明白了“供大于求→价格下跌→生产减少(资源流出)→供不应求→价格上涨→生产增加(资源流入)”这个规律，知道了“在供求、价格和竞争机制的交互作用下，市场经济能合理而有效地配置资源，自动调节供求关系的平衡”这一知识点。这样设计的问题，真实可信、有效有益，学生也会觉得政治课十分有趣。

二、问题设计要充满趣味，提升学生探究的参与度

随后，学生围绕旅游这一话题，对新的问题进行了探究。

我结合巴西世界杯足球赛，请学生思考“世界杯与投资者、经营者及消费者之间有何联系”。(答案预设：抓住商机，及时把握市场信息)

我结合3·15投诉平台中旅游业的综合排行榜，请学生思考两个问题：(1)当你准备报团出游，选择旅行社时，会考虑哪些因素？(答案预设：综合考虑价格、路线、餐饮、服务等)(2)了解了投诉排行榜后，你挑选旅行社时会如何考虑？(答案预设：不会选择“上榜”的旅行社)

我结合市场的评价作用，请学生思考“最残酷的评价是什么”。(答案预设：择优汰劣)

备课时，对于这样的问题设计，我自认为合情合理，能激发学生探究欲望。但试教结果却令人失望，这些问题未能打开学生的话匣子。反复推敲后，我决定对有关资源去粗取精，重新设计问题，以模拟决策活动的方式，让学生在角色体验中进行问题探究。基于2014年巴西世界杯带来的旅游热潮，我借助几个问题组织学生开展小组合作讨论：(1)如果你是旅行社老板，你会怎样调整近两三个月的旅游路线，为什么？(2)在你的旅游产品中，你会采取哪些举措吸引消费者？(3)是否所有的旅行社和在线旅游网站都能在巴西世界杯游中获利，为什么？

这一角色体验式的活动，提高了学生的探究参与度。在教师有铺垫、有层次、有目的的问题引导下，学生成了课堂学习的主人。一幕幕热烈讨论的场景，给课堂增添了活力；学生的一个个精彩决策，让我频频点头。有效的问题设计，

使教师“少教”、学生“多学”的课堂状态又一次展现出来。

前后两次问题设计的比较,对我启发很大。在有效问题引导下,将理论观点的学习融入有主题、有兴趣的探究活动,可以很好地发挥学生的主体作用。学生主动投入、积极参与,时刻保持学习的热情,最终改变了以往那种沉闷的课堂。学生在体验、反思过程中,提高了学习有效性。2014 年巴西世界杯旅游活动的探究,使政治课摆脱了“匠气”和“死气”,充满了“生气”和“灵气”。学生在问题引导下,开展多角度分析,最后领悟到市场经济的作用,即“为各类经济信息的传递提供广阔的平台,对各类市场主体进行客观而公正的评价,有效推进择优汰劣”。

总而言之,教师设计的问题要充满趣味,青浦实验的第一条有效教学措施就是“激发兴趣,让学生在迫切要求下学习”。基于情意原理,创设有趣的问题情境,启发诱导学生开展探究知识的尝试活动,引导学生把概括出的结论纳入知识系统,青浦实验总结的经验在今天的课堂同样有效。

三、问题设计要有层次性,关注探究过程的深入度

基于情境问题的探究活动,不仅能启发学生思考,提高学生分析、解决问题的能力,而且能让学生在经历体验的过程中培养正确的情感、态度和价值观。有识于此,教师设计的情境问题必须具有可探索性。对于高中思想政治课来说,教师结合具体情境,多问几个“为什么”“怎么样”,更能提高问题的挑战性,激发学生的思维潜能。还有,教师设计的问题要有一定的深度,既要体现教材的要求,又要适当高于教材。这样,可以提高学生的探究兴趣,锻炼学生的探究性思维,挖掘学生的学习潜力,促使学生在探究学习中生成知识、提高能力、完善人格。

如在学习“市场经济的作用”一课时,学生通过之前的分析,已领会了市场经济的五大作用,教师便引导学生“以市场之眼观铁路之变”,启发他们学以致用。教师引导学生思考和讨论“如何发挥市场的作用,改变铁路公司的运行状况”。

2013 年,“铁老大”改制,这是我国市场经济发展中的一件大事。铁路总公司的成立,标志我国铁路行业由原来的国家调控转变为市场调控。面对铁路行

业发展中存在的问题，学生结合所学知识进行剖析研究，出谋划策。这样的学以致用，不仅能检测学生掌握课本内容的程度，还能促使学生关注与思考一些社会经济现象。当然，问题的深浅应适度，让学生“跳一跳”就能摘到“果子”。也就是说，问题的探究，得有“高而可攀”的台阶，要问在学生的“最近发展区”。只有这样，方能促使学生保持好奇心。涉及面过大或深不可测的问题，只会使学生无从下手，无从谈起。

反思平时的教学，低效甚至无效提问还不少，主要问题有提问的目的性不清楚、问题的指向性不明确、情境设计随意、重点不突出、问题之间没有铺垫或缺少层次、前后不符合逻辑、提问时机不当、提问中不留生成空间。这些问题，带来的是学生的学习倦怠和困难。

落实“少教多学”教学理念时，课堂问题的有效设计是重要环节。把握好“结果可信”“学生参与”“过程深入”这三个“度”，以有效的问题引导学生高效思考，以智慧的提问启发学生深入探究，以准确的回应引导和促进学生更好、更快地投入学习，这是我校高中思想政治学科参与新课堂实验的实践思路。

（浦陈静）

四、开发英语学科预习导学单的实践尝试

学生是学习的主体，教师在课堂教学中要发挥主导作用，对学生的自主性学习给予精准、有效、适时的指导，使学与教达到和谐融合的境界。近年来，我校教师以开发导学单为突破口，尽可能地让主体与主导有效链接，实现相须互发，相得益彰。导学单中，“导”指的是引导、指导、辅导、诱导，“学”指向学生学习的方便、精准和快捷，体现高效的要求。导学单的设计，要符合班级学情，适合这个年龄段学生的认知水平。以下引用我校一位英语教师的教学总结进行说明。

作为一位从教多年的英语教师，以前自己对学生的要求是“重课后、轻课前”。主要原因是，如果强调学生课前预习，那么上课时学生对我要教的内容就会失去新鲜感。英语的语言知识点比较散，课堂上学生的注意力主要放在记笔

记上,一节课下来,头脑中能记住的知识所剩无几。一些学习基础薄弱、学习习惯差、跟不上课堂教学节奏的学生,连记笔记也有一定困难,常常只记下一些条条框框,没有一个完整的例句,由此出现了所学与所用断层严重的情况,致使课堂教学效益大打折扣。

读了《有效课堂最需要什么》《有效课堂22条》两本书后,我对学生预习有了新的认识,认真反思以往教学中的一些错误想法和不当做法,决心参与“新课堂实验”,尝试设计预习导学单。

预习导学单设计虽苦,但使用后效果显而易见。教师改变了以往一言堂的处境,从写板书、做幻灯片的重复低效劳动中解脱出来。学生也从机械地记笔记、被动接受中解放出来。师生关注的重心变成学习改进,课堂教与学的效率大为提高。设计预习导学单的过程也促使我更注重了解学情,深入钻研教材,积极设计学生活动。从此,课堂这潭死水开始“活”了起来,这种“活”是全方位且有实效的。

最初设计导学单时,我毫无头绪。我的第一份导学单,是面向高一新生的英语时态复习,基本上是试题罗列,没有目标任务、预习要求等明确说明。后经改良,形成了英语时态预习导学单,摘录如下:

一、使用说明

课前花费30分钟时间预习,自学后进行自我检测。

二、学习目标

To review the basic and special rules about tenses learned in junior high school.

To be able to use them flexibly by active learning.

三、预习任务

完成自学内容,用红笔标出不能解决的问题,上课时交流。

完成学习材料中的练习题,统计错题情况,作为课堂学习的重点。

四、学习要点

第一,回归基础,自主复习时态,填写表3-9。

表 3-9 时态复习内容

时态名称	复习内容	
一般现在时	形式：	含义：
	常用时间状语(至少 2 个)：	例句(至少 2 句)：
一般过去时	形式：	含义：
	常用时间状语(至少 2 个)：	例句(至少 2 句)：
一般将来时	形式：	含义：
	常用时间状语(至少 2 个)：	例句(至少 2 句)：
过去将来时	形式：	含义：
	常用时间状语(至少 2 个)：	例句(至少 2 句)：
现在进行时	形式：	含义：
	常用时间状语(至少 2 个)：	例句(至少 2 句)：
过去进行时	形式：	含义：
	常用时间状语(至少 2 个)：	例句(至少 2 句)：
现在完成时	形式：	含义：
	常用时间状语(至少 2 个)：	例句(至少 2 句)：
过去完成时	形式：	含义：
	常用时间状语(至少 2 个)：	例句(至少 2 句)：

第二，解题特点，根据标志性时间状语或结合前后语境，进行判断和选择(附检测练习题)。

经过一年多的尝试，在预习导学单的设计和使用上，自己逐渐总结了一些经验，也取得了较好的效果。

首先，设计前，厘清目标，充分准备。教师要围绕课程标准，认真研读教材，查找资料。每一份导学单都应围绕教学目标，为目标达成进行有效铺垫。教师要非常清楚学生通过这节课的学习应该掌握哪些知识和技能，哪些内容是教学的重难点，突破这些教学重难点可以用哪些方法，还需要搜集哪些资料。

其次，在确定好教法和学法后，教师要对已准备的资料进行分类、对比和筛选，留下最具代表性的典型材料，将其融入教学设计。设计时，教师应针对各层次学生的认知水平和自学能力，提出具体要求。导学单要有可操作性和启发性，在练习配置上体现一定的层次性、多样性。

再次,使用时要充分调动学生积极性,及时获取学生预习情况的反馈信息并调整教学策略。为此,教师应要求学生在课前独立完成导学单中的预习任务,用导学单帮助学生养成课前独立查词典、查语法书、上网查资料等学习习惯。回收导学单后,教师应及时批阅,并将要反馈的内容一一记下,依据学生课前自学情况,思考哪些知识学生学起来困难比较少,哪些知识他们学起来会比较困难,由此调整下一节课的教学设计。针对基础比较好、预习比较到位、学习能力比较强的学生和基础较薄弱的学生,教师要分别给予指导与帮助。

最后,每次上课,教师要做的第一件事就是让学生交流导学单的完成情况,然后进行评价反馈。刚开始时,我把交流分组固定在同桌、前后桌之间,后来发现,由于学习基础参差不一,这种分组往往使讨论无法有效开展。于是,我允许学生在遵守规则的前提下,在教室里自由走动,选择自己的合作伙伴。我鼓励基础薄弱者主动去找适合的同伴,必要时指定一些尖子生与他们结对。这样,学生的积极性被调动起来。那些平时上课比较好动的、比较内向的、容易犯困的学生,都通过走动学习提起精神,学习态度也有了变化。在小组交流讨论中,学生互相交流预习结果,找出共同的疑问和有争议的地方,供全班交流时集体解决。课堂气氛一改以往的沉闷,学生各抒己见,异常活跃。讨论结束时,仍有学生意犹未尽,提出更多的问题。此时,教师可让一些学生(尤其是基础薄弱者)上讲台当一回小老师,代表本组展示交流结果。这既可检测优秀生的带队成果,又是对基础薄弱学生的一种促进。每当被重难点的讲解卡住时,那些预习认真、上课较活跃的学生便争先恐后地举手,或直接站起来表达。当他们流利、洪亮地表达自己的观点时,内心的激动和自豪不难看出。而那些基础较薄弱的学生,也在他们的带动下勇敢地接受挑战。在一节课结束之前,教师要对学生表达的观点进行必要的总结反馈。同时,教师要根据预习单的使用情况,设计有针对性的配套练习,用以巩固课堂学习要点。

我认为,用好预习导学单,能体现"以学定教、少教多学,鼓励挑战性学习"的新课堂实验理念。课堂上,每个学生都是鲜活的个体,他们不应该毫无生气、心不在焉、思维停滞地坐在教室里。预习导学单可以集中呈现有待学生解决的问题，引导学生动口动脑。学生通过导学单自学，培养了独立思考能力。而每个学生自学成果的分享，又凝结了集体智慧。一节课下来，看到学生精神面貌的变化，我的内心是愉悦的，这种快乐在以往的课堂上很少能感受到。

（杨晓萍）

第三节　启动课例研究，实践教学理念

课例是关于一堂课教与学的实然与应然的案例。课例包含这堂课的课前、课中、课后进行的一系列相关活动，通过对活动的全景实录，呈现了完整、真实、具体的课堂教学过程。课例研究，注重课本身的改进和提高。为此，学校鼓励教师基于课程标准，对教学的设计、实施及其效果进行预测评估、观察诊断、反馈反思，进而开展改进研究，将其开发成优质课方案，并通过循环实践，将被证实有效的那些教学方案及操作策略作为资源，上传至网络，让所有教师共享。这是一个持续不断地完善与提高教学的过程，目的是建设一个“以学生的‘学’为中心”的课堂，把以教师的“教”为主的课堂转变为以学生的“学”为主的课堂，引导教师提炼与实践个人的教学理念。

这几年，我校教师聚焦课堂改进，积极投入课例研究，在实践中逐步形成了个性化的教学改进理念。

一、为探究性理解而教

青浦实验曾对八年级学生数学学习能力进行了大样本测试，得出一个四层教学目标分类框架，其最高一层的目标是探究性理解。它表现为解决非常规问

题中的探索乃至创造,具体包括对思想方法的灵活把握、对非常规问题进行分析、将分析过程综合起来进行通盘考虑、对问题的探索或创造过程进行评判。我校教师尝试运用这一科研成果,在自己的学科中建设探究性理解的课堂。以下引用我校一位信息科技教师关于“信息的压缩”这节课的研究报告进行说明。

课堂改进,对于所有教师来说,都是一个永恒的课题。教师建设的课堂,集中反映了教师的教学理念和实践智慧。

一、引言

普通高中信息技术课程标准修订组组长任友群教授指出:“信息技术教育需要从‘信息技术常识’的教育转向‘面向学科核心素养’的教育。”课堂作为培育学生学科核心素养的主阵地,要在教学活动中着力提升学生的思维品质与问题解决能力。笔者认为,在课堂实践中将“探究性理解”贯穿教与学的过程,有助于这一目标的达成。

“探究性理解”的课堂,指的是围绕一个具体问题,让学生通过自主探究实践,逐步解决问题,并在活动过程中发展自己的能力。在“教”的一面,教师通过设置“情境—问题”,促使学生进行探究式学习。在“学”的一面,学生借助“对话—质疑”,经历“困惑—探究—解决”的过程,通过思维的不断碰撞,厘清知识的本质,完成学习过程。这里以“信息的压缩”一课的实践探索为例,呈现“探究性理解”的教学实践过程。

二、教学目标

“信息的压缩”这节课的教学内容来自华东师大版高中信息科技教材第一册第一单元“信息与信息技术”第二节“信息与数字化”,该节内容共分数制、信息编码、信息的压缩三部分。本节课是第一课时,主要内容是“压缩”概念和相关技术。教学目标设计如下:(1)知识与技能,知道什么是“压缩”,了解其分类,理解信息可以压缩的原因;(2)过程与方法,通过实践和类比,体验压缩的过程,认识压缩技术相关概念;(3)情感、态度与价值观,通过实践探究,感受并理解压缩技术改变信息存储容量的性质,消除对信息技术的神秘感,进而产生兴趣。

三、教学过程

在分析教学内容和学生学习情况的基础上，教师通过任务分解、问题设计，引导和促使学生经过自己的探究与独立思考，建构、解释各自的经验，形成相应的知识和能力，理解它们之间的内在联系。具体过程如下：

（一）以情境设疑问，引发认知冲突

在这节课之前，学生已学过“信息的编码”，了解了 WAV 声音文件存储容量的计算公式(采样频率×量化位数×声道×时间/8，单位为 B)。所以，在课的开始，教师提出问题：“某同学有一个容量为 500.0 MB 的 MP3 播放器，如果想存储原始录制的歌曲，最多可以存入几首？假设录制时的采样频率为 44100 Hz，量化位数为 16 位立体声效果，一首歌曲的时长按 4 分钟计算。”然后，教师组织学生思考、计算。学生根据已有知识，先算出一首歌曲的容量(44100 * 16 * 2 * 4 * 60)/(8 * 1024 * 1024)≈40.4(MB)，再用总容量500.0 MB 除以 40.4 MB 得出结论，即这样的 MP3 播放器，大约能存入 12 首歌曲。显然，这个结果与学生日常使用播放器的经验不符，于是产生认知冲突。教师在追问的基础上，出示了这节课的学习主题“信息的压缩”。这一环节的设计，既复习了上一节课的内容，又以实际问题引发认知冲突，激发学生的探究兴趣。

（二）进行实践探究，认知“压缩”实质

为引导学生探究，教师先引出常用压缩软件 Win RAR，让学生了解压缩比(即压缩前容量：压缩后容量)，再组织学生开展一系列探究活动。

探究一：用压缩软件 Win RAR 分别对“文字素材 1.doc(一份普通的文档)”和“文字素材 2.doc(只有一个文字组成的文档)”进行压缩，计算压缩比，并根据计算结果填写表格，完成后见表 3-10。

表 3-10　不同文件压缩比的比较

文件名	压缩前容量	压缩后容量	压缩比
文字素材 1.doc	43.0 KB	14.5 KB	3：1
文字素材 2.doc	43.0 KB	7.0 KB	6：1

注：表格中的压缩比为估算数值，与实际计算结果略有差异，以下类似情况，不再另外说明。

根据上述结果,教师引导学生思考和讨论“为什么同样大小的源文件,压缩比有如此大的差距”。

通过讨论,学生理解了信息可以压缩的实质,即信息数据存在冗余度。对此,教师可形象化诠释:“‘文字素材1.doc’是一份普通的文档,文字的重复率低,而‘文字素材2.doc’是一份由一个个‘小’字组成的文档,因为字数与‘文字素材1.doc’相同,所以源文件大小一样,但由于文字的重复率非常高,所以压缩比也高。”

探究二:将“声音素材.wav”按上述方式进行压缩,查看文件大小,同时计算500.0 MB的MP3播放器能存储几首这样的歌曲,并将计算结果填入表格,完成后见表3-11。

表3-11　声音文件的无损压缩

文件名	压缩前容量	压缩后容量	压缩比
声音素材.wav	34.1 MB	20.4 MB	1.7∶1

学生完成表格后,教师追问:“500.0 MB的MP3播放器可以存入多少个这样的压缩文件?”此时,学生根据计算数据容易得到结论“24首”,但这与常识不符。由此,教师引出压缩分类的概念并简单解释无损压缩和有损压缩。

探究三:通过教学微视频(一段1′40″的微视频,演示了将WAV文件转换为MP3文件的方法),引导学生将前述“声音素材.wav”进行有损压缩,并填写表格,完成后见表3-12。

表3-12　声音文件的有损压缩

文件名	WAV文件大小	MP3文件大小	压缩比
存储容量	34.1 MB	3.1 MB	11∶1

基于以上实践,学生很快算出500.0 MB存储容量的MP3播放器大约可以存储161个声音文件,这比较接近实际,可以合理解释生活现象,化解认知冲突。

以上三次探究活动围绕学生认知冲突层层推进,有效解释了“冲突”成因。学生运用所学知识,在自己动手操作的基础上,逐步理解了压缩技术的相关概念,课堂教学也达到了预期的目标。

（三）通过类比思考，把握所学知识

经过前两个教学环节，学生对“压缩”等概念有了初步认识，但这些理解还不够全面。因此，在总结环节，教师对有损压缩和无损压缩的适用范围等知识进行归纳、概括，同时用类比方法介绍了图像文件、视频文件的有损压缩知识，从而帮助学生整体把握“信息的压缩”相关知识。

这节课的教学，以实际情境中的认知冲突为起点，让学生在实践探索中通过对比观察，理解信息存储的压缩实质，并进一步了解压缩的分类、不同压缩方式的适用范围，从而建立起完整的“信息压缩”概念。整个过程，围绕着“探究性理解”展开。

四、相关讨论

课堂教学，不是简单告知学生，而是让其在知识获得中锻炼自己的思维。学生思维力的提升，是在自主探究基础上对知识理解的结果。教师的设计和引导，目的是让学生置身于问题化情境中，探究、体验和感悟。作为区信息科技学科展示课，这节课的教学设计得到了多方支持。汇合课前设计和课后研讨中的观点，将其要义整理如下：

（一）以情境化问题，激发学生探究兴趣

“压缩”是一个抽象的信息技术概念，学生较难理解。课上，教师用一个情境问题激发学生认知冲突，引出学习课题，并让学生通过多次尝试探究，逐步解决问题。整个过程中，学生带着“真实任务”学习，兴趣浓厚。同时，教师设计的情境问题又合理地链接了这节课之前的学习内容（声音编码文件的容量计算），让新旧知识产生有效联系，这也是皮亚杰同化理论所提倡的。

（二）分步进行探究，深化学生知识理解

在课堂中，教师根据教学内容设计探究问题，可以激发学生学习兴趣。但如果问题涵盖范围较大，教师就应为学生提供思维台阶，以适当降低思维的难度，使学习活动在学生的“最近发展区”进行。这节课，教师围绕“总容量 500.0 MB 的 MP3 播放器能储存多少首歌曲”这个核心问题，运用青浦实验的序进原理，通过任务分解，设计了三个层层递进的探究活动，让学生在基于实践的思考中理解所学知识。这样设计,照顾到了不同学习基础的学生。

(三) 用微视频技术,助力学生二次学习

教学始终是一门有缺憾的艺术,没有完美的设计,只有不断改进的期待。这节课的不足,主要有两方面:(1)学生对压缩技术的原理“数据冗余度”的理解不全面;(2)由于图像、声音、视频“有损压缩”格式的相关知识比较分散,学生在这些知识的综合应用上存在欠缺。为此,教师针对这些问题,设计了二次学习微视频,为不同基础的学生提供了二次学习的机会,包括中等生的巩固、后进生的补偿与优秀生的提升,以弥补课堂教学的缺憾。

这节课的二次学习微视频,先展示了两个文档(课中的“探究一”),再让学生观察两幅对比明显的图片(一幅蓝天背景图片,背景颜色单一;一幅姹紫嫣红的花卉图片,背景颜色复杂),直观地描述数据冗余度的差别。而理解“数据冗余度”概念,正是理解“压缩”这一概念的关键。针对“压缩的分类”“有损压缩”的常见格式等知识,教师先采用表格形式进行对比,再汇总解释。最后,教师对一道压缩技术应用的典型例题进行分析。二次学习微视频交互列表见表3-13。

表3-13　二次学习微视频交互列表

序号	时间线	主要内容	备注
1	00′21″	再现信息“压缩”概念	点出视频主题
2	02′32″	两个文档、两幅图片,对比分析“数据冗余度”	难点解疑
3	03′15″	压缩的分类	建构知识框架
4	04′50″	声音、图像、视频三种典型“有损压缩”格式的对比分析	知识的汇总、类比
5	06′10″	压缩技术应用的典型例题分析	知识的综合应用
6	07′10″	知识归纳	总结
7	07′25″	制作及版权信息	略

五、几点思考

提升学生思维品质,是当前信息科技学科教学落实核心素养观的主要任务。创建为探究性理解而教的课堂,则是我们追求的目标。这样的课堂,需要具有三方面的特征。

（一）把握学科核心知识

信息技术的迅猛发展，使得工具软件不断优化，一些概念的内涵也在不断演变，学生学习的起点同样在不断提升。对此，教师应厘清学科知识结构，建立起全套教材内容的整体框架，然后，结合学情，选择与学生生活相联系的、可实践体验的基础知识，设计课堂探究活动，实施教学。在这样的课堂上，精选的核心内容是“不变”的，动态生成的学习内容是“变化”的。而这样的教学，把握了学科的核心知识，能让学生体验信息科技不断发展带来的奥妙与乐趣，激发他们探究信息科技的好奇心，以培养创新意识，适应时代发展。

（二）重视实践探究活动

实践探究是信息科技学科重要的学习方式，教师应成为学生实践探究活动的组织者、引导者与合作者。选择对学生学习有意义的实践活动，组织对发展学生能力有价值的探究活动，关键在于创设合理的、能激发学生思维的问题情境，而且问题探究的展开与深入过程要符合学生的认知规律，避免急于求成。这一实践探究活动，要展现学生的思考过程，展示学生的收获体会，以激发学生的创造潜能。在“动手”与“动脑”结合中，融入信息技术的“学”与“用”，让学生大胆尝试，检验自己的猜想或假设，运用科学的方法研究问题，提升解决问题的能力。

（三）课堂讨论适度开放

学习，本质上是一种思考后的对话。学生在对话中，与自身原有经验和同伴经验发生碰撞，在碰撞中又产生新的思维火花。当前信息科技学科的教学，很多教师都注重课堂讨论这一环节的设计。笔者认为，讨论的问题要有一定的开放度，教师要鼓励学生发散思维，这样更有利于信息技术学科核心素养的培育与发展。

（周世杰）

二、科学建构认知支架

支架式教学作为一种教育策略，已被一线教师了解并采用。教师通过动态搭建教学支架，帮助学生学习新知识，促使学生完善、发展个人的认知结构，以此优化教学过程,提高学生学习效率。以下引用我校一位数学教师关于“二面角”这节课的研究报告进行说明。

数学教学中,概念教学是一个重要环节。一节数学课的成败,往往取决于概念(特别是核心概念)教与学的成败。

一、研究背景

数学概念是反映一类事物在数量关系和空间位置方面的本质属性的思维形式,是思维逻辑的起点和学生认知的基础,是数学课程知识体系的基本单位,也是学习数学理论和构建数学知识体系的基石。深刻理解数学概念,是正确思维的前提。高中数学课程标准要求学生能够理解基本的数学概念,了解它们产生的背景、应用和在后续学习中的作用,体会其中的数学思想和方法。就学情来看,我校大部分学生的数学基础相对薄弱,数学学习中思路混乱、概念把握不准,对基本概念只是机械记忆、没有深度理解。很多学生一味模仿教师解一些典型例题的方法,或只满足于掌握某类特定的解法,一旦遇到新背景、新问题往往束手无策。

作为一所争创美术教育特色的普通高中,基于“以学定教、少教多学,鼓励挑战性学习”的教学理念,改进美术班数学概念的教学,显得尤为迫切。

建构主义学习理论认为,学习过程是学习者积极建构知识的过程。数学课堂可以借助这一理论,组织丰富多彩的数学活动,进行概念教学。在数学课上运用支架式教学策略,旨在为学生构建一种理解知识的概念框架,用于加深学生对问题的理解,使他们能沿着这一“支架”,自己逐步攀升,从而完成对复杂概念的意义建构。

在“二面角”一课教学中,我尝试通过师生互动、生生互动,科学地建构一种认知支架,以导向深度学习为旨归,进行概念教学。我遵循由浅入深、循序渐进的原则,由特殊到一般,引导学生提出问题、探究问题和解决问题,在实践中取得了较好的实施效果。

二、教学目标

“二面角”是立体几何的一个重要概念,起着承上启下的作用。其平面角的确定与构造过程,蕴含“平面向空间拓展,空间向平面转化”的类比、化归思想,是学生学习异面直线所成角、直线与平面所成角后要学的一种空间角,也是进一步学习多面体的基础。这节课的教学,可以为学生空间想象能力、逻辑思维能力、创新能力的培养,提供一个操作平台。基于这些认知,我确定了如下教学目标:(1)知识与技能目标,能理解二面角及其平面角的概念,能画二面角的平面角,并能用它初步解决相关问题;(2)过程与方法目标,通过类比引出“二面角”及“二面角的平面角”概念,让学生经历概念形成、发展和应用的过程;(3)情感、态度与价值观目标,激发学生学习数学的兴趣,让学生体会数学严谨之美,在探究中培养学生独立思考能力和严谨的学习态度。

三、教学过程

(一) 创设“直观背景支架”,引出问题

多媒体展示:修筑水坝时,为使水坝坚固耐久,水坝的坝面和水面要有适当的角度;发射人造地球卫星时,卫星的轨道平面和地球的赤道平面应根据需要形成一定的角度。

学生观察:一本书打开后所成的角,教室相邻墙面所成的角。

教师通过这些情境铺垫,让学生对二面角有了一个感性认识。

赫尔巴特说:“兴趣意味着自我活动。”好奇是探索的起点,创设一个好的情境,能有效激发学生的学习欲望和探究兴趣。多媒体以声音、动画等多种形式强化对学生感官的刺激,实际上是创设了一个“直观背景支架”,以吸引学生注意力,激发学生学习兴趣,加大课堂信息量。

(二) 设置递进问题支架,同化新知识

【场景一】

师:大家回忆一下“平面几何中的角是怎样定义的”。

生:由一点出发的两条射线构成的图形称为角。

师:在立体几何中,异面直线所成角、直线与平面所成角,有什么共同特征?

生:将空间角转化为平面角。

师:平面几何中构成角的元素是顶点和边,那么,构成二面角的元素又是什么呢?

生:边和面。

师:非常棒! 大家知道,在平面中,点→直线,射线→半平面,平面→空间(先行组织者),那么在空间中,二面角该如何定义呢?

教师引导学生对二维空间与三维空间进行类比,学生独立探索并交流讨论。

生:由空间一直线出发的两个半平面构成的图形。

奥苏贝尔说:"影响学习的最重要因素,就是学生已经知道了什么。教师要探明这一点,并据此进行教学。"在这里,教师基于学生现有的知识基础,选择与学生思维发展相适应的学习材料,在学生的最近发展区内设计系列性数学问题,作为"认知支架",以激发学生探究兴趣和求知欲望。学生通过类比和合情推理,对新知识进行思维加工,把新知识同化到已有的认知结构中,实现深度理解。

(三) 搭建元认知支架,引导反思

教师以课本为教具,展示二面角的变化。随着课本打开角度的不同,二面角的大小也有所不同。

【场景二】

师:如何度量平面角的大小?

生:用量角器。

师:异面直线所成角不能直接用量角器度量,怎么办呢?

生:先平移,使它们相交,再量相交成的平面角大小。

师:将异面直线所成的角转化为平面角,就可以度量了。那么,直线与平面所成的角该怎样度量呢?

生:画直线在平面内的射影,转化成直线及其射影所成的角。

师:也就是说,直线与平面所成的角也可以先转化成直线与直线所成的平面角,再来度量。那么,二面角的大小又该怎样度量呢?

经过以上引导,学生的思维被激活,大家都在积极思考。经过各自探索与互相交流,学生中产生了三个代表性方案。

方案一:构造一个可以度量的平面角。在二面角的棱L上任取一点O,分别在这两个平面内任作射线,这两条射线所成的角就可以度量了。只有当两条射线与棱互相垂直时,角的大小才能唯一确定。

方案二:构造一个可以度量的线面角。设OA是平面α内的一条射线,可以用OA与平面β所成的角来度量二面角;只有当$OA\perp l$时(l为二面角的棱),OA与平面β所成的角才能唯一确定;欲求OA与平面β所成的角,只需要求OA与其在平面β内的射影所成的角,即在OA上取一点P,作$PH\perp\beta$于点H,连接O、H,则$\angle POH$就可用来度量二面角的大小。

方案三:作一个垂直于二面角的棱的平面。这个平面与二面角的两个半平面所成的两条交线构成的角,可用来度量二面角。

【场景三】

师:请大家思考上述方案中哪个最佳,并说出理由。

生:方案一最佳。方案二有局限性,当二面角大于90°时不适用。方案三中的垂线不容易作出。

师:真棒!由于方案一最佳,我们就以此来定义二面角的平面角。以二面角棱上的任意一点为端点,在两个面内分别作垂直于棱的射线,这两条射线所成的角,称为二面角的平面角。平面角的度数,就是二面角的度数。这个定义中有几个要素?

生:三个要素,即棱上的任意一点、分别在两个平面内引射线、射线垂直于棱。

上述过程中,教师向学生提了三种已学过的"角",并由此提供直观背景支架、问题支架和元认知支架三个支架。在这些支架的帮助下,学生通过独立观察、探索分析和合作交流,深度理解了数学概念,完成了概念本质的意义建构和反思评价。

(四)提供能力迁移支架,巩固新知识

皮亚杰说:"新认知、新概念形成之处,还处于一种不稳定的状态,如果不对其进行及时巩固,新知识就会逐渐淡化。"为此,我用两个问题设计了一个能力迁移支架,使学生的新认知能力逐渐形成,并得到巩固。

问题1:从点O引出不共面的三条射线OA、OB、OC,使$\angle AOB=\angle AOC=45°$,$\angle BOC=60°$,求二面角$B-OA-C$的大小.

本题师生共同讨论、总结。

问题2:山坡的倾斜度(坡面与水平面所成二面角的度数)是60°,山坡上有一条直道CD,它与坡面的水平线AB的夹角是30°,沿这条道路上山行走100米,升高了多少米?

本题由学生独立完成。

设计这个环节,目的是使学生进一步理解和掌握二面角、二面角的平面角的概念及其求法,促进知识的迁移,提高应用数学知识分析和解决问题的能力。同时,教师通过反馈信息,能及时了解学生的数学思维情况,检验教学效果,纠正学生的错误,帮助学生巩固新知识。

四、相关讨论

这节课的设计,试图体现"以学生发展为本"的教育理念,让学生经历观察、归纳、猜想、验证的数学发现过程,发展合情推理能力。在引入二面角概念时,教师先引导学生利用平面角的概念进行类比,再由二面角的概念,探究二面角的平面角概念。这样的引导过程,能让学生感悟立体几何与平面几何的逻辑关系,进一步领会类比、化归等数学思想,取得了较理想的教学效果。这节课的教研活动,针对认知支架的建构开展研讨,形成了一些观点。

(一)运用背景支架引导观察,把学生带回现实

数学概念是高度概括、抽象的概念,无论是概念的形成还是同化,都要把学生的生活经验作为出发点,以学生已有的知识为依据,借助具体直观的经验事实,使学生理解概念实质。高中数学中的基本概念,往往与学生的现实生活有一定联系。教学中,教师通过情境的创设,激发学生的学习兴趣,使学生身处情境,亲自体验,在感性认识基础上,借助观察、分析等抽象思维活动,对数学概念的理解达到精细化。

(二)搭建问题支架引导猜想,让学生深入探究问题

"问题是数学的心脏",数学概念应让学生在发现问题、解决问题的过程中主

动建构，并由此理解知识的本质，体会科学研究的一般方法。概念教学的问题化包括两方面：(1)概念生成过程的问题化，将知识的发生、发展过程转化为一系列有探究价值的问题；(2) 学习材料的问题化，把形式化的、抽象的数学知识转化为蕴含本质、贴近生活、适合学生探究的问题。数学教师要善于搭建问题支架，以此引导学生猜想，让他们深入探究问题。

（三）以元认知支架引导归纳，引导学生进行反思

数学学习中的反思，既是一种思维活动，也是一种实践行为。反思的对象可以是数学知识，可以是数学材料，也可以是数学学习过程。教师在教学中向学生提供元认知支架，引导他们通过归纳反思，回顾知识发生、发展的过程，领会其中的思想方法，在深入理解数学概念的同时，获得科学研究的一般认识，并发展质疑、批判的理性精神。

（四）创设类比支架引导验证，由旧知识引向新知识

复习提问是新课导入的一种形式。教师设计一组问题，让学生在“温故”过程中产生学习新知识的需求，进而让学生要学的内容自然“流淌”出来。对这节课来说，旧知识不仅是新知识的基础，更是新知识有意义学习的生长点。通过回顾“异面直线所成角”和“直线与平面所成角”这两个旧知识的共同特征，由“平面角”与“空间角”的类比，得出二面角这个新知识。这一过程以类比为支架，引导学生验证，而且以情境和经验相随，运用带有方法论意义的元认知提示语，引导学生思维。

五、一点思考

以学为主的支架式教学策略的运用，为数学概念教学的改进提供了新的思路，也为学生有效学习提供了支持和帮助。在课堂实施中，教师可以通过向学生提供开展数学活动的时间与空间，引导学生认真钻研，体验问题解决的过程，形成可迁移能力。同时，教师要为学生自主探究与合作交流提供保障，以促进学生学习方式的转变，使其不仅学到新知识，还能获得广泛的数学活动经验。在学生学习活动中，教师作为组织者、引导者、合作者，应注意评价学生在活动中的参与度、自信心和交流意愿，适时给予引导与鼓励。而随着学生学习活动的深入，教

师还要逐步放手，让学生更多地独立学习，直至最后撤去支架。为此，教师要掌握适度指导的教学原则，牢记“学”的真谛在于“悟”，“教”的秘诀在于“度”。

（邵秋芳）

三、导向深度学习

随着课程改革进入深水区，学生学习方式的变革受到广泛关注，与表层学习相对的深度学习已成为课堂改革的引导方向。从认知水平看，表层学习与深度学习是一种相互关联、逐步递进的关系，深度学习必须从表层学习开始。在学习内容上，表层学习主要完成识记、理解等浅显层面的学习任务，重在传承知识，而深度学习要完成识记、理解、应用、创新等层面的学习任务，重在应用与创新知识。在学习方式上，表层学习多以接受式学习为主，而深度学习则以自主、合作、探究性学习为主。在思维特质上，表层学习多以验证性、演绎性思维为主，而深度学习主要以归纳、发散、批判、创新思维为载体。

可见，深度学习是培养学习力的学习，是逐级提高解决问题层次的学习，具有注重批判思维、强调内容整合、推动知识建构、促进迁移运用等特征。深度学习不仅需要学生积极主动参与，还需要教师通过确立高阶思维发展的教学目标、整合意义连接的学习内容、创设促进深度学习的真实情境、选择持续关注的评价方式进行积极引导。深度学习的起点是学生有探究问题的好奇心，敢于质疑和批判。只是，现在的课堂太缺少质疑，太缺少探究，太缺少开放的问题，太缺少对深度学习的研究。为此，我校鼓励教师积极开展对深度学习的研究。以下引用我校一位信息科技教师关于“保护你的计算机”这节课的研究报告进行说明。

随着学习科学的不断发展，深度学习已成为课堂教学改革追求的目标。教师在课堂上应创设更多自主学习、合作学习的情境，让学生更多地进行挑战和质疑，主动参与探究学习。

一、引言

《国家中长期教育改革和发展规划纲要（2010—2020年）》强调要“注重学思

结合，倡导启发式、探究式、讨论式、参与式教学，帮助学生学会学习”。然而，受传统教育观念束缚和教师专业素质等因素影响，目前多数课堂教学仍以讲授式为主。学生被动、机械式地接受知识，所学内容常常停留在知识的表层，缺少深入理解，更谈不上深度学习。因此，引导学生对知识进行深度加工，深层次地理解学科概念，建构个人知识体系，是当前课堂教学改革的重点。现以信息技术学科“保护你的计算机”一课的教学为例，阐述我在探索引导学生深度学习中的实践与认识。

二、教学设计

这节课的教学内容是“信息技术”第五章第二节的“信息安全”，先让学生认识计算机病毒，包括计算机病毒的特征和危害，再让学生了解它的传播途径，最后让学生学习怎么预防病毒和查杀病毒。基于学生认知规律，这节课的教学目标将依据上述三点确定，并将认识计算机病毒作为教学重点，将计算机病毒的查杀作为教学难点。

（一）认识领域目标

主要包括四点：(1)了解计算机病毒的概念，知道这是一种人为制作的程序；(2)了解计算机病毒的一般特征和传播方式；(3)了解病毒对计算机信息安全的危害性；(4)知道病毒防治的方法。

（二）操作领域目标

主要包括三点：(1)能利用互联网搜索引擎了解有关病毒的信息和防治病毒的方法；(2)了解常用杀毒软件的使用方法；(3)学会下载、安装、升级杀毒软件。

（三）情感领域和扩展目标

主要包括三点：(1)通过学习，能负责任地、安全地、健康地使用信息技术；(2)提高学习应用信息技术的能力；(3)培养信息文化、道德修养与健康人格。

三、教学过程

（一）教学方案

在信息技术高速发展的今天，让学生认识计算机病毒，提高信息安全意识，非常有必要，这节课就围绕这些教学内容进行，教学过程见表3-14。

表 3-14 教学过程

教学内容	教师活动	学生活动	预期目标
复习	提问:你了解哪些计算机病毒	思考并回答	掌握的病毒特征
病毒的传播方式	1. 引出课题:病毒的防治 2. 提供一段“熊猫烧香”病毒的视频资料 3. 布置任务一:请学生上网查找该病毒的传播方式与破坏作用,了解预防病毒感染的措施,在学校论坛“熊猫烧香”病毒主题下发表自己的见解 4. 展示某些学生的回复内容 5. 总结:互联网在给人们提供信息,为人们工作、生活带来巨大便利的同时,也在传递着许多危险信息,要合理使用互联网	1. 观看视频资料 2. 上网查找资料,发表自己的见解并给出相应说明	1. 学生了解“熊猫烧香”病毒 2. 学生通过头脑风暴,明确“在享用互联网提供的信息时,应增强病毒防范意识”
查找“熊猫烧香”病毒的专杀工具,学会下载、安装、运用	布置任务二:学生上网查找“熊猫烧香”病毒的专杀工具,下载并在本地硬盘上安装,学习使用此软件	一个学生上台演示整个操作过程	学生了解并支持国产杀毒软件
病毒防范知识比赛	1. 出示比赛规则:全班分为 A、B 两组,抢答问题;若一组答错,则回答机会给另一组;答对一题加 10 分,答错不扣分 2. 总结:要树立病毒防范意识,掌握一些防范病毒的方法 3. 播放“熊猫烧香”病毒案的结案视频	1. A、B 两组观看动画并寻找防范病毒的方法 2. 观看视频资料	1. 学生了解病毒防范操作方法,并将之应用于学习、生活 2. 增强法律意识
小结	1. 讲解病毒传播的主要媒介 2. 讲解病毒的防范操作方法 3. 引导学生下载某些病毒专杀工具 4. 总结:对于病毒,我们主张“防”重于“治”,希望大家以后上网时不要随意浏览、下载不安全信息,一旦中毒,也不要紧张,从杀毒网站下载专杀工具,问题可迎刃而解	畅谈学习感受	学生通过学习,对计算机病毒能找到相应的解决方法,增强法律意识

（二）实践与改进

第一次试教时，教师用复习提问引入新课内容，了解学生在计算机病毒方面的知识基础，出示一张病毒图片，引导学生认识这种病毒。然后，教师向学生布置了任务一（从网上搜索该病毒的相关知识，并在论坛上发表自己的见解），在展示了部分学生的回复后，布置了任务二（从网上下载专杀该病毒的工具，安装并执行），并让学生上台演示操作过程，接着布置了任务三（观看一些动画小游戏，根据传播途径对这些病毒进行归类），通过组织比赛，让学生说出这些病毒的预防措施，最后进行了总结。

评课时，大家觉得任务三的难度太大，花费时间太长。让学生在短时间内认识这么多的病毒及其特征，并自行掌握预防措施，要求太高了，学生无法完成（于是这一项就从"教学方案"中删除了）。在游戏竞赛时，因为学生掌握的知识不够全面，所以课堂气氛没能达到预期目标。改进建议：去掉按传播途径对病毒进行归类的任务，让学生观看动画后记下病毒特征及预防措施，然后开展提问竞赛。这样，学生的兴趣提高了，竞赛的质量也会提高。适当减少介绍的病毒数量，既能节省时间，也能降低学习难度。

第二次试教后，有专家提出，用图片引入课题缺少新意，建议用视频引入资料。这样能一下子吸引学生注意力，激发学生学习兴趣。教师采纳这一建议，在新课引入时使用视频资料介绍"熊猫烧香"病毒发作带来的危害。之后，专家指出，可以在课结束前用视频资料介绍传播该病毒的案犯落网并被判刑的信息，以提高学生的法律意识，从而提升这节课的教育意义。

最终，这节课确定了六个教学环节：(1)复习旧知识，引出课题；(2)任务驱动，激发兴趣，合作学习；(3)自主探索，大胆尝试；(4)游戏竞赛，拓展学习；(5)自我评价，归纳小结；(6)提高意识，升华思想。

（三）实施与感受

第一个环节，教师用问题"学了上节课的内容，大家对计算机病毒有哪些了解"引出课题，有两个学生回答了这个问题。对学生的回答，不管是否正确，教师都给予了肯定和鼓励，以增强学生的信心，这也是在实践学校提出的"三信教育进课堂”理念。

第二个环节，教师先播放一段“熊猫烧香”病毒的视频，激发学生学习兴趣，再以任务驱动，引导学生通过自主学习、合作探究，掌握“熊猫烧香”病毒的特征、传播途径及预防方法。同时，教师为学生提供上网搜索学习机会，以发挥学生的主体性，并让学生体验运用信息技术进行学习的乐趣。

第三个环节，在学生了解“熊猫烧香”病毒后，教师鼓励学生自主探究应采用哪种专杀工具、怎么下载查杀软件、如何安装运用等问题，并让一个学生上台演示整个操作过程。这样，学生通过自主学习不仅完成了预定任务，而且感受到了探究过程带来的乐趣。

第四个环节，在学生观看了动画后，教师采用提问方式，组织学生竞赛，拓展学习内容，并以此活跃课堂学习气氛。

第五个环节，评价与总结既是为了检验学生的学习情况，验证他们掌握知识的程度，又是为了获取反馈信息，及时调整教学。学生通过自我总结，梳理课上学到的知识，加深记忆。

第六个环节，在学生认识了计算机病毒的危害后，教师开展了信息安全教育，以引导学生强化法律意识，升华思想。

通过这六个教学环节，教师基本达成了这节课的教学目标。学生不仅掌握了知识技能，也提高了分析和解决问题的能力。

四、结论与反思

关于这节课，自己认为有两方面处理得较好。第一，计算机病毒这一内容比较枯燥乏味，学生不感兴趣。这个问题我在平时教学中就注意到了。教好这类理论性、专业性较强的知识，让学生愉快地学到知识，对我来说是个挑战。实践下来，自认为目标基本上达成了。第二，从大的方面看，这节课的整个教学过程都在践行新课程理念，以学生为主体，以学生发展为本，发挥学生的主动性。“从学生基础出发，从学生行为着眼，在学生成功中结束”是这节课的特点，体现了学校“信任学生，给学生信心，让学生有信念”的办学理念，也体现了现代教育思想和教学理念。课上，我先通过师生对话了解学生原有知识基础，再经过激发兴趣、对比、假设、猜想、论证等步骤，引导学生自主探究，最后以学生自我评价与总结结束，实现了知识迁移，充分体现了我校“三信教育”理念。

但经过静心反思，我发现这节课仍有不足之处：(1)没有很好捕捉学生学习过程中的闪光点并及时表扬，未能让学生有充分的成功感；(2)教学设计顾及了学生的差异，但教学实施时只考虑学习能力强的学生怎么进一步学习，没有关注学习能力较弱的学生这时候该干什么；(3)整堂课，虽然自始至终都在努力调动学生的学习积极性，但仍未切实达到理想目标。

经专家指导，我得到四点启示。第一，这节课的教学，我遵循“学生主体性教学”原则，其策略思想是一切从学生实际出发，让学生成为知识技能的“探究者”和难点问题的“突破者”，从而真正成为学习的主人。实践证明，这样的课堂是生动的，是学生乐于接受的。在以后的教学实践中，我应以此为目标，使课堂成为学生成长的舞台。第二，备课查找资料，应多留心有关差异教学的研究成果，从中寻找可以借鉴的方法，使课堂教学能建立在学生的个体差异性上。第三，对某些知识的讲解(如病毒的危害性)，可根据学生实际掌握情况适当缩减，多留一些时间让学生相互交流。第四，应运用一些有针对性的评价，加深学生对知识的理解和掌握，并发挥其“表扬先进，激励后进”的作用。

（陈　岗）

四、回归数学的本质

数学研究的对象是现实世界的数量关系和空间形式。随着数学自身的发展，“数量”和“空间”的概念已大大超越了原来的意义，数学的性质及其应用的途径也发生了巨大的变化。因此，数学教学如何抓住学科本质，对于教师来说很有研究的必要。以下引用我校一位数学教师关于“含参数数学问题的分类讨论”这节课的研究报告进行说明。

学科教学中，知识与方法常常被视为鱼与熊掌，似乎看重了这个，便可能失去那个。其实，只要教学能回归学科本质，两者便有可能兼得。

一、背景认知

教学中经常有这种现象,新课上过一段时间后,学生只能记住一些结论性的内容,记不住得出这些结论的数学过程和思想方法,而后者才是数学的真正价值所在。

数学的本质是隐藏在数学过程中的思想方法,而思想方法是解决各类数学问题的源头。学生在记住一些数学结论的同时,要知其所以然——结论背后的东西。一些具体的数学知识即使今后忘记了,数学的精神、思想和方法也会深深地铭刻在头脑里,长久地应用于日常生活与工作。教学中,教师要向学生展示数学的本质,提高学生的数学素养。学生真正掌握了所学数学知识的本质,无论碰到的问题形式多么复杂,也能发现其实质,不会无从下手。

每个数学题的解题过程,都要经过“识题→悟题→试解→结果”四个环节。其中,“识题”是当下学生遇到难题时的短板。作为解题过程的第一步,它要求学生充分理解问题的原意,认识问题的实质,最终将解题思路回归数学本质。

回归数学本质,大致分为三类:(1)理解内容本质,回归概念定义;(2)理解方法本质,回归基本数学思想;(3)理解过程本质,回归基本数学过程。学生的学习,最初都是从零开始的,经历了从解简单的数学题,到解中等难度的题,再到做难题这样一个过程。

要充分了解一个数学问题,必须以扎实的理论知识为基础,熟悉基础知识的本质,掌握灵活运用的方法,这一过程渗透着数学思想。数学教学要展现知识的形成、发展、转化和应用过程,让学生体会数学思维和数学创造,并且在这一过程中提高学习能力和转化能力。

本文以高中数学“含参数数学问题的分类讨论”一课为例,探索课堂教学如何回归数学本质,打开学生解题思路。

二、教学设计

(一)关于数学思想方法

1. 分类讨论

分类讨论是解决问题的一种逻辑方法,也是一种数学思想。所谓分类讨论,是指当问题所给出的对象不能或不便统一研究时，可以按某个标准先对研究对象进行分类，再分别研究每一类对象，得出相应的结论，然后综合各类结果，得到整个问题的答案。分类讨论的实质，就是化整为零，各个击破，再聚零为整的思维策略。数学题的分类讨论，覆盖知识多，有利于考查学生的知识面。同时，分类方式多样，有明显的逻辑性、综合性、探索性，能训练思维的条理性与概括性。

2. 分类讨论的原则与方法

确定对象，要遵循的原则是不重复、不遗漏，采用的方法是统一标准。

3. 适合分类讨论的问题

可以进行分类讨论的数学问题，大致可归结为以下几种：涉及的数学概念是分类定义的；运用的数学原理、公式、运算性质、法则是分类给出的；求解问题的结论有多种情况或多种可能性；含参变量的不同取值导致不同的结果。此外，对于复杂的非常规问题，大多用分类讨论的策略来解决。

（二）教学目标

主要包括两点：(1)会透过问题看本质，能合理确定分类对象和分类标准，把握分类原则；(2)运用分类讨论的思想方法解决数学问题，培养分析和解决问题的能力。

（三）教学重点与难点

重点是确定分类对象，确定分类标准。

难点是确定分类标准与分类原则。

三、教学过程分析

（一）课前热身练习

这是一节复习课，课前用一组练习题作为预习单供学生思维热身。课开始，教师让学生就这些已做好的练习题在课堂上交流。题目如下：

1. 已知$\log a^{\frac{1}{2}}<1$，则实数 a 的取值范围是________.

2. 已知函数 $f(x)=|x|$，若实数 a 满足 $f(a-1)>2a-3$，则实数 a 的取值范围是________.

3. 如果函数 $y=a\sin x+b$ 的最小值是-1，最大值是 3，则 $a-b=$________.

4. 已知函数 $f(x)=(m+1)x^2-mx+5$ 在 $\left[-\frac{1}{2},+\infty\right)$ 上单调递增,则实数 m 的取值范围是________.

5. 不等式 $(a-2)x^2+2(a-2)x-4<0$ 对于 $x\in\mathbf{R}$ 恒成立,那么实数 a 的取值范围是________.

教师抽查学生,让其回答自己是如何解题的,可学生只是将解题过程念了一遍。“识题”的要求是看出问题的本质,明白这个问题涉及的数学理论是什么,并考虑从什么角度开展分类讨论。

学生说完自己的见解后,教师对每一道题进行分析,说明其涉及的数学知识是什么,讲解如何从概念本质或性质出发确定分类标准并进行分类讨论,才能分析出所有的可能性,做到不遗漏、不重复,提高学生分析问题、解决问题的完整性和严谨性。

(二)当堂巩固

热身练习结束后,教师通过一组当堂练习促使学生巩固所学。练习题的分类要求逐步递增,需要学生仔细观察、认真分辨问题。严谨考虑分类标准,旨在锻炼学生发掘问题本质的能力。

1. 若关于 x 的实系数方程 $2x^2+3ax+a^2-a=0$ 至少有一个模为 1 的根,求实数 a 的值.

说明:此题的实质是求一元二次方程的根,根据求根公式,方程的根有实根和虚根两种,所以该题可把根的实虚作为分类标准,把字母 a 作为分类对象,根据题意列出数学式,进而求得字母的值。

2. 已知二次函数 $y=x^2-ax+1(a\in\mathbf{R})$,$x\in[1,3]$,求函数的最小值.

说明:这是一个二次函数的最值问题,解决该问题首先要掌握二次函数的图像和基本性质,其次要明确最值是函数的单调性形成的。具体来说,分类的依据是该函数在区间 $x\in[1,3]$ 上的单调性。由于该函数有未知参数 a,所以其图像的对称轴具体位置不能确定,也就是函数在这个区间的单调性受对称轴影响而不确定。故可根据函数的单调性分三类进行讨论,分类对象是 a。而二次函数的单调性受对称轴的影响被一分为二，所以先配方得到对称轴方程，再以对称轴为分类依据，根据单调性分为递增、递减、有增有减三种情况，具体过程如下：

对于 $y=\left(x-\frac{a}{2}\right)^2-\frac{a^2}{4}+1$：

① 当 $\frac{a}{2}\leqslant 1$ 时，$a\leqslant 2$，函数在 $[1,3]$ 上递增，所以当 $x=1$ 时，函数最小值为 $2-a$；

② 当 $1<\frac{a}{2}<3$ 时，$2<a<6$，函数在 $[1,3]$ 上先减后增，所以函数图像的顶点是最小值 $1-\frac{a^2}{4}$；

③ 当 $\frac{a}{2}\geqslant 3$ 时，$a\geqslant 6$，函数在 $[1,3]$ 上递减，所以当 $x=3$ 时，函数最小值为 $10-3a$.

3. 解分式不等式 $\frac{ax-1}{x-a}>0(a\neq 0)$.

说明：基于解分式不等式原理，原不等式可以转化为 $(ax-1)(x-a)>0$ $(a\neq 0)$。解不等式应注意三点：(1)分子分母上的一次项系数均要化为正数；(2)确定对应方程的两个根(包括根的大小)；(3)确定不等号的符号。因为此不等式是“>”号，所以解集是两根之外的区间。如果换成“<”号，解集就在两根之间。

① 考察一次项系数是否均为正数，如不能确定，则分析其受什么因素影响。

分子上一次项系数 a 的正负号不确定，可用分类讨论思想方法对参数 a 进行正、负、零分类，分类对象是 a，分类依据是 a 的符号。当 $a>0$ 时，$\frac{ax-1}{x-a}>0$；当 $a<0$ 时，不等式要整理成 $\frac{-ax+1}{x-a}<0$。

② 对上述两大类，应继续思考对应方程的根是什么和根的大小。如两根之间的大小不能确定，可根据大小标准在两大类中分别进行第二次分类，最后根据不等号的方向确定解集在两根之外还是在两根之间。

A. 当 $a>0$ 时,$\frac{ax-1}{x-a}>0$,对应方程根为$\frac{1}{a}$和 a,两根大小不确定,继续分类:

当 $0<a<1$,$a<\frac{1}{a}$时,不等号是"$>$",解集为$(-\infty,a)\cup\left(\frac{1}{a},+\infty\right)$;

当 $a=1$ 时,方程两根为 1,解集为$(-\infty,1)\cup(1,+\infty)$;

当 $a>1$,$a>\frac{1}{a}$时,解集为$\left(-\infty,\frac{1}{a}\right)\cup(a,+\infty)$;

B. 当 $a<0$ 时,不等式$\frac{-ax+1}{x-a}<0$,考虑两根$\frac{1}{a}$和 a 大小:

当$-1<a<0$,$\frac{1}{a}<a$ 时,不等号是"$<$",解集为$\left(\frac{1}{a},a\right)$;

当 $a=-1$ 时,不等式整理为$\frac{x+1}{x+1}<0$,不等式不成立,空集;

当 $a<-1$,$a<\frac{1}{a}$时,解集为$\left(a,\frac{1}{a}\right)$。

以上所举三例,用的都是分类讨论的思想方法。实际上,很多数学思想方法在不同类型问题中都有体现。难的是,学生的视线中并不会自然出现这些思想方法,所以教师要通过"问题—理论—实践"的路径引导学生理解数学的本质,并在这个过程中逐步提升问题的难度。经历这样一个过程,学生的认识会有一个质的飞跃。想达到这一步,不仅需要学生自身的领悟能力和转化能力,还需要教师在一旁的引领和指导。因此,学生在深入学习时必须对理论的原始推导过程有完整的了解。这既体现问题由特殊到一般的过程,也体现学生认知的飞跃。教师在引导学生分析时,要让学生养成遇到问题看本质这样一种学习习惯,并以此提高应变能力。

四、认识与思考

(一) 充分发挥预习单的作用

设计课前练习单,是为了让学生提前做好上课的准备工作,提高课堂学习的效率。课前预习,能使学生对要学的新内容有所了解。复习课上,预习单改为课前练习单,可以起到一个思维热身的作用。一节课的时间十分有限,学生识题、悟题、解题都需要时间。这样,一节专题复习课能讲解的数学题,不过三四道,如果问题比较复杂,可能只容许两道。因此,让学生在课前练习单上解一些相对简易的数学问题,上课时他们就能聚焦复习专题,集中解决主要问题,提升学习效率。

(二) 问题选取要适当、全面

含参数的数学问题遍布高中三年的教学内容。教师可从集合、不等式、函数、复数等部分选取一组问题用于教学,设计主旨是让学生通过分类讨论掌握数学思想方法,明白解决这类问题的思想方法贯穿整个高中数学学习,进而体会掌握思想方法对于学好高中数学是十分重要和必要的。

(三) 通过专业讲解,让学生理解数学本质

教师要让学生认识到,无论是简单还是复杂的数学问题,解决问题所用的理论和方法在本质上是不变的,所用的概念也是在平时学习中经常出现的。遇到问题时,学生把问题与和它相关的数学本质联系起来,是解决问题的前提和关键。教师在教学中要通过专业讲解,在数学问题与学科本质之间搭起桥来,让学生的思维来回往复,从而了解内涵,体验过程,加深印象。

(四) 重视理论的引导

随着高考改革的推进,学生的问题解决能力越来越受到重视。面对可能会遇到的越来越新颖的数学问题,学生如果看不出其本质,就无法真正解决。而要看透问题的本质,就得深入了解相关的理论知识。所以,在平时的新授课中,概念的形成过程往往要花足够的时间讲解,不能几句话带过。

(五) 注重问题解决过程的表达

在识题、悟题之后,计算及其表达也很重要。课堂上,学生面对数学问题知道如何去解后,教师仍要关注学生对这个过程的书写表达。其实,书写过程是对学生梳理解题思路能力的一次锻炼,而培养书写的规范性、严谨性、条理性,还有助于提升计算能力。

(六) 营造良好学习环境

新课程改革倡导自主学习与合作学习,以培养学生数学学习能力。教师要

积极创设开放的、符合新时代气息的学习环境,给学生充分时间发挥自己的主体能动性,并在学生独立完成和小组合作完成学习任务后,及时开展师生之间、生生之间的交流。

（王　惠）

五、从学情出发

现实生活中,要做好一件事,必须从实际出发。教师要上好课,也得把握教学对象的实际情况,从学情出发。对教学来说,最大的学情是学生的差异性。学生在学习基础、学习态度、学习习惯、个性心理特点方面,都存在不一致性。为了精致化教学,我校教师在学情的把握上,努力不懈。以下引用我校一位英语教师关于"一词多词性词汇的复习和运用"这节课的研究报告进行说明。

"一千个读者眼中就会有一千个哈姆雷特",莎士比亚的这句名言也可以用来指导教师认识学情,因为教师要面对的是一个个鲜活的生命个体。

一、课的背景

这是高二年级的一节词汇复习课,课的设计依据是班级学生的学情。在平时教学中,我发现很多学生不重视英语单词词性的学习。殊不知,词性体现一个单词在英语句法中可能具有的功能,决定一个单词的基本用法,其意义不可小觑。否则,学生的英语学习和运用会出现很多问题。其实,阅读、十选九、完形填空、翻译等高考题型中都考查了单词的词性。学生常常出现的错误,源头正是不了解单词的词性,或只是一知半解。

这节课的设计,基于本校学生在英语学习中经常遇到的实际问题,从词性角度分析学生在英语应用中因受母语负迁移影响而产生的错误,并具体归纳其错误成因,由此引导学生关注此类问题,帮助他们避免或尽量减少因中英文词性差异所造成的错误。

二、课前准备

我先进行了学情分析。其一,这个班级我刚接手半年,学生对英语单词词性学习的意义普遍不了解，对单词的词性也一知半解。其二，大部分学生对中英文词性差异混淆不清，学习中常受母语影响，尤其是对一词多词性的词，在英语语言表达和运用中错误较多。其三，虽然全班的英语基础不是很好，但仍有相当一部分学生能在教师鼓励和帮助下，积极思考，尝试探索，勇于交流。

基于以上分析和最初的研究方向，我将这节课的主题定为"一词多词性词汇的复习和运用"。上课前，我做了大量准备工作。首先，整理了高一高二牛津英语教材中涉及的高频词汇，并把其中学生最易出错的22个单词挑了出来，作为教学素材。其次，设想通过不同语境推测词性词义，以十选九、改错、翻译等多种形式，让学生在体验中感知，在回顾中提升。最后，随着一个个任务的完成，让学生通过不断实践掌握这些多词性核心词汇的使用方法，由此调动学生的学习积极性，培养学生的合作学习能力，促使学生"学中用，用中学"。

三、课堂实录与评析

【场景一】

T：Well，at the beginning of our today's class, let's have a brainstorming. Who would like to tell me the part of speech of this word "present"?

S1：Noun.

T：Good! What else?

S1：Sorry.

T：Ok, that's all right. How about you?

S2：Em... I don't know.

T：Well, let me show you some example sentences, and I believe you can figure that out in a minute.

（幻灯片展示例句）

S3，4，5…：Oh, *adj*. !

S8，9，10…：And *v*. !

（学生的反响开始热烈起来）

T：You made it! All right, actually we've learned a lot of words with more than one part of speech like this. It can be very confusing, so our today's topic is...

（学生迅速进入学习状态）

【诠释】

记得一位教授说过："课堂教学的导课环节是一门教学艺术，导课艺术讲求的是'第一锤就敲在学生的心上'，像磁石一样把学生吸住。"在激发学生学习兴趣、影响课堂教学效率的诸多因素中，课堂导入是至关重要的一个。导入是教授新的内容时，教师组织学生进行的活动，包括知识准备活动和心理准备活动。导课就是引导学生进入学习状态，讲究行为方式的艺术性，目的是激发学生的探究欲望和学习兴趣，让学生在最短的时间内进入最佳学习状态。一节课 40 分钟，时间非常有限，所以导入环节要简洁，时间控制在 2 分钟内。

【场景二】

T：Each of the following words has more than one meaning. Fill in the blanks with its part of speech and its meaning in Chinese. You have 3 minutes and you may have a discussion with your neighbor.

（学生讨论，回答问题）

T：We got two phrases here：sth. benefit sb. / sb. enjoy the benefits from sth. One more question：if we exchange the positions between the subjects and the objects, what's gonna happen?

（学生沉默不语）

T：Sb. benefit from sth. and...

Ss：Sth. bring the benefits to sb.

T：Wonderful! Let's have a practice. Try to translate this sentence into English in different ways. You may share your answers in your group first.

S1：...

S2：...

S3：...

S4：…

T：You guys are amazing! I appreciate your hard work. Let's move on.

【诠释】

因为一节课时间有限，教学设计时，教师应该对这节课教学重点和难点的用时有足够的预判。大部分学生容易出错处和不容易理解的问题，是这节课的重难点，因此教师在任务设计、时间分配上应有所侧重，这对于复习课尤为重要。所以在备课时，教师把 benefit 这个词作为这节课的重点复习内容，通过回顾、总结和进一步训练，让学生加深印象。

【场景三】

T：Complete the passage by using the words in the box. Each word can only be used once. Note that there is one word more than you need.

（学生独立完成练习）

T：Now please exchange your worksheets and have a discussion with your friends. Try to tell me what you have found out.

（学生完成讨论）

S1：We got 2 different passages. They are similar in contents but different in expressions.

T：Oh，really? Who would like to come to the blackboard to write down the part of speech of those words in your passage?

（两个学生分别在黑板上写下同一个选项单词的不同词性）

T：Yes! Isn't that interesting?

【诠释】

高考试题中的"十选九"词汇题，从词性、词义角度考查学生对词汇的掌握情况。很多学生平时不重视或不够重视词性的学习，解题时常常局限于单词的某一词性，忽略了其一词多词性的特征，由此造成失误。基于这一学情，在设计这个环节时，我特意将目标词汇编入两篇内容相似，但因词性改变而形成不同表达方式的短文，让学生在合作探究中主动发现，自我反思，总结规律。这样，学生的主观能动性得到充分调动,他们在快乐、积极、宽松的学习氛围中进行学习。课堂教学的目的达到了,学生受益良多。

四、反思与启示

这节课的备课和实施,让我对高中英语的词汇教学有了更深刻的理解。学生运用英语出现错误,汉英词性差异是重要原因之一。作为源语言的汉语,其词性特点会对学生翻译目标语——英语产生直接的负面干扰。而词性教学,这个高中英语教学中长期不被重视的板块,具有举足轻重的作用。关注词性教学,对于降低母语干扰有着重要的意义。

因此,在教学实践中,教师首先要引导学生打下扎实的英语词汇基础并重视词性学习。无论是新词汇的讲解,还是旧词汇的复习,教师都要对词性进行分析,并指导学生运用有效的方法对所学词汇进行整理。其次,教师要强调词性活用。课堂上,教师可从句子、段落出发,将汉英句法的对比和差异渗透到词汇教学中。以主语为例,汉语的主语具有很大的词类兼容性,只要成为话题,名词性、动词性、形容词性、数词性、表示情境事物的词语都可以作为主语。而英语的主语必须是名词或动名词短语,其他词如作为主语,必须在形式上有所改变。在总结句法差异、进行句式训练时,教师要正确对待学生表达上的错误。学生的错,为教师确认教学难点,避免教学的盲目性,提供了依据。最后,教师要重视用词背景。教师在教学中应为学生提供丰富的语言材料,创设适宜的语言学习情境,讲解时要注意结合词汇的文化内涵、上下文语境,重视两种文化背景的比较,不可孤立地进行词汇教学。教师还可以指导学生通过阅读原版文章、观看原版电影、与以英语为母语的人交流等途径,尽可能多地接触真实的语言环境,逐步积累语言素材,在潜移默化中培养英语语感,避免母语的负面干扰,不断内化所学,最终得以自由地运用目标语。

(陈鹃鹃)

第四章

知与行：合一并互促

知与行是带动教师专业成长的一对翅膀，两者谁也离不开谁，只有合而为一，互促共进，才能让教师在深化专业修炼中，跃上发展新平台。

对教师来说，读书是获得知识的康庄大道。知而即行，是指在课堂教学中不断拼搏；知后善行，则需要研究自己的教育教学实践，让课堂拼搏少花一些蛮力，多用一点智慧。这对学生和教师自己来说都是好事。

教师开展教育科研工作，是知行走向合一、实现互促的最佳通道。近年来，我校以课题为抓手，把这两者作为教师专业研修的思想支柱。学校坚持青浦实验科研先导的教改传统，引领教师开展课题研究，鼓励教师积极参与他人主持的项目，“搭车”前行，更鼓励教师主动申报个人项目，“自驾”前往。

第一节　学习前辈精神,坚持知行合一

青浦的基础教育之所以在国内颇具影响力,是因为进行了青浦实验。现在,青浦实验的先行者已陆续退出教改研究第一线,但他们留下的精神财富,对后来者来说弥足珍贵。从哲学上说,青浦实验最根本的精神是知行合一,即知了就去做,做中遇到难处再去求知,如此往复,勇往直前。学习、传承教育前辈的科研精神与勇气,应是学校推进课程教学改革不可或缺的一种思路、一个环节、一项举措。

正因如此,我校将《变革的见证——顾泠沅与青浦教学实验30年》作为群体共读活动的首选读本,通过全校性读书论坛着力营造"学在先"的研修氛围,并要求教师传承"明天从今夜开始"的奋斗精神,投身教改研究,当好今天的青浦实验的践行者。

在青浦实验精神感召与教育科研导引下,我校教师积极行动,将青浦实验总结的情意原理、序进原理、活动原理、反馈原理用于教学实践,努力走好自己的专业成长之路。

一、学习青浦实验的教学原理,改造自己的课堂

20世纪70年代后期启动的青浦实验,从改革课堂教学方法着手,创建了让所有学生有效学习的教学基本原理,并与认知过程的四要素相对应,形成了策略体系,即基于情意原理的激起认知动因的策略,基于序进原理的组织认知内容的策略,基于活动原理的安排认知方法的策略,基于反馈原理的利用认知结果的策略。这些先进经验历久弥新,在我校仍发挥指导作用。以下引用我校一位物理

教师的学习体会进行说明。

《变革的见证——顾泠沅与青浦教学实验30年》一书记述了我国数学教育专家顾泠沅教授30年来扎根青浦课堂的研究历程，介绍了青浦实验的“前世今生”。对照书中总结的四条教学原理，反思平时的物理教学，特别是实验教学中存在的问题，我感触良多。我积极从前辈积淀的智慧中寻找对策，改造自己的物理课堂。

一、对高中物理实验教学存在问题的反思

对于目前的物理课堂，我认为存在三方面问题。第一，在“二期课改”大背景下，教师的实验理念有所提升，但实际教学与理念还存在很大差距。第二，受应试教育影响，重理论、轻实验的现象普遍存在。与讲述相比，实验花费的时间和精力更多，而且有些实验做起来还可能不成功，不如“讲”来得快，故“黑板实验”在不少中学仍有一席之地。第三，急功近利走捷径，课件、视频放不停。大量仿真实验、实验课件在网络上共享，似乎使实验教学变得“简单”了。演示实验成了看视频，学生实验则以播放课件录像代替。实验教学的基本原则得不到充分体现，从实验操作到探究体验都没有给学生留出足够的思维空间。

要从根本上改变这种现状，教师就要在教学实践中勇于探索，不断改进，在保证完成实验教学基本任务的前提下，寻求适当的办法，低起点、小步子、不停止，循序渐进，逐渐改善实验教学，稳步提高实效。

二、运用青浦实验四条教学原理，改造物理课堂，优化实验教学

高中物理实验教学的改进，应紧扣课程标准，围绕“三维目标”，结合校情、学情，对实验教学任务进行细化分解，详细撰写每一单元的实验教学目标，严格按照实验程序规范操作，注重过程，关注细节；应从思想方法的渗透、探究要求的落实、教学过程的优化入手，将重点放在物理实验的思想、过程与方法上；确保物理实验教学的基本功能得到落实，全面培养高中生的实验技能和科学素养。

（一）根据情意原理，改进演示实验，激发学生参与兴趣

教师创设的情境，要针对课的内容，生动形象，能引导和启发学生，拉近师生距离。这好比教师搭桥，学生过桥，但“桥”不宜太长。

如在“测电源的电动势和内阻”这节课的演示实验中,教师先把2节新电池接入电路,再串联6节旧电池,小灯泡的两次亮度截然不同,后一次发的光很微弱。用电压表测试电池总电压,前者大于后者。这一对比,可用来启发学生思考电源的电动势和内阻这两个重要参数。如此创设情境,提供了创造性课程资源,其深层意义在于:旧电池点不亮这个现象,学生虽早已知道,但并未深究其原因,或者限于知识不足无法深究。在课堂上教师提出这个问题,旨在激发学生的兴趣,对这节课的实施进行铺垫。

(二)根据序进原理,逐步提高知识经验的结构化程度,挖掘学生实验的探究功能

如楞次定律中,感应电流的磁场总是阻碍引起感应电流磁场磁通量的变化。教学中,我根据学生的学习基础处理教材安排的实验,以降低难度。我用条形磁铁代替双螺线管实验的原线圈,便于学生判断原磁场的方向及变化情况。至于对感应电流磁场的判断,则分成四个层次。

第一,运用自制实验和演示实验,让学生对实验涉及的线圈绕向、电流流向、灵敏电流计指针偏转方向这“三向”的关系,有一个初步认识,为学生做实验打好基础。

第二,设计实验探究工作单,呈现原磁场的方向、原磁场磁通量的变化情况、感应电流的磁场方向、感应电流的磁场方向与原磁场方向的关系,让学生边动手实验,边记录实验结果。

第三,根据实验数据分析。当原磁场磁通量增加时,感应电流的磁场方向和原磁场的方向相同。当原磁场磁通量减少时,感应电流的磁场方向和原磁场的方向相反。

第四,引导学生总结“是感应电流磁场和原磁场磁通量的变化存在关系,而不是找感应电流磁场的方向和原磁场方向的关系”,由此因势利导,引导学生思考“感应电流的磁场在原磁场磁通量变化过程中发挥什么作用”。学生顺理成章回答阻碍作用。教师追问:“谁阻碍谁?”学生齐声回答:“感应电流的磁场阻碍原磁场磁通量的变化。”

这样，就顺利地得出了楞次定律。

这一原理的指导意义是，要根据学生已有的知识结构，安排课堂教学进程。

（三）根据活动原理，将演示实验改为探究实验，引导学生边尝试操作，边思考问题

演示实验是教师做的，不少学生的注意力容易分散，致使有些演示实验的实际效果很差。我将演示实验改为学生实验，让学生从观众变成演员，学生的积极性被调动起来。例如“自由落体运动”这节课，原本是教师做演示实验，现在让学生自己设计方案研究自由落体运动的性质和测量重力加速度。很快，学生就想到了DIS实验，用测量变速运动物体加速度的方法，测出 $v-t$ 图。这不但缩短了数据处理时间，提高了实验效率，使学生能在较短时间内掌握自由落体规律，而且让学生通过观察物理量采集时的动态变化，体验科学发现的过程，感受科学探究的乐趣和成就。

设计这类活动，要关注目标，考虑学生年龄特点，有利于促进思维发展与相互交流表达，有利于创新精神和实践能力的培养。

（四）根据反馈原理，加强实验习题的开发和利用

实验习题不应总以教师的讲解为主，教师可以采取“设计方案—讨论方案—选择方案—实验验证—总结报告”的程序进行教学，让学生亲自参与实验设计，并通过实验结果的反馈，有意识地培养学生的问题意识和创新能力。

指导策略是编制课前、课中、课后校本作业。

总之，一节充满活力的物理课，能让学生感到豁然开朗、茅塞顿开、怦然心动。一位优秀的教师，能从学生的目光中读出他们的愿望，从学生的回答中听出他们的创意。要想提高学生课堂注意力，提高学生学习效率，教师必须靠自己的热情、敏锐和智慧。传承青浦实验的精髓，在实践中发掘和总结有效的教学方法，可以让物理实验课真正做到省时高效！

（吕　兵）

二、运用尝试指导策略,加强课前预学,提高课堂效率

青浦实验强调课堂教学要重视组织学生开展尝试探究活动,充分发挥学生的学习主动性,鼓励学生通过自己的尝试探究来获取知识和技能。教师要预判符合学生认知水平的尝试层次,确定“高而可攀”的步子。经过对比研究,我们发现,尝试活动对于激发学生学习动机,培养学生学习兴趣,提高其阅读能力和思维能力有很大作用。早期的教学经验有:(1)引导学生边听边想边尝试,促使他们发现问题、提出问题、分析问题和解决问题;(2)选择部分教材,让学生自学,教师析疑;(3)用“引而不发”“开而弗达”的方法诱导学生自己探究结论;(4)例题教学适当运用变式,讲究逐步设置障碍,不断增加创造性因素,以达到“闻一知十”“举一反三”的目的。① 而今,前人的这些经验仍在课堂教学中发挥着作用。以下引用我校一位政治教师的学习体会进行说明。

读了《变革的见证——顾泠沅与青浦教学实验 30 年》一书,我很受启发,尤其对顾泠沅老师和实验小组采用的尝试指导教学方法感触较深。尝试教学法的基本特征是“先练后教”,让学生在尝试探索中体会成功的喜悦,提高创新能力。尝试指导的方法符合认知规律,能激发学生学习兴趣,调动学生学习积极性。在青浦,“尝试指导与效果回授”教学实验的完成,为推广教改研究成果提供了依据。我认为,不仅数学学科可以采用这一方法,思想政治课同样可以采用尝试教学法。

一、指导学生预学的几种做法

一位著名学者认为:“教育的目的是让学生养成自己学习、自己研究,用自己的头脑来想,用自己的眼睛来看,用自己的手来做这种精神。”“先学后教”的课堂,是学生主动学习的课堂。这就需要教师培养学生预学习惯,提高学生自主学习能力。在日常教学中,我采取了这样几种措施。

(一) 明确预学重要性,激发预学的欲望

预学,可让学生初步了解教材的大致内容,帮助学生理解知识点和重难点,

① 顾泠沅.教学实验论——青浦实验的方法学与教学原理研究[M].北京:教育科学出版社,1994.

对上课要学什么有思想准备。至于教材中的一些问题，可以让学生运用已有的知识独自解决。学生如果自己不能解决，可以在课本上做个记号，带着问题听课。教师要及时掌握学生的预学情况，适时进行反馈。教师要设法让学生明白预学的重要性，产生“我要预学”的愿望。

刚开始时，学生很难独立完成预学要求，教师可通过问题设计帮助学生预学。教师在设计预学案前，应充分钻研教材，充分了解学生，思考让学生预学什么、怎样预学、学生预学中会遇到哪些问题。预学不能流于形式，也不能千篇一律，使学生感到枯燥无味。预学问题的设计，要针对教材内容和学生实际，注意层次性和学生个体的差异性。要求不能过高，应从简单到复杂，循序渐进，以免挫伤学生预学的积极性。

教师要通过设计不同类型的问题，引导学生从不同角度思考问题，用多种思路和方法解决问题，以训练学生的发散思维和求异思维。设计的预学题，要有趣味性，以激发学生兴趣，促使他们主动探究问题，从而养成预学习惯。

（二）鼓励学生自找问题思考

古人云：“学贵有疑，小疑则小进，大疑则大进。”质疑教师是学生积极思维的过程。教师要让学生在预学中尝试质疑，指导他们从不同角度提问，质疑课题、标点的使用、词语的运用、文本表达的方式等。学生不仅要会质疑，还要尝试解疑。在学生尝试解决自己提出的难题时，教师要引导他们以课本为本，以课外资料为辅，通过多读、细读课文，去寻找答案。例如，对学生提出的“为什么有法必依是社会主义法制建设的中心环节”这个问题，教师可指导学生联系生活实际思考“国家机关公职人员是否要守法，公民是否要守法”。学生进行了肯定回答后，教师可因势利导，让学生明白有法必依是普遍的法律原则，是社会主义法制建设的中心环节。

在预学作业的质疑解疑这一环节，教师可要求学生将已解决的问题打上钩，未解决的问题打上问号，由此带着自己的收获和疑问来上课。这样，预学与听课紧密、有效地联系在一起，预学的作用发挥了，听课的效率也提高了。

（三）新旧知识相互联系

学生通过预学的过程，不仅初步接触了新知识，在预学中尝试体会了新知识的含义,找出疑难问题,还复习、巩固、补习了与新知识相联系的旧知识,把要学的新内容与学过的旧知识联系起来,做到“温故知新”,使学到的知识系统化。在思想政治课教学中,预学是一个重要环节。它不仅能减轻学生在课堂上的学习压力,有效地突破重点、消解难点,而且对培养学生主动学习的习惯和能力也有重要促进作用。所以,教师在日常教学中要重视进行正确预学方法的指导,促使课堂教学有质的飞跃。

（四）指导学生在预学中收集整理资料

政治课实行开卷考试,教师要特别重视指导学生“学习浏览,扩大知识面,根据需要搜集信息”。因此,要求学生查找与课本有关的资料,并分类储存好,便成了一项预学任务。我鼓励学生多读课外书,留心观察,并告诉他们“在大脑中储存知识是一种本领,而知道从哪里找到自己所需的知识,更是一种本领”。同时,我结合教学内容,指导学生分类整理、储存收集的资料,利用课内外时间进行交流,共享资源。学期末,我组织学生围绕一个主题制作剪贴、手抄报进行展示。这项活动很受学生欢迎,他们不仅提高了信息整理、运用的能力,又增长了知识,开阔了眼界。

二、预学实施中遇到的问题

预学本质上是一种尝试教学。在实施中,我也遇到了一些问题。

第一,学生不会预学。以往上课,也有课前预习,但那只是让学生简单地读两遍文本。现在的预学要求不同往常。有的学生不会预学,只是看书,其他什么也不做,认为这就是预学了。有的学生说,反正老师上课要讲的,没必要事先伤脑筋,浪费时间。一些学习吃力的学生则认为,老师上课讲的都听不懂,预学就更不行了。

第二,学生怕预学。传统教学模式下,学生习惯于等着教师将知识“喂”给他们。因为不知道课前预学有什么作用,也不会预学,学生容易产生畏惧情绪,或者流于形式,草草看一遍文本,说不出问题和疑点。

第三,学生没时间预学。由于课业负担重,学生每天要完成好几门功课。常有学生说,课后复习、练习、作业就够多了,根本没有时间认真预学。

三、培养良好预学习惯的方法

首先，分层预学，逐步深入。根据学生的学习基础、接受能力，安排相应的预学内容，帮助学生逐步养成好的预学习惯。对于学习能力强的学生，布置较深的预学内容，培养质疑习惯。对于学习能力弱的学生，布置比较容易的预学任务，帮助他们养成自主学习习惯，逐步深入。

其次，表扬为主，正确引导。针对一些学生写作业不认真、字迹潦草的问题，我把优秀作业本展示出来，让其他学生学习，鼓励大家向他看齐。有学生在某一方面进步了，我就在班级里表扬他，并把他的名字写上光荣榜。这样做，可以鼓励更多学生自觉养成好的预学习惯。

最后，细节入手，全面培养。好习惯的培养，应从学习过程中的各个细节入手。教师要在思想认识上、行为习惯上严格要求，逐步引导，让学生把认真思考、不断探索、敢于质疑作为自己的行动准则，从而完成每一节课的预学任务。这样，学生就会慢慢地通过预学提高思想政治课的学习质量，取得好的学习成绩。

总之，课前预学是课堂改进的第一步。为了让更多的学生主动参与预学活动，使之成为学生的一种自觉行为，教师在教学过程中要加强师生互动，让学生体验预学带来的成功，并通过及时检查学生的预学情况，表扬先进，鞭策后进。同时，教师要针对学生预学中的问题，传授行之有效的预学方法，逐步提高学生的自学能力，使学生的预学更加有效。

（陈祁嫣）

三、让生命科学教学回归生活

生活是教育的根本，许多教育家呼吁“教育回归生活”。教育为何要回归生活？教育怎样回归生活？这些既是学术理论问题，又具有现实意义。虽然一线教师较少讨论这些问题，但也并非毫不关注，实际上，教育脱离生活的根本原因是脱离生活的知识教育及其“应试教育”模式。有鉴于此，在青浦实验倡导的改革精神引领下，我校教师在实践中对这个根本性问题进行思考，努力探索学科教学如何回归生活,回归什么样的生活。以下引用我校一位生命科学教师的学习体会进行说明。

读了《变革的见证——顾泠沅与青浦教学实验30年》,看到顾泠沅老师和一批教改先行者带领青浦教育工作者卧薪尝胆、发奋图强,探索让所有学生有效学习的教学措施和途径的事迹,我深受感动。作为青浦实验的受益者和传承者,我在高中生命科学教学中不断思考如何履行自己的责任和使命。

课堂是什么?也许很少有人问过这样的问题,因为在学校里课堂是一个再平常不过的空间概念。但这个再平常不过的场所,正是师生重要的生活空间。在这里,教师与学生都展示着自己的生命价值。对学生来说,学科素养最基本的含义,是指能够将所学到的学科知识合理地运用于社会实践及个人生活。我认为,营造课堂学习气氛,首先应把课堂建立在生活意义上,确立生活课堂的理念,让课堂教学回归真实的生活。

学生走进教室时,不是"一张白纸"。在日常生活、学习和交往活动中,学生对各种现象已经形成了自己的看法,学习是其通过新知识与原有知识经验的相互作用,逐步充实、丰富和改造自身认知结构的过程。因此,教师要当一个有心人,经常收集一些与生活有关的资料,在教学设计时,认真分析教材,注意创设生活情境,将问题巧妙融入生活情境,使学生学有情趣、学有所得。如在教"细胞的癌变"这一内容时,我没有急于介绍课本知识,而是提了一些问题,如"在你认识的人中,有癌症患者吗""你和癌症患者有过接触吗""你觉得癌症可怕吗""你了解多少关于癌症的知识"。这样,学生的情绪马上被调动起来,他们各抒己见,畅所欲言。然后,我鼓励学生提出自己最感兴趣的与癌症相关的问题。学生的问题可谓五花八门,如"怎么会患癌症""如何预防癌症""癌症是否会遗传""癌症如何食疗""为何白血病的患病率会呈上升趋势"。

教学是一个"还原生活"的过程,教师所教知识既源于生活,又高于生活。课堂教学应扎根现实生活,教师应对生活的意义进行探寻,对学生未来的人生给予有意义的指导,使学生在体验生活和生命意义的过程中领悟人生的价值,进而满足其超越现实与自我、追求创造性精神生活的需要。为此,教师要引导学生运用学到的知识解决实际生活中的问题，并将知识转化为能力。

学习知识是为了运用，以方便生活，现实生活才是学生学习生命科学学科知识的归宿。教师在教学中，要充分考虑生命科学的学科特点，让课堂贴近学生的现实生活，通过解读课本知识与生活经验的联系，让学习成为学生发展的动力。例如，绪论是高中生命科学的第一课，上好绪论课，至关重要。我尝试从美丽的珊瑚引出生物与非生物的讨论，让学生明确珊瑚的两种含义，即珊瑚虫和珊瑚虫分泌的石灰质“骨骼”——它的遗骸。前者是生物，是一种低等动物，它们通常群居在一起，像一棵树，但又不是树(播放一段有关珊瑚的视频)。后者成了供人观赏的珊瑚，或沉积成巨大的珊瑚礁、珊瑚岛，已不是生物了。而区别生物与非生物的依据是生物的六个基本特征。于是，我详述了生物的基本特征。教师要不断强调学习这门课的意义。我通过列举大量事例，激发学生求知欲望，调动学生学习积极性。如青春期的男生长胡须，男女生都长青春痘，这很正常，但有人却偷偷拔胡须，抠青春痘，以致毛囊受损，细菌乘虚而入，引起毛囊发炎。如1998年长江洪水泛滥，直接造成一千多人死亡，国家损失巨大，其罪魁祸首之一是中上游地区大量森林被砍伐。如令人触目惊心的“白色污染”。

教师要联系生活问题，用学生的生活经验创造生活课堂。也就是说，生命科学教学要贴近学生的生活，关注学生的经验与体验，关注学生的学习过程，把知识技能的教学与学生日常生活联系起来，促使学生将书本知识转化为实践能力。促进每个学生的发展，是学科教育的出发点与归宿。学生联系实际生活学习知识，易于理解、掌握和运用，能促进“学”和“用”有机结合，能促使其感受学习的意义，产生浓厚的学习兴趣。

生活本身是课堂的外延，课外活动是课堂教学的延伸和补充。寻找符合学生实际且学生关注度高的热点话题，组织系列活动，可以使学生理解科学与人类生活的关系，从而对学习生命科学知识产生更为浓厚的兴趣，将所学知识用于实践。这些活动的形式可多种多样，如围绕“乙肝知多少”“转基因食品的喜与忧”“绿色食品与无公害食品”“克隆动物的是是非非”等社会焦点话题和“漫话沿海赤潮”“生物多样性与环境”“节能减排”等自然、经济生活类热点话题,不定期开办小型讲座,开阔学生视野。这些经历与体验,能促使学生对身边的问题和现象进行观察与研究,真切感受到生命科学知识是有用和有趣的,进而逐步形成关心社会和他人的品质,增强社会责任感和使命感。教师还可以利用学校的生物园,让学生做一些感兴趣的实验,如遗传学中的杂交、植物的有性和无性繁殖、小动物的饲养与繁殖观察。另外,教师可以引导学生进行课题研究,如结合"最前沿的生物遗传工程技术""克隆对人类生活产生的影响""某种家族性遗传病的调查""提高人口素质与优生""玉米杂交实验"等选题,在教学中渗透研究性学习。教师应鼓励学生自选题目开展研究,大胆实践,大胆创新。学生有了更多的体验与收获,不仅会提高学习兴趣,加深对知识的理解,而且会提高相关能力。

生活就是教育,让课堂回归生活是最好的教育。"撑一支长篙,向青草更青处漫溯",我将永不懈怠,勇于追求,为青浦教育再上新台阶贡献力量!

（杨小明）

第二节　以知促行,提高课题研究品质

以知促行,是指用所学理论和他人经验变革自己的教育教学实践。毛泽东说:"读书是学习,使用也是学习,而且是更重要的学习。"对于一线教师来说,将读书中学得的理论知识用于自己的教育教学实践,是更重要的学习,其有效途径就是开展教育科研。近年来,在学校教科室的组织、带领下,很多教师主动申报课题,积极开展实践研究。其中,不少课题获区级立项,一些研究成果还在评选中获奖。通过实践锻炼,教师课题研究的品质在慢慢提高。这一节,选辑了我校教师三项课题的研究报告,以窥一斑。

一、新媒体时代普通高中语文阅读教学改进的研究

在新的高考改革中,语文科目的“分量”增加了,加强语文教学的改革、改进很有必要。这既涉及观念的转变与提升,也涉及教学技术的创新运用。以下引用我校一位语文教师的研究报告进行说明。

随着信息技术的飞速发展,学生的阅读方式、阅读习惯发生了很大变化。在这一背景下,高中语文阅读教学面临的问题比以往更为复杂。教师要因势利导,与新媒体结合开展阅读活动,同时汲取传统阅读教学的有效经验,探索新媒体时代普通高中语文阅读教学的有效策略。

本课题采用文献研究、调查研究、行动研究等方法,经过实践探索,取得了明显成效。主要表现在两方面:(1)新媒体的合理利用促进了阅读教学,学生掌握了有效阅读方法,阅读积极性大大提高;(2)师生对课外阅读,特别是网络阅读有了正确的认识。

一、问题提出

(一) 新媒体给阅读教学带来挑战和机遇

新媒体时代的阅读,不仅包括通过纸质文本阅读等传统方式获取信息,还包括对声音、图像的接收以及借助网络的在线阅读和下载浏览。

随着信息媒介的不断增多,学生的阅读渠道也在增多。一方面,阅读随时随处都可以进行,不再受时间、地点的限制;另一方面,阅读出现了浅表化、碎片化、图片化等新情况。这给高中语文阅读教学带来了挑战和机遇。

(二) 先进的课改理念要求阅读教学走出传统模式的窠臼

“二期课改”关注学生健康发展和可持续发展,倡导学生灵活、合理地利用各种课程资源和信息技术进行学习,实现学习方式的多样化;要求教师通过多种途径,满足学生多样化和个性化发展的需要。但现在不少高中的语文课仍以教师讲授为主,没有充分发挥新媒体的资源优势。所以,走出旧模式,用好新媒体,探索以学生发展为本的阅读教学策略,是语文课改的必然要求。

（三）普通高中生的阅读现状让阅读教学改进迫在眉睫

就我校实际而言,新生录取成绩在中招分数档中处于末段,大多数学生的阅读习惯较差,阅读量较少,思考和分析问题的能力比较欠缺。现在,很多学生拥有多种数码产品,经常被游戏、视频等吸引且沉浸其中难以自拔,平时阅读的时间越来越少。所以,趋利避害,用好新媒体,以培养学生阅读习惯,提高学生阅读能力,是本课题研究的最大意义。

二、研究过程

（一）准备阶段:开展理论学习,进行现状调查

运用文献研究法,分析国内外相关论文、研究报告,掌握可以指导研究的有关理论。关于阅读教学策略的研究,现在多用实证的方法。在阅读教学中,教师综合考虑学生、文本和社会发展等因素,选择适合学生学习的优秀文学作品,重视学生解决问题的过程。在教学方法的选择上,教师充分发挥能动性,根据实际情况选择适当的教学方法。

针对当下高中语文阅读教学,通过问卷调查和现场观察等方法途径,深入进行研究,了解学生的阅读情况和教师的教学现状。得到的结果是,学生对阅读教材兴趣低,学习较被动,课外阅读主要通过网络进行,大多追求娱乐消遣。课前,教师对学生的预习指导较少或不当;课堂教学中,教师对课文分析较多;课后,教师阅读指导较少,部分教师排斥网络阅读。

（二）实施阶段:分析深层原因,形成改进方案,进行实践反思

1. 原因分析

针对调查情况,分析问题的深层次原因。

第一,学生没有认识到阅读的重要性。在校内,学生学习语文比较功利,忽视阅读的长效作用及其与其他学科的关联作用。在校外,学生追求轻松娱乐。与网络、电视等视听媒体相比,书籍阅读较为枯燥乏味,很多学生更愿意“读屏”。

第二,学生没有掌握科学的阅读方法。课堂上,教师用环环相扣的问题和细致而周全的文本分析,代替了学生的自主思考。课堂外,学生更是毫无针对性地阅读,无论是网络阅读还是纸质文本阅读,都有较大的随意性。

第三，教师没能真正转变教学理念，改进教学方法。很多教师的传统教学观念根深蒂固，课堂上过多地关注自己的教，忽视学生的主观能动性。特别是对基础比较薄弱的学生，教师缺乏信心，认为让学生自己阅读文章，他们的理解会很肤浅，于是干脆越俎代庖。

第四，在新媒体时代，教师专业自主发展缓慢。新媒体带来了阅读方式的变化，也影响着教师的阅读习惯。如今，教师获取信息的方式越来越多，可共享的资源也越来越多。但如果一味照搬网络上的现成教案，自己不去钻研教材，教师的教学能力也会下降。

2. 改进方案

第一，转变观念。首先，教师要树立学生发展观。在新媒体时代，网络已成为师生获取知识的重要途径。因此，教师应培养学生甄别、筛选信息的能力，为学生可持续发展提供支持。其次，教师应具有“大语文”教学观。大语文教育的外延是社会生活，所以语文课程资源来自方方面面，包括网络、电视、广播、报纸、杂志等。

第二，改进阅读教学方法。教师要善于利用媒体技术和网络资源，整合教材，丰富阅读教学内容，让学生通过自主学习、合作探究、网络交流等方式，真正掌握阅读方法。

第三，教师自己要身体力行，为学生阅读树立榜样。教师如果热爱阅读，勤奋好学，知识渊博，学生也会受到感染，主动模仿教师的思维方式和行为习惯。

3. 实践过程

学习教学理论，改进教学设计，改善阅读教学，加强实践反思。这个过程经历了一次次的批判、再批判。最初，我过多地依靠新媒体进行阅读教学，后来发现效果并不理想，学生很难集中精力，沉浸文本，获得较为深刻的阅读体验。经过分析，我认为任何形式的阅读教学，都应先激发学生的阅读兴趣，培养学生的阅读习惯，让学生掌握阅读方法，而传统的阅读方式是基础，不能完全舍弃。之后，我调整教学策略，以传统阅读为主，以新媒体阅读为辅，先培养学生阅读兴趣和习惯，再逐步介入新媒体阅读。我通过交流评价，促使新媒体阅读从娱乐功能向学习功能转变,并培养学生筛选和使用新媒体资料的能力。

(三)总结阶段:形成研究成果

收集数据,整理材料;梳理过程,汇总分析;积累案例,形成文本;阅读专著,确立理念;提炼观点,撰写报告。

三、成果要点

(一)适当应用新媒体对阅读教学意义深远

利用丰富的新媒体资源辅助阅读教学,增加了阅读的趣味性和广度,给学生带来了更为直观和全面的阅读感受,对教材内容也是一个有利的补充。学生可以将自己的阅读心得或困惑上传至新媒体平台,如微博、朋友圈,相互交流体验和感悟,在讨论中不断深化认识。

(二)新媒体阅读不能完全取代传统阅读

研究过程表明,直接用新媒体进行阅读教学,效果并不理想,传统阅读形式不可舍弃。实际上,学生如果不能静心阅读纸质文本,也很难深入进行新媒体阅读。归根到底,这不仅是阅读方式问题,更是阅读兴趣和习惯培养问题。无论何时,培养学生阅读兴趣和习惯都是语文教学的重要任务,而传统的阅读方式更有利于培养这些品质。

(三)教师的阅读情况对学生影响很大

阅读是学习的主要途径,教师不仅要多读专业理论书籍,从教育经典中获得启示,不断提升自身专业水平,还要多读其他领域的书,拓宽知识面,活跃思维。而教师开阔的阅读视野和丰富的阅读体验,可以为学生阅读提供宝贵的经验和技术支持,帮助学生提高阅读能力。新媒体时代,教师要利用好丰富的网络资源,多多读书。榜样的力量是无穷的,身教重于言教,教师的发展必然影响学生的发展。

(四)阅读方法指导非常重要

指导学生阅读时,教师不仅要推荐文章篇目,还要点拨阅读方法,特别是精读方法,让学生做一个对自我有要求的读者。如读一本书,学生要知道它讲了些什么,主要思想是什么,说的是否有道理,自己是否同意,自己的想法是什么。对学生真正喜欢的作品，教师要鼓励其反复多读，边读边批注，通过新媒体了解作者的其他作品。对一些知识性的书，教师可指导学生运用思维导图来帮助阅读。

四、初步成效

（一）合理利用新媒体促进了阅读教学

教师在教学中不再排斥网络阅读，而是因势利导，引导学生利用丰富的媒体资源阅读一些经典作品，鼓励学生通过微信、微博上传自己的阅读感受，交流体会，和大家分享。时尚快捷的形式，轻松活泼的互动，增强了学生的阅读兴趣。学生在教师指导下，也不再是漫无目的、浮光掠影式地阅读。这在一定程度上扭转了学生沉迷言情、玄幻等网络文学的阅读倾向。

（二）学生的阅读积极性大大提高

教师转变了教学观念，尊重学生的阅读体验。课前，教师给学生必要的方法指导，让学生自主阅读教材文本，通过小组合作探究收获体会，并在新媒体平台上进行交流。学生的认识在讨论、争鸣中不断深化，能力也在阅读过程中获得提高。学生体会到了阅读的乐趣，获得了成就感，阅读积极性自然提高，阅读教学的效率随之水涨船高。

（三）学生掌握了一定的阅读方法

经过多种方式的训练，大多数学生无论是在网络阅读方面还是在纸质媒体阅读方面，都养成了好的习惯，学会了边读边批注，甚至还会进一步了解某个自己感兴趣的作家，深入阅读他的其他作品。

（四）师生对新媒体时代的阅读有了正确的认识

用好新媒体这一阅读平台，不但能增强学生的理解力和思考力，而且拓宽了学生的知识面。语文考试中，无论是阅读部分还是写作部分，学生的成绩相较以前都有所提高。现在，师生非常重视阅读，有计划地开展线上或线下读书活动，并定期进行检测，取得了一定成效。

五、几点结论

（一）阅读教学研究要跟上时代发展步伐

在新媒体背景下，高中语文阅读教学研究要关注“读屏时代”学生的阅读兴趣和习惯,以此探讨有效教学策略,使研究的问题更具有现实性和针对性。

(二) 应辩证地看待新媒体对阅读教学的影响

面对复杂的新媒体世界,教师既不应把网络阅读看成洪水猛兽,也不宜一味地推崇,而应以传统阅读为基础,逐渐引入新媒体阅读,通过交流评价,逐渐培养学生使用新媒体筛选信息的能力。不管怎样,培养阅读兴趣和习惯是首要的。

(三) 阅读教学的改进要符合当下实际

一是符合本校学生的学情,二是符合网络普及的社会实际。针对大多数学生阅读习惯差,受网络阅读影响越来越大的现实问题,教师要用好新媒体,变不利为有利,通过有效的阅读教学帮助学生提高阅读能力,进而提高语文素养,这是改进高中语文阅读教学的一条可取之路。

(杜彬彬)

二、"二次学习"微视频开发与应用的研究

在教师日常工作中,"补差"曾是一个高频词,其正规的说法是"补偿教学",主要面向学习有困难的那一部分学生。如今观念转变,原先从教师出发的"补差",已演变成以学生为主体的"二次学习"。这几年,我校教师利用现代信息技术对此进行了实践探索。以下引用我校一位信息科技教师的研究报告进行说明。

本课题基于信息科技学科核心素养培育的需要,着眼"二次学习"微视频的开发与应用,以拓展教与学的时空,促进学生深度学习。本课题通过探索微视频设计与制作的流程、步骤和类型,指导学生主动学习、自主学习,以培养其计算思维能力,提高其运用信息技术解决问题的能力。

一、问题的提出——教与学的变革

面对信息技术与互联网的高速发展,教育应紧跟时代,主动适应。《国家中长期教育改革和发展规划纲要(2010—2020 年)》明确要求:"提高教师应用信息技术水平,更新教学观念,改进教学方法,提高教学效果。鼓励学生利用信息手段主动学习、自主学习,增强运用信息技术分析解决问题能力。"随着"核心素养"

概念的提出，教育部发布的2017版《普通高中信息技术课程标准》特别将"计算思维"列入学科核心素养。为此，高中信息科技学科应充分发挥自身的先天优势，运用现代信息技术变革传统的教与学。而用于"二次学习"的微视频，具有独特的功效。

（一）面对鼓励学生主动学习、自主学习的要求，信息科技学科的教与学需要突破

青浦实验提出的情意原理，要求在课堂教学中激发学生的动机、兴趣和追求的意向，加强师生感情交流，以促进学生的认知发展。它启示教师，学习作为一种个体行为，需要学习者在情感上积极投入。而当前的高中信息科技教学，由于受多种因素影响，学生学习的主动性还不够。从教师层面看，教学设计缺乏全程视野，往往局限于40分钟的课堂，未能很好顾及学生课前、课后的学习。

普通高中开设信息科技课程，旨在帮助学生掌握信息技术的基础知识和基本技能，增强信息意识，发展计算思维，进而培养数字化学习能力与创新能力。对此，教师要利用技术手段，创设合适的信息化环境，优化教学设计，通过延伸课堂教学，引导学生转变传统的学习方式，开展深度学习，发展高阶思维，提升信息素养与学习品质。

（二）面对培养计算思维能力的要求，信息科技学科教学需要发挥自身优势

计算思维是一项基本技能，可以表述为"在理解和解决问题过程中，运用技术形成和验证解决方案是否正确有效的能力"。它是阅读、写作、计算之外的一项需要熟练掌握的基本技能。目前关于计算思维的研究还处于起步阶段，在计算机科学领域之外，国际公认的定义尚未建立起来，缺乏将此概念和各级各类教育有效融合的成功案例。许多教师还没有准备好将计算思维能力培养融入自己的教学。

信息科技作为普通高中的一门基础型课程，应发挥自身的学科优势，为学生提供多种学习机会，提升他们运用信息技术解决问题的能力，帮助他们发展计算思维。教师需要掌握更多的关于计算思维的教学内容、教学方法、教学策略，让计算思维的教与学变得更有实效。

二、“二次学习”理念的确立与微视频的开发

在我校，以“二次学习”理念开发微视频，经历了一个实践探索的过程。首先，从拓展教学时空的角度，界定“二次学习”的概念；其次，从延伸课堂教学的可能性出发，设计、制作“二次学习”微视频；最后，围绕“二次学习”的需求，按功效研究微视频的分类。

（一）“二次学习”概念界定

当前，随着移动计算技术、泛在计算技术和手持移动终端的发展，出现了研究在线学习、移动学习和泛在学习的新趋向。本课题基于“二次学习”理念，借助移动设备（如智能手机）和无线通信技术，开发微视频，让学生在课后任何时间、任何地点都能学习。研究者从2014年开始探索，在实践中不断完善“二次学习”微视频的制作。这一过程最终呈现为“教师在课堂教学结束后，对一个课时或章节的重难点知识和学生学习的易错点进行整理，制成时长在10分钟左右的微视频，通过微信公众号发布，学生可用智能手机等设备观看”。这里的“二次”有两层含义，一是指教师课后，对原教学设计进行反思，并结合课堂上生成的教学资源，再次为学生设计学习进程；二是指学生课后，基于个人需求，进行补偿性学习。这里的“二次学习”，是指借助微视频“容量小、时间短、自足性、基元化、易传播”等特点，“针对复习，旨在巩固”[①]，促使学生学会学习、主动学习；通过微视频的针对性设计，引导学生完善自主学习，开展深度学习，进一步探究新问题。

（二）“二次学习”微视频的制作

微视频作为一种新的学习资源，其开发视角不能局限于课堂教学一面，应从动态生成的资源建设着眼。

1. 微视频开发流程

经过实践探索，研究者最终确定了“二次学习”微视频开发的基本流程，见图4-1。

---

① 祝智庭，闫寒冰.技术改变教学[M].西安：陕西师范大学出版社，2015.

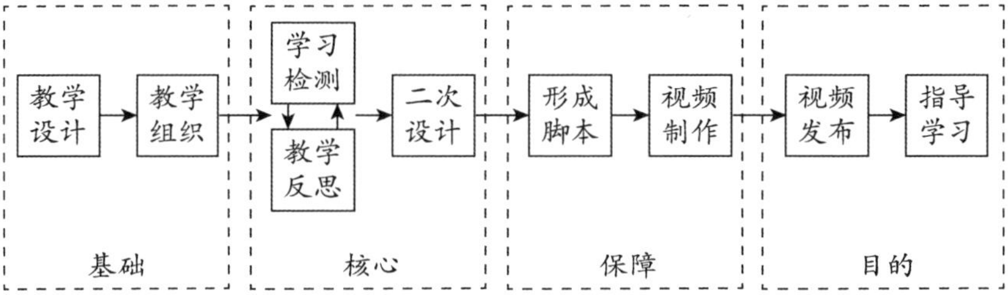

图 4-1 “二次学习”微视频开发的基本流程

整个流程由四个环节、八项内容组成。

启动:课前,教师根据教学内容进行设计,根据教学设计组织课堂教学,这是微视频开发的基础。

预设:课后,教师通过搜集检测学生学习效果的实证数据(包括课堂生成资源、学生访谈等),进行教学反思,据此进行“二次学习”微视频的设计,这是核心环节。

加工:根据二次设计的要点,形成“二次学习”微视频制作脚本(或幻灯片演示文稿),选择合适工具,制作“二次学习”微视频,这是微视频应用的保障。

实施:及时发布微视频,指导学生自主学习,弥补课堂学习的不足和缺憾,这是开发微视频的目的。

2. 微视频的制作路径

本课题通过实践探索和比较研究,形成了“Camtasia Studio 录屏软件+可触摸大屏”的制作路径。

制作前的准备工作有:(1)在可触摸电视大屏幕上安装 Camtasia Studio 录屏软件(以下简称 CS 录屏软件),进行调试;(2)给设计好的幻灯片配制简易说明词。做好这些准备工作,就可按步骤录制微视频。

首先,打开 CS 录屏软件,在电视屏幕左上方会显示一个“录制屏幕”按钮。点击这个按钮,屏幕上会弹出录制主菜单,可将其拖至屏幕的合适位置备用,然后,对幻灯片进行录制区域的设置,同时,对摄像机、音频设备等进行调试。

其次,打开幻灯片,设置为放映状态,并选择“指针选项”为“笔”。利用这一功能,把可触摸大屏幕当作手写板,录制微视频。然后,点击主菜单中的录制(rec)按钮,软件即提示三秒钟后开始录制。

再次,按设计的演讲稿进行讲解。讲解过程中可进行批注提示和例题演算。此时,还可用键盘上的“方向键”对幻灯片进行翻页操作。讲解完毕,点击键盘上的F10键停止录制。这时,屏幕上会弹出视频“预览”窗口,教师可预览录制的微视频。预览后,进行视频保存。保存格式宜采用“AVI”,这种视频文件更为通用。接着,关闭CS录屏软件,在相应位置可查看保存的文件。

最后,进行编辑处理,运用CS录屏软件自带的编辑功能进行操作,如提高视频分辨率、变焦、添加字幕。还可以用“剪切”功能,删除录制过程中的多余部分。如果要对某些部分进行相对复杂的编辑,也可以借助其他专业视频处理软件。

采用这样的方式录制微视频,操作简单,技术门槛低,能够节省时间,适合一线教师制作。

(三)“二次学习”微视频的基本类型

微视频的设计、制作,要考虑给谁用和怎么用。本课题将微视频分为三类,便于学生使用。

1. 课时教学类

教学是一门遗憾的艺术,即使是精心设计的一节课,也总会留下这样那样的缺憾。如师生互动中生成的宝贵教学资源,受时间限制,课堂处理时往往流于形式。对此,教师可结合课后反思的“二次学习”微视频予以弥补。

2. 章节归纳类

在学科教学中,一个章节的知识通常需要多个课时才能教完。这样的分散学习不利于学生整体把握整个章节的知识,而归纳章节知识的“二次学习”微视频可以有效解决这一问题。教师可以选取能体现学科核心知识要旨的概念,梳理整个章节内容,以“二次学习”微视频帮助学生运用系统思维整合所学内容。

3. 典型例题类

理科类课程常常围绕典型例题的解析进行教学,这对新知识学习可发挥承上启下的作用。而这些例题对于不同学生来说，学习时长有所不同。此种情况常让教师陷于两难境地：如果反复讲解，既要多花时间，又会影响已掌握此内容学生的学习积极性；如果不强调，部分学生会因没能掌握此内容而影响后续学习。有鉴于此，教师可将教材上的典型例题设计成微视频，提供给需要的学生进行“二次学习”。

三、“二次学习”微视频的应用及成效

（一）通过及时发布微视频，指导学生主动学习和自主学习

1. 注册申请微信公众号

课题组主持人注册了名为“木舟微视”的个人微信公众号，并将其二维码下载打印，供学生及家长扫码进入。

2. 发布“二次学习”微视频

利用微信公众号发布“二次学习”微视频，既不需要另建资源网站，又使操作简便，而且受众的针对性强。研究者为上述三类微视频，安排了不同的发布时间。推送“二次学习”微视频时，研究者除了在微信公众号中编辑插入，还针对该视频的具体内容，编辑相应文本信息，呈现知识点概要，方便学生在观看视频时对照着学习。三类微视频发布时间见表 4－1。

表 4－1 三类微视频发布时间

序号	类别	发布时间
1	课时教学类	课时结束后的休息日
2	章节归纳类	章节结束后的休息日
3	典型例题类	下一节课上课前

3. 指导学生自主学习

设计、制作“二次学习”微视频，不只是一种资源的积累，更是为了促使学生自主学习。微视频的应用，主要在两方面：(1)通过微信公众号，直接推送到学生的智能手机上；(2)在复习阶段，由学生在机房根据个人需要，自由选择微视频观看。其中，通过微信公众号推送，讲究两个“时”：及时，课后即推送；适时，根据任教班级学生实际，选择合适的时间点，有针对性地指导学生学习。

（二）引导学生在分析和解决问题中培养计算思维能力

基于对“计算思维”内涵的理解，课题组曾以“寻找‘水仙花数’”一课为例进行研究，设计了一个以问题为媒介、包含 4 个教学环节的教学方案，见表 4－2。

表 4－2　“寻找‘水仙花数’”一课的教学方案

教学环节	教师活动	学生活动
问题初探	引导学生思考“258、519、371 三个数中，哪些属于‘水仙花数’”	计算，思考，描述自己的判断过程
二次探究	给出 32 个数据，启发学生思考如何在最短的时间内找出“水仙花数”	分析可能出现的两种情况，即分布式（全班分担任务）和枚举式（个人一一计算）
深入探究	要求学生尝试找出 100 至 999 之间的所有“水仙花数”	运用“枚举算法”原理，设计问题解决方案，完善流程图及程序代码
组织讨论	重现 32 个有规律的数字，组织学生讨论“能否不用前面的计算机程序就知道哪些数不是‘水仙花数’”	在教师提示下思考“9^3＝729、8^3＝512、7^3＝343……”，探索算法优化

按研究计划，课后教师根据师生课堂互动情况，结合对当堂检测结果的分析，进行教学反思。教师发现有两点不足：(1)学生对算法优化设计的理解不到位；(2)学生没有清楚认识枚举算法的局限性。针对这些问题，教师设计了“二次学习”微视频。

1. 阐释学习任务，引导学生思考

根据表 4－2 的内容，简要阐释三项学习任务。教师通过个别数的判别（人力易于完成）、几十个数的判别（人力完成耗时较长）、900 个数的判别（人力完成耗时太长），有序推出三项任务，引导学生充分体验“人思维”的难易度，在此基础上理解计算机算法和程序的相应原理，感受和思考计算思维的抽象性（运用变量代替具体数值）和自动化（算法程序自动完成）特征。

2. 明确算法步骤，形成抽象模型

在微视频中，教师根据问题初探环节的任务设计，通过概括总结，明确算法步骤，使学生进一步体验算法设计的过程，并引导学生由自然语言描述转向程序语言表达，把现实问题转化为要用抽象的计算机符号语言解决的问题，形成问题解决的抽象模型。

3. 思考讨论深化，启迪优化算法

在微视频中，教师引导学生思考“如果不用枚举算法，仔细观察右边这组数字，能否分析出哪些数不用计算就可以知道不是‘水仙花数’”，进而让学生深入理解“应用枚举算法其实是一种借助计算机的强大计算能力，牺牲效率以换取结果的方法”，通过讨论引导学生进一步认识计算机在问题解决过程中的速度优势，意识到算法优化无止境，形成系统化的问题解决思路。

（三）促进教师专业素养的提高

教学反思、学科知识把握、信息技术应用能力，是当下教师专业发展的重点。本课题通过研究，推动教师提升自身的专业素养。

首先，设计“二次学习”微视频，有效推动教师课后反思。微视频的设计，需要教师回顾整个课堂教学过程中的得与失，兼顾课后检测结果的分析和学生访谈中发现的问题。这些，都是促使教师深入开展教学反思的有效推手。

其次，章节类“二次学习”微视频的设计，锻炼了教师整体把握学科知识的能力。这类微视频的设计，需要教师针对整个章节的重难点，结合每一课时的教学状况，进行整体梳理。这对于教师把握学科知识结构和各章节知识之间的逻辑关系，很有帮助。

最后，“二次学习”微视频的制作，提升了教师的 TAPCK（基于信息技术的教学能力）。随着“二次学习”研究的深入，微视频的制作（包括后期编辑等）将促使教师重视技术对知识的表达方式，重视激发学生兴趣。而这些实践有助于教师提升信息技术应用能力。

四、初步结论

（一）观念更新是关键

面对教改深入，观念更新是关键。自比尔·盖茨预言“未来五年，网络将成为最好的学校”以来，慕课、翻转课堂、微课程等新学习概念蓬勃兴起。开发与应用“二次学习”微视频，顺应了互联网时代教育的发展。

教师要紧跟时代步伐，更新观念，针对学生的认知特点，合理利用信息技术，改进教学；要关注学生学习的全过程，根据实际教学效果及时进行自我反思，并以视频方式为学生提供“二次学习”资源,弥补课堂教学的不足。

学生要转变传统的学习方式,借助智能终端设备,以微视频为资源,在课后开展补偿学习和深度学习;要把“会学、善学、乐学”作为自己的努力方向,及时巩固,反思所学,提高学力,增强运用信息技术分析和解决问题的能力。

学生家长应正确认知现代信息技术的普遍使用对孩子学习的利弊,既要防止孩子沉迷手机等智能终端设备,从而影响正常学习,也要引导孩子通过手机观看微视频,在家安心进行“二次学习”。

学校要改变一味限制学生使用手机的种种“土政策”,变“堵”为“疏”。“二次学习”微视频课题研究结果表明,转变观念,开发和应用这一学习资源,用好这一现代科技产品,是提升师生运用信息技术解决问题能力的有效抓手。

(二) 计算思维培养需要系列化设计与实施

培养计算思维是一个系统工程,仅靠一个或几个课例的探索是不够的。本课题基于课程标准,打破原来的知识框架,选取核心内容(学科大概念),以知识点打通教学过程,并通过精心设计实际问题,将计算思维的培养贯穿教学过程。只有这样的设计思路,才能产生预期的效果。

本课题主要凭借信息技术手段,开发与应用“二次学习”微视频,培养乃至发展学生的计算思维。这对研究来说,还是刚刚起步。

(周世杰)

三、高中英语分层实施听说教学的研究

实践“以学定教”理念,增强教学的针对性是一条重要的原则。因为学生的学习能力存在着一定的差异,开展分层教学,提高教学实施的有效性,是很多教师都在积极探索的教学策略。以下引用我校一位英语教师的研究报告进行说明。

上海高考改革方案中,英语实行“一年两考”,听说测试成绩计入总分。面对这一全新挑战,教师应主动提高听说教学的效益。

一、问题的提出

因为学生在英语学习能力上存在差异,本课题将依据因材施教原则,对听说

教学采取分层实施策略。分层教学是指教师在共同教学目标下,针对不同层次学生的特点,提出不同的学习要求,采用不同的教学方法,同时,注重学生的自主选择和自主学习,使每个学生的听说能力都有不同程度的提高。

教师根据学生差异进行分层教学,可以在课堂上有效实施听说训练,提升听说教学质量,从而落实"面向每一个学生,促进每一个学生发展"的素质教育要求。

本课题从学校实际出发,探索英语教学的改进方法,基于差异,用好差异,构建听说教学的分层实施策略,为推进高中英语教学改革提供实证。

二、过程与方法

(一)研究过程

1. 前期准备(2015 年 11 月至 2016 年 1 月)

组织课题组,形成研究方案,进行任务分工,开展相应调查,总结各种经验,了解教师在分层教学中存在的问题与困惑。

2. 研究阶段(2016 年 2 月至 2017 年 6 月)

梳理调查所获信息,诊断分层教学中存在的问题,改进研究方案。

根据研究方案,聚焦"分层教学策略"进行实践引导,积累实施经验。筛选重点个案,通过同伴交流与专业引领,汇总指导成果,形成比较丰富的案例群。由此出发,进行行为解释、方法提炼,探索听说分层教学的有效策略。

3. 总结阶段(2017 年 7 月至 2017 年 12 月)

整理过程性资料,对实施效果进行理论分析,汇编有代表性的案例文本,撰写研究报告。

(二)研究方法

以行动研究为方法论指导,按照"计划—实施—反思—调整—总结"的研究流程,形成"正视学生差异,促进高中英语听说教学分层实施的可行性及策略探析研究"行动方案,综合运用调查研究、文献研究、经验筛选等方法,协同实施。

调查法。通过问卷调查与访谈,了解学生差异和学情,在综合分析调查结果的基础上,调整与完善行动方案。

文献法。学习国内外有关教师实践智慧的理论和经验研究成果,把其作为行动过程与效果比对的参考依据。

案例法。选择各类典型案例,开展个案研究,探讨、提炼其中的成功经验,基于行为解释和理性分析,检验教师实践智慧生成与提升中所采取策略的有效性,形成结构性表达,找出规律性内涵。

经验筛选法。及时总结阶段性研究成果,从中提炼有效经验,继续在实践中实施并努力提升经验的概括层次。

三、研究内容

(一)利用学生的差异资源,进行动态分层分组,实施合作学习

1. 目标分层

A层。面向学习兴趣浓厚、学习动机强烈、英语基础较好的学生。这些学生经过两年学习,能用地道的英语流利进行口头交流。同时,适当扩大学习面,满足学生个性化的学习需求。

B层。面向有一定学习兴趣和学习动机,英语基础一般的学生。这些学生经过学习能用英语熟练地进行交流。同时,努力提高学生的听说能力和日常口语表达能力。

C层。面向学习兴趣和学习动机不足、英语基础较差的学生。通过降低教材难度,激发学生英语学习兴趣,努力使他们能听懂对方话语中的含义,并用英语进行一般性的日常会话。同时,引导学生端正学习态度,树立近期目标,争取在原有基础上有所提高。

2. 内容分层

依据循序渐进、由浅入深的思路,创设问题情境,设计不同层次的问题。不同层次的问题之间有内在联系,有一定梯度,形成问题链。学生顺着这条"链",通过组内互问、互答、互疑、互释,合作探究,完成规定的或高于规定的学习任务,达成预设的或优于预设的学习目标。其间,既有面向全班的讲解、答疑、小结,又有针对部分学生的练习评价、个别指导,还有分组的研学、自学合作等,能够为不同知识、能力层次的学生提供满足其需要的内容。

3. 教学方式分层

平行推进法。对于基础知识、基本技能，无论哪个层次的学生，都必须全部掌握，为后续学习打好基础。

分层推进法。在知识的应用、迁移训练中，不同层次的学生有不同的学习任务，要完成不同要求的练习。这既体现区别对待，又能确保各层次学生都学有所得。

4. 合作学习分层与实施

依据合作学习理论，将小组学习分为同层、混层、动态组合等合作方式。在组内，建立A层帮B层，A层、B层共同帮助C层的承包责任制。这不仅便于形成学生之间互帮互助，优生带差生、差生促优生的学习风气，而且便于教师检查、指导。

课前，教师精心设计每一项听说任务，做到教学目标明确，可操作性强。合作学习形式多种多样，适当采用游戏、竞赛等方式能调动学生学习积极性。对一些需要较长时间准备的任务，如角色扮演，教师可先将其布置为课外练习，再组织学生在课堂上表演，以增强学生自信心，帮助学生获得成就感。

对合作学习成果的评价，可以交互进行。在小组展示时，教师应清晰说明评价标准，要求学生讨论每一组的表现，同时诚恳地给出自己的评价，由此营造宽松的学习氛围，充分发挥学生的主观能动性，让学生在互相学习中提高听说能力。

（二）基于听说教学的要求，探索教学方法，建构教学模式

研究前期，我们就教师在英语听说课中扮演的角色，对学生进行过问卷调查。调查结果显示，认为教师是“教学的主宰者”的占37.0%，认为教师是“问题的帮助者”的占21.0%，认为教师是“兴趣的培养者”的占22.0%，认为教师是“其他角色”的占20.0%，见图4－2。而教师在英语听说课中采用的教学方式中，“课堂面授”占53.0%，“网络交流”占15.0%，“面授与网络结合”占26.0%，“其他”占6.0%，见图4－3。超过一半的教师完全依靠面授进行英语听说教学，如果没有丰富多样的活动相配合，难免会使学生感到单调乏味。本课题针对这一现状积极探索新的教学模式。

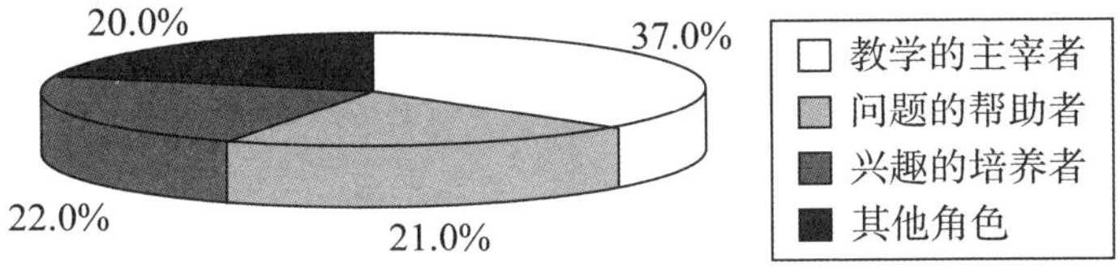

图 4-2 教师在英语听说课中扮演的角色

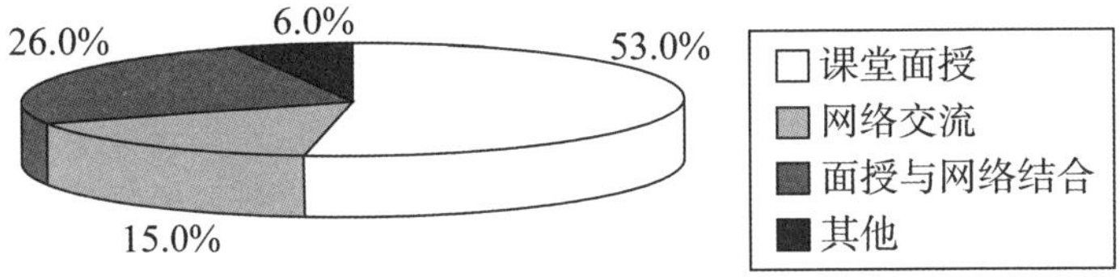

图 4-3 教师在英语听说课中采用的教学方式

经过两年教学实践的摸索,课题组总结出四种英语听说教学模式。

1.“先说—后听—再说—又听—课外听”教学模式

在“先说—后听—再说—又听—课外听”教学模式中,学生活动是整个课堂教学的中心,占一节课的大部分时间。课堂上,学生积极参与讨论,师生之间、学生之间互动气氛活跃,问答、讨论、主题辩论等交际语境明显增多。学生交流的广度和深度得到拓展,实现了以听带说、以听促说、听说并举、提高听说水平的教学目的。这种听说交替的模式,基于图式理论和输入输出理论,比较适合高中生,能有效发挥学生的主体作用,培养学生的自主学习能力。

2. 听说时段分割的 3P 教学模式

听说课的教学过程,可以分为听说前、听说中、听说后三个阶段,对应于口语练习中展示、操练、创造三个阶段。

“听”的 3P 教学模式:Preparation(准备)、Practice(实践)、Production(产出)。

“说”的 3P 教学模式:Presentation(展示)、Practice(实践)、Production(创造)。

3. 资源“可视”的支架式教学模式

教师在听说课教学中引入视频,搭建辅助支架,拓宽教学领域,丰富学生听说知识。课题组把课外视听教材《环球英语视听教程》作为研究载体,形象生动的画面、优美动听的音乐、真实自然的语言环境，大大激发了学生的学习兴趣，调动了学生的学习积极性。学生积极主动参与听说活动，由被动学习转为主动学习，通过和教师、同学交流讨论并相互提问，培养自己的视觉能力、听觉能力、口头表达能力。

实践表明，教师有意识地运用这种视、听、说互补相辅的教学模式，可以创设一种地道的英语学习环境，让学生在轻松、愉快的学习氛围中，用眼睛观察，用耳朵聆听，并开口说英语。学生从被迫听说变为主动听说，提高了听说英语的兴趣，突破了语言掌握方面的瓶颈。

4. "人机对话"混合式教学模式

教师在听说课中借助《上海高考英语人机对话智能听说训练系统》软件，开展基于网络的混合式英语听说训练，对传统的英语听说教学进行改革。学生依托平板电脑等多种终端设备，在校内电脑房，甚至在家里进行学习。英语听说学习不受时间、地点的限制，使学生真正实现个性化自主训练和学习。

四、基本成果

基于学生差异，分层实施英语听说教学这项研究，经过近两年实践探索，取得了初步成效：(1)课堂讨论气氛热烈，更多的学生能开口表达自己的想法；(2)对需要小组课后共同完成的作业，大家积极性很高，合作意愿强烈，并积极准备配合操练；(3)无论是角色扮演、观点陈述还是作业展示，小组合作完成任务的效果都令人满意；(4)分层实施模式，给学生提供了理解的"台阶"，降低了学生听说过程中的焦虑感，激发了学生的兴趣，增强了学生的信心，而学生提高了听说能力后，也能积极构建自身语言知识。

对于英语听说教学策略和模式，课题组也总结了一些原则与操作要点。

听说教学五环节。具体包括预听(pre-listening)、倾听(careful listening)、精听(intensive listening)、难点回放(difficult point)、口语交际(replay summary)。

听说教学原则。具体包括先听后说、循序渐进、适时纠错、活动多样、在语境中实践学习(learning by doing)。

实施过程。具体包括听前预测、听中听写结合、听后整理和问答。具体分为引入或启发(elicitation)、输入(input)、实践(practice)、输出(output)。

听说活动主要练习形式。具体包括:(1)全控型(Controlled),即重复(repeat),展开(expansion),完成对话(complete the dialogue),问答(question and answer);(2)半控制型(Semi-controlled),即看图说话(picture talk),复述(retell),对话(dialogue),描述(description);(3)开放型(Opening ending),即口头报告(oral report),角色扮演(role play),访谈(interview),讨论(discussion),问题解决(problem-solving)。

五、结论与讨论

基于现实情况,这一对高中英语听说教学进行分层实施的研究不是公开进行的。教师需要对教学任务、教学目标、评估手段等进行科学划分和理性设计,这对教师自身的备课能力和教学能力提出了高要求。既要兼顾每个学生的个体差异和学习需求,又要将课堂教学组合成整体,这对教师的课堂掌控能力也是一个挑战。为此,把握听说教学的目标,结合听力教学内容,基于学生的差异与兴趣,选择符合学生需求的听力素材,设计有梯度的听力活动,创设开口说话的语境,通过有层次的操练,有望提高学生的英语听说能力。

在研究过程中,我们也发现了有效开展合作学习需要注意的一些问题。

首先,合作学习要与独立学习相结合。对于一些基础较差的学生,不能单纯依赖合作学习提高听说能力,更要重视有针对性的个人独立学习。

其次,任务设计和过程监控是合作学习成功的关键。教师应控制好合作任务的难度,协调好小组成员的角色,创设合作情境,优化实施策略。学生每一次的合作学习过程,也是对教师教学方法的一种实践检验。

最后,合作学习的评价要以鼓励为主。不管每个小组的表现如何,教师都应面带微笑地给予鼓励。任何打断学生交流话语,指出其中错误的教学行为,都会大大挫伤学生的积极性。至于学生中存在的普遍性问题,可以在最后总结时给予纠正。合作学习评价不求人人都成功,但求人人有进步。

总之，基于学生差异，这项研究在课堂教学组织最优化和课堂教学效益最大化的探索过程中，走出了有价值的一步。在很难实现小班教学的现状下，分层合作学习不失为一种调动每个学生学习积极性，让更多的学生有机会开口展示自我，让课堂焕发生命活力的有效策略。在今后的教学实践中，教师还要不断完善，使其发挥最大效用。

六、后续思考

因为学生“听”“说”的能力各不相同，所以分层教学的形式也应有所不同。据此有针对性地探索实施策略，是本课题后续研究的重点。

课题组应进一步梳理分层实施要研究的问题，包括分层的原则（是学生自由选择，还是教师统一安排，或者两者结合）和分层的形式（每组多少人，怎么组合才更有效，以及人员分工、互动方式等）。

针对听、说两种教学，课题组应思考采取哪些措施进行整合，结合人机对话要求，探索教学模式。

对于听、说能力不一的学生，课题组应进一步研究相应的课堂教学策略，由此，进一步探寻适用于高中英语听说教学的“分层—合作”模式，更广泛地积累与其配套的教学案例，改进英语教学。

（钱海珍）

第三节　以行促知，拓宽专业研修视野

以行促知，是指针对实践中生成的新问题，进一步开展深度学习，由此拓宽教师专业研修的视野。这样的再学习，不是读一两本书，而是根据课题研究的需要，进行有一定深度和广度的学习。

一、关于高中历史学科学困生的转化

“好、中、差”这种依据考试成绩将一个班级学生分成三种类型的做法,至今仍在教师中有一定的“市场”。事实上,任何一个群体里,总有在某个方面相对有困难的个体。对于学习有困难的学生,教师要做的不是怨天尤人、怪这怪那,而是积极采取措施,转化学困生。为此,学校鼓励教师大胆探索,即使一时成效不显著,也要坚持研究,同时继续读书,从书中寻找理论支持。以下引用我校一位历史教师的研究报告进行说明。

随着高中阶段学校招生规模的扩大,一些考分比较低的学生也进入了普通高中,“后进生”现象不断出现,这对学校教师是一个严峻的挑战。

一、问题的提出

(一) 思考出发点

1. 来自教学实际的问题

一线教师总会遇到这样一个学生群体:他们中有的似有情绪困扰,缺乏学习意愿;有的似因智能欠缺,记忆、理解、表达能力与其他学生存在较大差距;有的经常注意力不集中,多动,爱惹事。尽管表现不一,他们的共同问题是成绩低下。在不少教师眼里,他们是“差生”或“问题学生”。实际上,这是一群学习困难学生(以下简称学困生)。面对学困生,如何教育与转化,已成为学校教师不可避免的难题。随着学业水平考试政策的出台,历史学科成了我校众多学生“加一”科目的选择,因此,教育与转化历史学困生,又显得更为紧迫。

2. 青浦实验精神的感召

面对青浦教育质量处于历史谷底的现实,以顾泠沅为代表的教育前辈,没有把希望寄托在少数“尖子生”上,而是将教育改革的立足点和着眼点放在让所有学生有效学习上。他们认为,教育的失败往往从教师丧失信心与放弃一部分“差生”开始。经过十年努力,他们终于大面积提高了教学质量,成就了著名的青浦实验。而今,面对比当时好得多的教育环境条件,教师更没有理由放弃这些“迟开的花朵”,而应传承前辈的精神,努力转化学困生,大面积提高教学质量。

3. 实施素质教育的要求

《中国教育改革和发展纲要》指出："中小学教育要由'应试教育'转向全面提高国民素质的轨道，面向全体学生，全面提高学生的思想道德、文化科学、劳动技能和身体心理素质。"而"面向全体学生"就是要给每个学生以均等的学习机会，促使每个学生都能在自己原有基础上有所发展和提高。历史学科是培育学生人文素养的重要科目，用好这块阵地，着力提高每个学生(包括学困生)的思想文化道德素养，是实施素质教育的根本要求。

（二）对学困生的认知

对学困生的认知，由于国内外学者研究视角与教育文化背景的不同，有关或相近概念层出不穷。着眼于学生内部原因的，有"学习障碍儿童""智力发展落后儿童""情绪困扰儿童"等；着眼于外部原因的，有"处境不利儿童""不适应儿童"等；着眼于学习困难所造成的结果的，有"学业不良学生""后进生""差生"等。虽然使用的概念难以统一，但众多学者对学困生的描述具有共性：(1)学习成绩低下；(2)身心、智力发展处于正常范围内；(3)通过适当的教育，学习困难是可以克服的。

基于此，本课题将"历史学困生"界定为智力正常，但在相同教学条件下，历史学业成绩长期不能达到课程标准要求，总是低于年级平均水平的学生。这类学困生通过一定的教育补救，是可以转化的。

二、调查学困生现状

通过课堂观察、师生访谈、发放问卷进行调查，以期结合教学经验，对历史学困生进行诊断、分类，为转化研究收集有效资料。

（一）调查过程

调查对象是本校高二年级 8 个班 282 个学生，重点是其中的 78 个学困生。这些学生智力正常，但在高一年级的四次大型考试中成绩都低于年级平均水平。调查前，班主任和历史教师综合学生平时表现和考试成绩，一致认同本研究确定的研究对象。调查内容主要是历史学习现状，包括学习兴趣、学习动机、学习方法、认知特点、对历史课的期望等。

发放问卷282份,回收有效问卷275份。为保证调查结果真实而有效,问卷隐去“历史学困生”调查指向,旨在保护学生自尊心,避免不利的思维定式干扰。结合问卷调查结果,研究者对部分学困生进行了课堂观察和个别访谈。

(二)结果分析

1. 关于学习动机

调查结果显示,学困生与普通生(即非学困生)在历史学习的外部动机方面差别不明显:82.0%的学困生认同学历史主要是为了应付考试,普通生中更多人持此观点。可见,无论是普通生还是学困生,都不认为历史学习对以后踏上社会有帮助。这种功利化的学习动机,可能与当下教师的教学理念、学校以及社会环境有关,也表明大部分学生对历史学科的学习价值认识不清。在内部动机方面,学困生与普通生的差别比较明显:75.0%的普通生认为学历史不仅能增长知识,还能提高自己的思维能力,而学困生中只有21.0%的人赞同该观点;73.0%的普通生认为学历史有助于解读社会现象,而学困生中只有43.0%的人赞同该观点。这启示教师,学困生的转化应从激发内部动机着眼,同时引导学生形成恰当的外部动机。

2. 关于学习兴趣

调查结果显示,普通生的历史学习兴趣明显高于学困生。75.0%的普通生在课堂上经常积极思考教师提出的问题,在课后经常阅读人物传记或与历史有关的书籍,学困生中只有39.0%的人能积极参与课堂教学,极少数人经常阅读历史课外读物。数据还表明,大多数学困生对历史学习的兴趣只停留在感知方面,即喜欢听教师讲故事、讲奇闻趣事,对历史知识本身并不感兴趣,而普通生则更喜欢探究历史,了解一些历史事件的前因后果,寻找历史事件之间的内在联系、共同特点和一般规律。普通生对历史本质特征的认知欲望,比学困生的感知兴趣更具有稳定性和持久性。这表明在学习兴趣的广度和深度上,学困生与普通生存在明显差异。这些差异导致学困生在历史学习动机、历史知识储备、历史阅读和历史思维能力等方面,远不如普通生。造成差异的原因,除了学生个人因素,与历史学科本身的特点,如名词概念多、时间跨度大、史实难记忆等不无关系。有85.0%的学困生认为,历史知识枯燥难记,内在规律不易掌握。还与教师的讲课风格、同伴影响等外在环境因素有关,很多学生在访谈中提到,自己历史成绩好是因为对历史感兴趣,而对历史感兴趣,是因为喜欢历史教师。

统计过程中,有两项结果令人不安:(1)无论是学困生还是普通生,大多数是喜欢历史的,但又不喜欢历史课;(2)无论是学困生还是普通生,都喜欢听教师讲故事,希望课堂气氛活跃一些。这说明,传统的授课模式不受欢迎,是学困生形成的重要原因之一。

3. 关于学习情绪与意志

通常认为,学生学业成就的好坏,与学生学习情绪的饱满、积极与否,与学生意志水平的高低是一致的。调查结果表明,学困生在这两方面确实略逊于普通生。他们的学习情绪一般比较低落、消极,51.0%的学困生带着学不学无所谓的态度上历史课,75.0%的学困生不会为没考好而难过,更不会因历史成绩低下而奋起直追,44.0%的学困生对学好历史没信心。这样消极的学习情绪,伴随的是薄弱的意志力,88.0%的学困生懒得去背历史知识要点,更缺乏克服困难的勇气和毅力。

消极的学习情绪和薄弱的意志力,不仅与学困生的个性有关,可能还与学困生在历史学习中长期遭受挫折有关,如75.0%的学困生很少在历史学习上获得成就感,36.0%的学困生认为自己已经很努力了,可总是学不好。这一情况提醒教师,在课堂上要多给学困生提供成功机会,多辅导、鼓励学困生,让他们建立起"我能行""我可以行"等积极的学习情绪。

4. 关于学习方法和学习习惯

调查结果和个别访谈结果表明,在历史学习方法和学习习惯方面,学困生和普通生差别很大,前者学习方法往往不当,未养成良好的学习习惯。

课前预习,只有16.0%的学困生完成教师布置的预习单,而过半数的普通生都会完成预习单。

课堂上,77.0%的普通生能认真听讲,积极参与学习活动,记好笔记,而学困生中只有36.0%的人能做到。大多数学困生上课偶尔听听,还会睡觉,基本上不参与课堂问答活动,有的甚至连课本也不知去向。

课后,78.0%的普通生能独立完成作业,而学困生中只有36.0%的人能做到,且存在只做选择题、不做材料题、抄作业等现象。

考试前,普通生中68.0%的人能及时复习、总结、归纳知识点,53.0%的人能将好题、错题归类,学困生中能做到的不足20.0%。大多数学困生考前不复习,考后既不总结也不订正错题,致使知识盲点越积越多。

数据还表明,在主动运用历史学习策略方面,普通生明显优于学困生。普通生善于独立思考、归类总结,对知识进行网络化、结构化整理,也善于进行时间管理。

5. 关于知识与能力

调查中,研究者就知识与能力对学生进行了专项测试。结果表明,在史实再现、再认上,学困生与普通生差距不大。题干简单明了,课本上有答案的检测题,学困生大都能做对。这说明靠机械记忆回答的“是什么”一类的陈述性知识,学困生问题不大。在其他方面,两者差距较大。

在时空意识方面,学困生得分率是35.0%,而普通生得分率为78.0%。差异表现在识读地图的准确性、公元前年份与世纪的换算、对一个阶段历史发展纵向上的时序感、对一个阶段历史发展横向上的时空概念等方面。

在史实理解方面,学困生得分率是32.0%,普通生则为72.0%。差异表现在掌握重大文明成果的特征、历史变迁及其特征,厘清史实之间的关联等方面。

在史料运用方面,学困生得分率是30.0%,而普通生为71.0%。差异表现在从材料中提取有效信息(特别是材料内隐含的信息)、从图表中提取信息(很多学困生读不懂图)等方面。

在历史阐释方面,如“从提供的材料中分析曼彻斯特和上海两地工业革命的差异”一题,很多学困生要么只字不写,要么照抄材料,要么乱写一通。这表明学困生缺乏多角度地从材料中提炼信息并进行归纳、比较、组织的能力。

这些欠缺,反映了学困生在记忆、观察、注意、思维等能力的发展上存在问题。通过教学改进,促使学困生智能发展,应是转化学困生的重要途径。

三、学困生成因与类型

通过现状调查，结合教学实践反思，研究者对历史学困生的成因和类型进行了分析。

（一）历史学困生的成因

历史学困生的形成受多种因素影响，包括学生个人因素、学校教育因素、家庭因素、社会因素等。这里主要就学生个人和教师教学两方面因素进行分析。

1. 学生个人因素

第一，被动学习。被动学习是一种因外部压力，如为了回应教师和家长的要求而进行的学习。很多学生学历史是为了应付考试，一个品学兼优的学生在访谈中说，如果没有学业水平考试，自己是不会在历史学科上花时间的。这种外因驱使下的历史学习，学生的主动性、自觉性、积极性和意志力都是欠缺的。因为对历史知识本身缺乏兴趣，他们感受不到学历史的乐趣。而且，越是感受不到乐趣，他们学习上就越被动。学困生往往认为自己是在为教师和家长而学，学习目标不明确，缺乏上进心。一旦与教师、家长发生冲突，他们就会产生逆反心理，逃避学习、痛恨学习、害怕学习。在不良情感支配下，他们的历史学习自然困难重重，学习成绩也江河日下。

第二，缺乏认知准备。认知准备是指学生原有水平对新知识的适应性，包括学生进行新的学习应具备的知识基础、认知能力、情意倾向、习惯与技能等。充分的认知准备是有效学习的前提，这是学困生所缺乏的，主要表现在三方面。首先，缺乏领会新知识的基础知识。很多学困生在测试中未能正确答题，就是因为基础知识不扎实、不清晰、不熟练，掌握又不灵活。其次，缺乏领会新知识的基本技能。最后，缺乏理解新知识的思维能力。学习历史并非单纯记忆历史知识，需要学生具备阅读、理解、概括、分析、综合、比较等基本的学科能力。当已有的思维层次未能达到理解新知识的水平时，学困生会因无法理解而死记硬背。由于缺乏认知准备，学困生很难在新旧知识之间建立联系。孤立而零散的知识容易被忘却，也不易被唤醒，这必然导致其学业成绩低下。

第三，学习方法不当。很多历史学困生缺乏好的学习方法，上课要么不听不记,要么只听不记,要么只记不听,不能做到手到、眼到、耳到、心到。他们不懂得掌握知识的整体结构,孤立地识记;很少归纳整理知识,不注意重点和难点,不注重理解和内化知识,增加记忆负担;对历史事件只关注现象,不重视对其实质的思考和分析;回答历史问题,往往从书中、材料中大段摘抄,不顾题意的要求。

2. 教师教学因素

教师的"教"是影响学生的"学"的最直接因素,会影响学生的学习兴趣、动机和态度等,进而影响学生的学业成绩。任课教师的问题,主要在三方面。

第一,教学观念问题。高中历史的内容,乍看似乎是初中历史的重复。教师如果不研究初高中历史教学的差别,不努力开发教材的教学内容,上课照本宣科,那么很多学生难免会有"初中已学过了,高中为什么还要学"的困惑。教师如果也认为学生初中时已学过了,高中教学没必要面面俱到,不用再讲一些基本史实和基础概念,而应着力提高学生的理解力和思维力,那么,在教学内容设计上,就会不顾学生实际,一味攀高求难,致使一些原本基础不好或学习能力不强的学生很难跟上,在教学技术运用上,就会刻意寻求多媒体支持,把它当作呈现史料、图片和影像的时髦手段,以花哨形式吸引学生注意力,致使历史知识本身没能在学生头脑中留下多少痕迹。长此以往,会导致学生学习兴趣不高或学习效率低下,知识漏洞和盲点越积越多,学生越学越没有信心。

第二,教学方式方法问题。以往历史教学,基本上以教师和课本为中心,学生的主体地位未得到充分重视与尊重。教师课堂教学中重讲授、轻活动,学生缺乏参与的机会;重知识、轻能力,学生被迫进行机械记忆,历史思维能力得不到发展。今天,这种"填鸭式"教学虽然有所改观,但课堂教学方式变化不大,一些教师仍坚守一张嘴、一支笔加一块黑板,难以让学生产生学习的冲动。还有一些教师不顾学生的兴趣和个别差异,"几十课如一课"地演绎历史事件的起因、过程和结果,鲜有历史细节的精彩描述、历史智慧的碰撞声音、别开生面的学生活动。如此下来,学生成了被灌输的容器,他们"静听历史",死记硬背,缺乏学习的积极性和主动性。有血有肉的历史,变成了干瘪的僵尸,而学生"静听"中出现的问题,也很难被教师发现。

第三，教学安排问题。许多学校迫于高考压力，不断挤压一些“副课”的课时。对此，历史教师只能在有限的时间内，穿越古今、纵横中外，讲课能简则简、能快则快，甚至为了挤出时间用于考前复习，加快教学进度，压缩新课用时，新知识讲解草草了之，最终导致学生对新知识囫囵吞枣，消化不良，复习时如坐云端，不得要领。这一切，无形中加快了学困生的产生。

第四，职业良知问题。与上述问题相应，对于一些有特殊学习需求的学困生，教师了解和关心不足，缺少一种“偏爱”。上课注意力不集中、爱交头接耳者，往往会被教师大声呵斥。被抽中回答问题，看了半天课本还讲不出一个所以然者，教师常常没等他说完，就另请他人了。至于那些“软硬不吃”、上课“消极怠工”者，教师则干脆把他“晾”在一边，不闻不问。这些情况不仅与教师的教学策略有关，还涉及教师的职业良知意识。

（二）历史学困生的类型

基于成因分析，高中历史学困生可分为四种类型。

一是“基础困”。表现为历史基础知识差，对重要的历史人物、事件和文明成果的特征、变迁、联系等，或一无所知，或知之不深、知之不对、知之不活。但他们的智力属于中上水平，在史实分析、比较方面有一定能力。考试中，一般选择题的得分率要高于材料题。

二是“能力困”。表现为学习能力明显不如他人，在史料阅读、材料运用、学习交流等方面缺乏基本技能，对史实的理解经常出现偏差，思维缺少逻辑性。但他们的学习动机与意志水平并不低，平时能按教师要求进行预习、听课、练习，不少人都有一个翔实、清晰的笔记本。

三是“动力困”。表现为在学习态度、学习动机、学习意志、自我意识方面问题较多，导致认知技能缺陷。教师对他们的评价是“很聪明，但不肯学”，这类学生在学困生中最为常见。

四是“整体困”。表现为在知识基础、学习能力、动机水平等方面出现整体性困难。与前三类相比，他们的问题与知识学习缺漏有关。长期学习成绩不佳，使他们形成了消极的自我概念，而且形成了恶性循环。此类学生的学习困难比较严重,教师应加强个别化教学。

四、学困生转化的策略与途径

由于成因多样,学困生转化也应发挥多方面的作用,形成教育合力。本课题仅从历史教学角度,探索转化学困生的策略与途径。

(一) 强化学习动机,化“被动”为“主动”

学习动机水平低,是学困生普遍存在的问题。他们学习积极性和主动性不高,缺乏远大志向。

1. 学习动机不足的原因

从历史学习的角度看,学困生动机不足的原因可归纳为三种。

(1) 因“盲”致不足

认识不到学习历史的功效和价值,导致动机不足。

【微案例】一个高二男生,父亲开公司,家境比较富足,学习条件非常好,但对学习就是不感兴趣,上课经常睡觉,作业不做。问及原因,他说:“清华、北大毕业的,都在给我爸打工,学习有什么用? 学了历史又有什么用,总不能和人家谈生意时说三国吧?”他表示自己最瞧不起的就是那些死读书的人。

这类学生缺乏明确的学习目的,不爱学任何科目,更认识不到历史学科的作用和价值。他们只想随大流上学,混个文凭,学习上十分被动。

(2) 因“厌”致不足

厌恶历史学习,导致动机不足。

【微案例】一个理科班男生,语、数、英都学得很不错,就是历史特别差,经常不完成作业,用他自己的话说,“一见到历史就烦”。问及原因,他回答:“历史要背那么多东西,磨磨叽叽的,让人讨厌,还要默写,默不出又要重默,害得我没时间做其他作业,所以我情愿放弃历史,学好其他科目。”

轻视历史学科学习,这种现象在理科班较多,原因是历史不属于必考科目。另外,在学生潜意识里,历史是一门需要死记硬背的学科,缺乏思辨和智慧,学起来没劲。这类学生因厌恶而看不到学历史的价值,体验不到历史学习的乐趣。

(3) 因“败”致不足

在历史学习中屡遭挫折，导致动机不足。

【微案例】一个高二女生，初中时历史学得不错，课堂表现也很活跃，上高中后，作业等学习任务能按时完成，但质量不高，上课也变得寡言少语了。问及原因，她说：“中考没发挥好，所以考到了二中。我本来也想好好学，可没想到高中历史那么难，作业总是做不出，考试总是不及格。”

这类学生并非一开始就不愿学历史，也并非一开始就学不好，而是因为在学习中经常遇到困难，挫伤了自信心，产生了不良的自我概念，并逐渐失去了学习热情。

2. 强化学习动机的对策

(1) 明确学习目的

调查结果表明，很多学困生不爱学历史，是因为认识不到学习历史的价值，觉得学了没用。对此，教师可采用多种方法引导学生认识学习历史的价值。如引用英国哲学家培根的名言——读史可以明智，引用革命导师毛泽东的教导——如果没有革命的理论，没有历史知识，没有对实际运动的深刻了解，要取得胜利是不可能的。

【微案例】讲解“启蒙运动”一课，教师在介绍时代背景时，朗读了英国物理学家牛顿的一段自我评价。学生渐渐被这轻声话语吸引了。确切地说，学生被牛顿的谦虚及其对科学的执着精神吸引了。中学生正处于世界观、人生观和价值观形成的重要时期，历史上杰出人物的优秀品质，如谦虚、坚毅、勤勉、重气节等，能让学生受益。

要使学生意识到历史学习的重要性，教师就要在“润物细无声”中让学生感受历史散发出的正能量。

(2) 培养学习兴趣

兴趣是最好的老师，浓厚的兴趣可以有效激发学生学习的内在动机，促使学生自觉集中注意力，克服困难。在教学中，教师可采取如下方法激发学生学习兴趣。

一是用“疑”激“趣”。在课堂提问中，教师巧妙地“设疑”“引疑”，能激发学生的求知欲望,使其产生持久的探究兴趣。

【微案例】在菲律宾麦克坦岛有两座相距不过百米的英雄纪念碑,分别是1866年西班牙人为纪念麦哲伦而设立的和1952年菲律宾为纪念杀死麦哲伦的酋长拉普拉普而矗立的。岛上还耸立着一块铜碑,碑的正反两面用英文分别镌刻着拉普拉普和麦哲伦的事迹。正面写着:“菲律宾土著人抵抗欧洲人入侵,在此击毙其统帅麦哲伦。”背面写着:“麦哲伦与菲律宾土著人激战,受伤后身亡于此。后来其部下继续西航,完成了第一次环球航海。”教师提问:“对麦哲伦船队与菲律宾土著人的激战,为什么两篇碑文描述的口吻完全不同? 依据是什么? 你如何看待新航路的开辟?”这些问题激发了学生的讨论兴趣。

对于学困生,难度大的问题会使他们焦虑,过于简单的问题又不能促使他们积极开展思维活动。因此,将难度较大的问题用可理解的方式提出,或在问题之间提供“支架”,使学生处于“跳一跳,摘得到”的状态,是比较合适的引导策略。

二是创“境”生“趣”。许多学困生觉得历史枯燥乏味,是因为历史变成文字载入史册后,被凝固了,被条条框框化了,而传统的讲授法难以使学生感受到历史的可亲可近。实际上,历史本身是十分鲜活生动的。教师要还原鲜活生动的历史,以历史知识为背景,创设多种情境,如生活展现情境、实物演示情境、图画再现情境、音像渲染情境、表演体验情境、想象呈现情境、语言描述情境、网络整合情境,激发学生学习兴趣。

三是以“美”引“趣”。课堂上,教师如果能用通俗、贴切又感人的话语,配以适当的形体动作,以一种立体美呈现历史,就会激发学生的学习兴趣。

【微案例】在教“英国革命”一课时,教师引用了一段描述国王查理一世被处死的文字。这段文字文辞优美,既有细节描写,又有历史视野,将聚集在广场上的上千名伦敦市民悲伤、恐惧、茫然的表情展露无遗,没有半句废话,演绎得恰到好处。教师配之以“处死查理一世”图,并尽己所能进行解读,成功吸引了学生的注意力。

除以上案例,教师还可以结合时事,增强学生学习动机,让学生意识到学习历史有助于了解现实世界,鉴往知来。

(3) 体验学习成功

苏霍姆林斯基认为:"学习能取得成绩,这种成功的预感是学生产生克服困难的动力和求知兴趣的源泉。"强化学困生的学习动机,就是要设法让他们产生成功的预感,获得成功的体验。为此,教师应着眼于学困生的"最近发展区",向他们提出一个个可望又可及的"适当"的目标,让学生知道自己要克服什么困难,明白自己可以做到,体验困难克服后的喜悦,享受学习的乐趣,从而产生内在的学习动机。

课堂上,教师要多为学困生提供表现自我的机会,凡估计他们能回答的问题,就鼓励他们解答。即使答错,教师也要肯定他们付出的努力,并跟踪辅导。对学困生的作业,尽量面批,写上鼓励的话,让学生感受到教师的关心。

对学困生的微小进步,教师要不失时机地予以赞赏和表扬。一次次成功的体验,能帮助他们克服自卑心理,更加积极地投入学习。

(二) 夯实学习基础,既"防差"又"治差"

学习基础是学习者进一步学习所必须具备的知识和技能,是影响学生历史学习的一个重要因素。

1. 学习基础差的表现

不知——对学习新知识要用到的知识,学生因遗忘或漏学而不知道。

不深——对学习新知识要用到的知识,学生往往"只知其一,不知其二"。

不对——当初学习时弄错了知识的含义,后来由于负迁移而产生误解。

不活——当初学习时虽理解了知识的含义,但未形成良好的认知结构,或在后来的学习中新旧知识未同化好,习得的知识不会用,更别提在新的情境下创造性地运用。

不熟——习得的相关知识和技能,在新的学习活动中达不到熟练运用的程度。

2. 优化教学方法,打好"双基"

课堂教学存在这样那样的缺陷,是引发学生学习困难的常见原因之一。因学困生的注意力难以持续集中,教师上课不应局限于一种教学模式。讲授式教学有助于学困生通过教师讲解理解新概念,但被动接受的状态容易使学生产生疲劳,感到无趣。自学和讨论有利于发挥学生主体性,但容易使学困生无所适从。教师应根据教学目标和学情,使用不同的教学方法,提高课堂教学效率,为学困生打好“双基”。

3. 防止出差,纠正差错

教师应增强自身的责任感,采取多种措施引导学生尽量避免在学习过程中出现差错,在差错产生后及时纠正。

首先是查缺,基于一个阶段的教学任务,针对新的学习所需的知识和技能,对学生的已有基础进行评估,以“查”清哪些是学生所缺的。

其次是补差,坚持“大缺大补”“小缺小补”“集体补”“个别补”相结合,尤其要注意传授方法。

最后是组织学生有的放矢地进行自我诊断,发现差错,找出原因,纠正错误,并对错误进行归类,为后续学习打好基础。

(三)提高课堂教学有效性

1. 营造良好的课堂气氛

课堂气氛是指学生在课堂上的情绪和情感状态。美国心理学家罗杰斯认为:“成功的教学依赖一种真诚的理解和信任的师生关系,依赖于一种和谐安全的课堂气氛。”积极、健康、生动活泼的班级气氛,无疑能调动学生的学习积极性,激发他们的求知欲望,进而增强其学习的愉悦感和幸福感。要想营造良好的课堂气氛,首先,教师自己要有积极的情绪状态,将尊重的话语送给每个学生,以信任的目光注视每个学生,用自己的精、气、神去感染每个学生,尤其是学困生。其次,对普通生和学困生,教师要做到奖惩一致,不能因为学困生成绩不好就加强惩罚,也不可为了鼓励学困生而不恰当地加以表扬。最后,教学内容要难易适度,教学活动要有情趣。

2. 引导学生养成良好的学习习惯

良好学习习惯的培养,是提高课堂教学有效性的重要保证。在日常教学中,教师应主动引导学困生。

第一，指导预习。预习是为课堂学习做准备，但学困生往往不知道如何预习，只是简单浏览一遍课文，合上书本后便什么都记不得了。对此，教师可运用导学案指导学生预习。导学案通过“导读、导疑、导思、导做”，指导学困生阅读教材，建构知识框架，把握学习的重难点，诊断学习中的疑难，提高自学能力。这不仅有助于学困生养成自主学习的习惯，而且提高了学困生的学习效率。

第二，指导听课。课堂学习是学生获取知识的主要渠道，学困生在课堂上通常很难持续地集中注意力，容易分心，很少参与学习活动。为此，教师应多督促，多给他们提供“智力劳动”的机会，促使其“眼到、耳到、手到、心到”。

第三，指导复习。复习对于巩固所学知识具有重要作用，学困生大多缺乏复习的习惯。因此，教师可以通过针对性练习，指导学生及时复习，也可以要求学生通过整理知识点、尝试回忆等活动进行复习。

五、发展学困生智力

智力虽不是造成当前学生历史学习困难的主要原因，但学生之间智力发展上的差异确实存在。针对学生差异，教师在教学过程中应给予学困生有效帮助，使他们的智力活动从慢变快，从迟缓向聪慧发展。

（一）学困生智力活动迟缓的表现

智力的外在行为表现是能力，中学历史课程应培养学生搜集史料、提取信息、解决问题、交流成果四方面的能力。从历史教学角度看，学生智力活动迟缓是指其能力跟不上课程标准的培养要求，表现如下：

1. 记忆方面的问题

主要指学生在储存和提取知识信息时出现差错。有这类问题的学生，学习动机并不弱，只是在历史知识的识记和再现上欠缺相应的能力，于是被认为智力活动迟缓。

【微案例】一个高三女生，学习非常努力。高考前，她主动到教师这里要求背书。她每天都来，但背的进度很慢，效果不佳。一合上课本，即使是基础知识她也答得疙疙瘩瘩。她自称，背一课内容，常常需要一个多小时。她平时做选择题，速度也很慢，一份满分 75 分的选择题练习，用的时间比别人多一倍。她成绩虽不是很差,但在一些陈述性知识上常常犯错。

2. 感知和理解历史信息方面的问题

有这类问题的学生,学习动机也不弱。他们的问题表现为对一些关键性历史信息“视而不见”,不理解“背景”“评价”等历史术语,对历史材料进行辨认性解释、提要性解释和推断性解释的能力很弱。

【微案例】一个高二女生,早早就将历史定为“加一”科目,平时学习劲头很足,历史默写经常全对,卷面规范而清晰。她上课非常专心,但总是皱着眉头,似乎思考得很痛苦,回答问题滔滔不绝,却往往答非所问。她做选择题很慢,主要原因是不能迅速找出解题的关键词,做材料题时经常弄不清题目问的是原因还是影响。

3. 时空概念方面的问题

历史学习中缺乏时序感和空间地理方位感,这类学生很常见。他们认为历史年份难记,所以干脆不记;认为自己地理学得不好,所以才“加”历史,空间地理方位感有问题很正常。梁启超说:“读史不明地理则空间概念不确定,譬诸筑屋而拔其础也。”在历史学习中,没有时空概念,就不能正确认识与把握历史问题。虽然高中历史教科书每一册都配备了历史地图册,教学大纲也一再强调充分利用历史地图等直观教具,但实际教学中教师很少关注,学生也较少使用,因而一些地理学得不好的学生历史时空概念十分模糊,影响了历史学习。

【微案例】一个高三历史班女生,在做有关时空概念的题目时总是犯难,苦思冥想后的答案经常是错的。如问“世袭制”在什么年代出现,她回答“秦至春秋”。又如问“如果从西往东考察四大文明区域,将会依次看到哪些文明成果”,她虽知道四大文明区域各自的成果,但无法按“从西往东”的顺序排列。

4. 材料组织方面的问题

对于组织历史素材进行回答的题目,几乎所有学困生都有困难。在考试中,他们或不做这类试题,或做不好综合分析、评价论证题。他们在基础知识积累和历史思维运用上都有问题,面对历史材料,很难提出适当观点并进行论证或阐释。

【微案例】一个高二男生，非常喜欢做历史选择题，准确率也很高。面对材料题，他只能回答一些“是什么”的陈述性问题，一旦题目稍微复杂，要求综合分析或评价论证，就只能写只言片语，甚至一个字也写不出。据说，他的语文也不好，作文经常写成“流水账”。

（二）促进智力活动迟缓学生发展的对策

1. 优化认知结构，促进记忆力发展

认知结构是学生头脑中知识储存和呈现的方式，是学生个性化的知识结构。良好的认识结构有助于知识的识记、保持和再现。教学中，教师可以通过三种途径帮助学困生形成良好的认知结构。

（1）从旧经验引出新知识

奥苏贝尔把新学的知识比作刚驶入港口的船，把头脑中原有的知识比作锚桩。学习就是用锚桩来固定刚驶入港口的船的活动，即积极地构建旧知识与新知识之间的联系，也就是学习要建立在学生原有知识经验的基础上。

（2）利用历史概念图，使知识结构化

历史知识不像数理化知识那样结构严谨、层次分明、线索清晰，而是头绪繁多、内容庞杂，自成一体。学历史如果不从学科本身特点出发，眉毛胡子一把抓，不仅劳而无获，不得要领，而且学得痛苦。美国心理学家布鲁纳说：“获得的知识如果没有用完整的结构把它们联系在一起，那是一种多半会被遗忘的知识。”历史概念图是一种使知识结构化、组织化、网络化的工具，它把与某一主题有关的概念置于圆圈或方框之中，用连线将相关概念和命题连接起来，并在连线上标明两个概念之间的意义关系。这样直观形象的表达，有助于知识的识记、保持和迁移。

（3）以强化刺激和反复练习提高知识运用的自动化程度

教学经验表明，一些经过反复练习和强化的问题，即使比较难，学生解答起来也不容易出错，而平时没有强调到位的知识，要用时常会出现“卡壳”现象。所以，平时教学中教师应通过恰当程度的强化刺激和反复练习，帮助学生建立正确的条件联系，将知识表征到一旦触及问题情境或有关条件，便能被自动提取和运用的程度。为此,教师可以通过多种视听觉刺激,促使学生增加知识的保持量。

2. 通过历史阅读教学,拓展学生"智力背景",锻炼学生思维能力

苏霍姆林斯基指出,广阔的"智力背景"是转化学困生的基础。他认为,学习困难学生与一般学生,两者在教材范围内知识量的差距仅仅是表面现象,真正的差距来自于"智力背景"的知识面。这是因为,如果学生"学习背景的智力生活十分贫乏和狭窄,那么,即使是微不足道或极小的知识量也会成为力不胜任的"。他指出,转化学习困难学生的基础工作是帮助他们建立广阔的"智力背景",使他们获取广阔的课内外知识。而建立广阔"智力背景"的最好办法,是让学生大量阅读,"阅读能教他思考,思考会刺激智力觉醒,学生思考得愈多,在周围世界中见到不懂的东西愈多,他接受知识的能力就愈强"。当学生的知识和智力水平走到教材范围前面时,他掌握学科基础知识就容易了。

中学历史内容庞杂,每课时涵盖的文字量和知识量远远超过其他学科,对历史阅读能力的要求也相对高于别的学科。从历史高考和学业水平考试的发展趋势看,以《考试手册》为依据、以教材为依托、运用新材料、创设新情境的考题特点越来越明显。对历史阅读能力的考查,已从课内逐步延伸到课外,由注重知识的记忆到注重知识的理解和运用。许多学困生之所以看不懂教材,读不懂材料题,不会做综合分析题和材料论证题,一个重要原因就是历史阅读能力低下,或者阅读能力已不能适应与观察、分析等思维能力相结合的考查要求。

阅读不仅能拓展学生"智力背景",还能锻炼他们的思维能力。巴班斯基认为,学习困难学生的思维发展中存在缺陷,如不善于区分重难点、概括能力差、思维独立性差,而阅读教学有助于他们克服这些思维缺陷。教师可从三方面着手。

课前,借助导学案引导学生阅读教材。阅读是一项很多学困生都欠缺的技能。他们不能耐心阅读教材,读完后常常是"鸟儿已经飞过,天空却没有留下痕迹"。为使学困生有效阅读课本,便于检查阅读效果,教师可根据课程标准,设计难度适中的问题或阅读提纲,帮助学困生一步步地深入阅读,促使他们有理解地阅读、有思考地阅读。

课中,运用新材料,创设新情境,引导学生阅读分析材料。教材内容大多是

结论性的文字，而新材料的运用、新情境的创设，可以促使知识形象化、具体化。学生阅读新材料后，运用课本上的结论和基础知识，对新情境进行观察和分析，能够进行符合历史唯物主义的判断、阐释或论证。这一过程中，教师要做的是指导学生厘清历史术语(如“背景”“目的”“原因”)的内涵，掌握评价历史事物、事件和人物的方法，帮助学生形成一些历史观(如全球史观、文明史观、革命史观)。

课后，为学生提供或推荐课外读物(活动)，扩大学生的阅读面。学困生中，有一部分人是喜欢历史的，他们从小就开始阅读《三国演义》等与历史有关的文学作品。教师推荐的课外读物，应尽量贴近教材。内容太杂、太多和学术性太强的作品，不适合学困生阅读。教师还可以鼓励学生在阅读中摘抄一些美言妙句或者好的材料，进而学写读史心得。

六、做好学困生转化工作的初步结论

(一) 基本原则

研究过程表明，学困生的转化绝非易事，教师在其中的角色定位和工作细致程度影响学困生转化的成败。对此，教师应遵循四个原则。

1. 因材施教原则

叶圣陶说:“教育是农业，不是工业。”农业是栽培作物，作物有生命力，有着各自的特点和生活习性。有经验的农民都知道要因地制宜、因时制宜地满足作物的生长需求，人的培育也与之相通。转化历史学困生，教师首先要认识到这些学生并非所有能力都是差的，并非在所有环境下都是落后的。教师应努力为学困生创设展现能力的情境，给每个学生多样化选择的机会，使其扬长补短。另外，教师应像医生研究病人肌体找病源那样，细心诊断学困生的学习困难，采取一些能顾及个人特点和个别困难的措施。

2. 发展性原则

教学必须促进学生发展，对学困生也应如此。教师不能因为学困生的学习态度、知识能力有缺陷，而过分降低对他们的要求。例如，学困生只要上课不影响全班学习，自己做什么都行;只要完成选择题，材料题、默写等都可以不做。当然，也不能急于要求他们的学习达到与其他学生一样的水平。总之，教师应将促进学困生的一般发展放在首位,对于暂时达不到的能力要求,可以设计一些台阶,使他们在"跳一跳,摘得到"的状态下投入学习。

3. 民主性原则

学生是学习的主体,学困生在转化中也应居于主体地位。为此,教师应站在他们的立场思考问题、化解矛盾,不可一厢情愿地说教与灌输,更不可居高临下地进行"驯服"式教育,不能以自己的想法代替他们的想法,而应通过民主、平等的对话,真诚地与他们交流思想。这样才能促使学困生迸发历史学习的热情,变"要我学"为"我要学",积极诊断自身学习问题,真正成为克服困难的主体。

4. 多元评价原则

学习者的能力是多方面的,每个学习者都有自己的优势,学困生也不例外。教师不能把学习成绩作为评价他们的唯一依据,而应树立多元评价观。教师要善于发现每个学困生的长处,善于赏识学困生的进步,让他们感觉到"我可以""我能行"。教师要给学困生提供发挥、展现个人长处的机会,让他们体验到成功的快乐,由此激发其学习历史的兴趣和积极性,提高他们的自我效能感。

(二) 深入思考

学困生转化,对教师来说,是个既富有魅力又充满挑战的问题。本课题从强化学习动机、夯实学习基础、发展学生智力三方面探索学困生转化的策略与途径,在实践中取得了一定成效。一些问题虽然不可能完全解决,但以下几点思考可以给历史学困生转化的继续研究提供参考。

1. 预防胜于转化

总体上说,学困生转化不是一个阶段性问题,它具有连续性。因此,教师与其等学困生问题变得严重后花大力气去解决、去转化,不如未雨绸缪,及早采取预防措施,帮助学生克服学习困难,调整学习状态。首先,教师要树立多元评价观,不能一进课堂就给学生贴上好、中、差的标签,要相信,只要给予充分引导,每个学生都能学好。其次,教师要尊重学生的学习主体地位,根据学生的特点创设多样化的学习情境,让每个学生都学有所获。最后,教师应通过分层施教与个别辅导相结合,保证每个学生都能掌握所学知识。

2. 转化是一场持久战

苏霍姆林斯基认为，在教师创造性的教育工作中，面向“后进生”(即“学困生”)的工作是最难啃的“硬骨头”之一。确实如此，因为学困生不是短期内形成的，再加上他们的意志力大多薄弱，转化学困生是一项相当艰巨的工作，不可能毕其功于一役。因此，教师要做好打持久战的思想准备，切忌急躁。教师要有“不是槌的打击，乃是水的载歌载舞，使鹅卵石臻于完美”的心态，耐心地给予学困生有益的引导和不倦的教诲。

3. 学困生转化需要多方合力

学困生的形成，有学生个人、学校教育、家庭乃至社会等多方面的原因。因此，学困生转化也需要发挥各方的合力作用。教师应尽力协调，用好各方力量。有些家庭和社会的不利因素，一时可能无法改变，教师可以采取适当的补偿性教育措施。如发掘学困生的特长，消除不利因素带来的影响。

总之，在全面推进素质教育、深化课程教学改革的今天，学困生的转化是一件关乎学生发展的大事。一线教师有责任在日常教学中转化历史学困生。

（盛文燕）

二、关于和谐班集体的建设

班集体是由整个班级所组成，以完成学校教育任务为共同目标，有一定组织机构、规章制度的学生共同体，是班级群体发展的高级形式，在班主任指导下的班级共同活动中形成。班集体对学生个体的思想品德和学习效果产生影响，是实现教育目的的力量与手段。构成一个班集体，有团结力、相互作用、结构、目标、规范等基本要素。建设班集体，是学校德育工作及德育研究的重要课题。以下引用我校一位班主任的研究报告进行说明。

教育部《关于全面深化课程改革落实立德树人根本任务的意见》指出：“立德树人是发展中国特色社会主义教育事业的核心所在，是培养德智体美全面发展的社会主义建设者和接班人的本质要求。”学校是育人的主阵地，班主任、学科教师都肩负着“立德树人”的重要使命。随着课改的深化，学校对高中班主任的工作也提出了更高的要求。

现在班级中的绝大部分学生都是独生子女。有相当一部分家庭陷入溺爱与过分管理交织的教育误区,导致孩子缺乏爱心和团队合作意识,心理脆弱,承受挫折的能力较差,经常不遵守纪律,自由散漫。为了使班级平稳发展,许多班主任以“绝对权威”姿态管理班级——偏于“堵”,少了“引”。学生成了被管制的对象,主体地位无法保障。这种以批评和惩罚为主的教育方式,容易挫伤学生自尊心,甚至还会造成严重后果。

在新课程理念与新时代对人才高标准要求下,班级管理方式的变革势在必行。班级管理,学生是主体,应唱“主角”;班主任是主导,作为“导演”,要倡导全体参与,通过建立宏观调控的合作关系,形成一套学生自律、自主的班级管理模式。

班级管理的要义,在于“法、理、情”的有机结合,由此建立一个和谐的班集体,激发学生的责任心,使他们有归属感和荣誉感。

一、以法“律”人——健全班规、自我约束

没有规矩,不成方圆。校有校纪,班有班规。一个优秀班集体必然井然有序,而班级的良好秩序要靠制度来保障。因此,健全班规,建设班级制度文化十分重要。

班级管理,如果依旧采用严禁、必须等冷冰冰的条条框框,班主任充当“警察”,发展几个“卧底”这样的传统方式,虽然可能一时立竿见影,但往往会使师生处于对立状态,双方关系紧张,不利于建设和谐班集体。

新课程改革呼唤建立民主、平等、和谐的师生关系。为发扬民主精神,作为班主任,我向学生布置了这样一项任务:人人设计新班规。对此,学生兴奋不已,讨论热烈,还邀请我一起参与。讨论中,我发现每个学生都有自己的想法,都在以主人翁态度思考新颖别致、具有个性的班规。一周后举行的“我的新班规创意”主题班会课上,学生将自己设计的“班规”制作成幻灯片文稿,依次上台演示,并阐述自己的设计依据和创新之处。接着,全班通过投票方式,确定了几条符合班级实际的班规内容,又通过小组讨论,整合成“一二三”条文。“一二三”条文具体包括：(1)一个中心，即以追求进步和创新为中心，努力养成良好的学习和生活习惯；(2)两个基本点，即自主管理、合作互助；(3)三个学会，即学会生活(自立、自强、自信，勤俭节约，珍惜时间，珍爱生命)、学会做人(道德上做个好人，学习上做个能人)、学会处世(知书达礼、以礼待人，和而不同、态度诚恳，尊敬师长、尊重同学、孝敬父母)。经过一周的宣传和试行，全班再次民主表决，一致通过了新班规，并庄重地举行了遵守新班规的宣誓活动。

这一班规设计的过程，是师生共同学习，不断提高认识，逐步达成共识的过程。班规是学生自己设计的，是全班每个人的智慧结晶。所以，学生都视班规为行为准则，自觉执行。班规实施十分顺畅，学生积极参与，达到了"自我约束"的目标。

"依法治班"的最终目的是以法"律"人，引导学生逐步进入"班中无成法，处处有定法，法就在心中"的状态，让"循法守法"成为学生的潜在意识和自觉习惯。

二、以理服人——自我检视、自我纠正

心理学研究表明，教育者与教育对象两者情感相融，心理距离近，就容易使教育对象形成"接受"的心理态势，与教育者产生思想共鸣，从而产生事半功倍的教育效果。俗话说"有理走遍天下，无理寸步难行"，班主任在班级管理中要注意"以理服人"，不可要求学生"必须这样、不该那样"，而应晓之以理地让学生明白为什么"需要这样、不能那样"。学生心服口服了，才能"亲其师，信其道"，从而达成"师生共振"。

一次期中考试前，班上个别学生学习松懈，作业抄袭现象时有发生，走读的小吴同学表现得尤为突出。据我观察和了解，他每天早上六点到校，向住宿生借来各科作业抄袭。针对这种情况，我以往的处理思路是叫到办公室训斥一番，令其反思检讨，如果屡教不改，就向家长"告状"。这样做虽然能使学生在一段时间内不敢再抄作业，但没能彻底解决其思想问题。为此，我组织学生开展了一次"隐藏在抄袭背后的'罪恶'"主题班会。班会上，学生慷慨激昂，畅所欲言，历数抄袭之弊害。这样的分析、阐释，促使抄袭者以"理"检视自我，"三省其身"，其他学生也有所警醒。随后，我用演示文稿回顾了班规形成过程，特别指出"努力养成良好的学习和生活习惯”这一条,让全班对照审视,并用“对事不对人”升华“理”的意义。经过一番深刻剖析,学生都有所感触。原本抄袭作业情况最严重的小吴同学,学习态度上大为改观,他在周记上表达了真心改过的坚定决心。他的学习成绩,亦有进步。

只有理性的教育才能产生好的效果。在班主任的不时“导之以行”下,学生的“持之以恒”也便顺理成章了。这表明,“以理服人”真正走进了学生的内心世界,最终产生了学生“自我纠正”的教育效果。

三、以情动人——自我觉悟、自我转化

班主任对学生的情,是一种以特殊方式传递的爱,这种方式就是教育。这种渗透着情的爱,是自然和细腻的。它可以是一个微笑、一次鼓励、一个眼神、一番谈话。仅仅靠成文的班规,不能解决班级教育与管理的所有问题,因为每个学生都是有独特个性的个体。这就需要教师明察学生内心,把“以情动人”纳入教育实践。班主任要善于体察学生的现状与处境,理解他们对关爱与尊重的渴望,使学生感悟到教师对他们的诚挚关怀和深沉的爱。

譬如,对高中生早恋问题,班主任要洞悉学生的心理需求,“以情动人”,用真诚的爱化解学生不成熟的恋情。班上的小俊和小悦谈恋爱了,一天我在路上遇见他俩,两人手拉手,见到我后迅速分开,显得吃惊、尴尬、害怕……我冲他们笑了笑,走开了。从那天起,每天下班后我都留在办公室,似乎在等待什么。到第四天,小俊来找我:“老师,您怎么不找我和小悦谈话啊?”“我在等你呢。”“老师,我可以把事情全都对你说,可你要答应我两件事,一是不告诉家长,二是不反对我们交往。”我点了点头。于是,小俊就把他们的“恋爱史”告诉了我。

听完小俊的叙述,我说:“老师不反对你们交往,可你也要答应我两件事,一是每天放学后组织男生训练篮球,争取在校篮球赛中夺冠,二是每天找时间与我聊天。”小俊深感意外,但高兴地答应了。从此,我们都遵守着各自的承诺。他找我聊天的话题,由原先的篮球队、小悦,逐渐转移到美术专业、高考志向。

据我观察,他俩在一起的时间越来越少了。一天放学后,我看到小悦站在操场一角，静静地看着小俊打篮球。我见状对小悦说："我想在班里创办一个文学社，你人缘好、能力强，就由你来负责吧。"

小悦思考片刻，答应了。从那以后，她忙着组织文学社的事，再也没有时间在操场上看小俊打篮球了。就这样，他和她的"恋情"悄悄地画上了句号。与此同时，班级的篮球队和文学社都办得有声有色，和谐班集体建设上了一个台阶。

人非草木，孰能无情。班主任向学生倾注真情，学生一定能感受到。在教师真情感化下，学生一定会自我觉悟、自我转化。他们对班主任的理解和信任之情，也会油然而生。班主任以情感教育为基石，用满腔热情营造和谐、融洽、振奋的班级氛围，在学生的心灵沃土上播撒春雨，送去春风，催发一颗颗希望的种子茁壮成长——这一切，情到深处自然成。

四、"法、理、情"融合——班级管理的核心

班级管理中，"法、理、情"作为一个有机整体相互影响、相互作用，密不可分。只有将三者巧妙融合，才能创建和谐、积极、进取的班集体。

（一）情理融合，情深意切

高中生的身心成长，处于敏感时期。班级管理中，班主任要把握好"情"与"理"的尺度，切忌"有理无情"或"以情代理"。班级管理如果"有理无情"，就很难把握学生的思想脉搏，容易让学生产生逆反心理。苏霍姆林斯基强调，教师的爱是明智的爱，是有益于儿童身心健康成长的爱。"以情代理"则是"非明智"的爱，形成的往往是表面和谐的师生关系。时间一长，问题会逐渐暴露，教师在学生心目中也毫无威严感可言。班主任若能"情理融合"，使情中有理、理中含情，就能让学生感受到教师的情深意切，易使师生产生强烈的情感共鸣。

（二）情法融合，表里兼治

纪律是法宝，是学生健康成长、全面发展的保障。纪律面前人人平等，每个学生作为班级中的一员，必须自觉接受班级纪律的约束。但班级管理中仅凭纪律——"法"的话，只能规范学生的行为，无法真正"管"住学生的心。而如果只讲"情"的话，班级管理就缺乏有力的制度保障，也容易导致学生行为随意甚至放

纵。因此,班主任在班级管理中要注重人文关怀,同时不放松纪律管理,努力做到情与法有机结合。用情走进学生心灵,感化他们,以法规范学生行为,树立威信,这样的班级管理,才能表里兼治。

(三) 理法融合,自律升华

班主任管理班级,既要坚持以理引导,培养学生辨别是非能力,提高学生思想认识水平,又要以规章制度严格要求学生,使学生思想行为得到健康、协调发展。在全面执行班级规章制度的同时,班主任也要辅以说理教育,允许学生提出不同意见,允许学生有个消化、反复的过程,切忌简单粗暴,以势压人。对于不服气的学生,班主任要适时开导,耐心等待,梳理其思想而使教育顺其"性"。班主任基于本质的理性引导,才能让学生真正理解和接纳班级的规章制度,逐步养成良好的行为习惯,实现从他律到自律的升华。

新课程改革赋予班主任工作全新的教育使命。班主任不仅是班集体的组织者与管理者,而且是学生学习的协调者与引导者,更是学生心灵世界的倾听者、欣赏者、开启者与施爱者。为此,班主任应有高度的责任心、上进心和使命感,着眼学生发展,变革工作方式,创新教育方法,运用科学的管理方法,把班级工作落到实处、细处,不断跟上社会发展的步伐。

教育事业光荣而艰巨,学生思想道德教育更是"艰辛数十载,荣辱辛酸共"。以法"律"人、以理服人、以情动人,让"朽木"可雕,让"枯枝"发芽,让"顽石"点头,让"铁树"开花,建设一个和谐、积极向上的班集体,是班主任的工作使命。在今后的教育实践中,我们要自觉以爱心浇灌学生心灵,积极探索新时代班主任工作的特点和要求,创新班级管理和班集体建设的模式。

(邵秋芳)

三、关于高中生健康爱情观的培养

高中生"早恋"问题一直困扰着学校教师。不少班主任想出了种种"堵"的办法,以教育学生抵御这一"成长的烦恼",但效果并不理想,有时甚至适得其反。与其被动应对,不如主动出击,直接面对面地与学生讨论健康的爱情观。我校教师据此开发的辅导课程，具有一定创新意义。以下引用我校一位心理教师的研究报告进行说明。

20世纪80年代前，爱情观问题是我国学校教育的禁区，教师也忌讳它。改革开放后，随着心理健康教育的普及，这个禁区已被打破，学者们对此问题的研究也逐渐增多。

一、问题的提出

（一）背景认知

当前，关于爱情观的研究正从爱情含义等理论性问题慢慢转向爱情教育、现状调查等实践研究，研究对象也逐渐从职场青年和大学生扩大至高中生。

在国外，对爱情的研究早在20世纪30年代就被提出并得到重视。20世纪五六十年代后，美国等国家就有关爱情的内容对初高中学生进行了教育，新加坡等国家更是高度重视青春期学生心理健康问题。

在国内，高中生爱情观的教育研究目前主要在现状调查的基础上进行，针对学生爱情观方面存在的问题，如不理解什么是爱情，抱着“玩”的心态，择偶观趋于功利化，提出爱情教育的建议，但缺乏操作性强的课程。一些中学的心理健康教育课程也只有零星一两节课涉及爱情，探讨爱情教育的对策、建议，尚无有关健康爱情观养成的系统课程。

有鉴于此，本课题研究以建构团体心理辅导系列课程为鹄的，为培养高中生健康爱情观提供具有可操作性的课程方案。

（二）核心概念

1. 健康爱情观

健康爱情观是指以人格平等、个性独立、互相尊重倾慕、彼此情投意合为基础，互相依赖又相互扶持，理解对方的存在意义又珍视自身生存价值的一种爱情观念。其内含包括对爱情的正确认识、区分爱情与友情、明晰恋爱动机、辨析何为正确择偶观、积极应对恋爱挫折、理性看待婚前性行为等。

2. 团体心理辅导

团体心理辅导是指在团体情境中进行心理辅导，即通过团体内的人际交互作用,促使个体在交往中观察、学习、体验,由此认识和探索自我,调整、改善自己与他人的关系,从中学习新的态度与行为方式,以促进良好的适应与发展。

二、解决问题的方法与过程

(一)采用方法

阅读文献,自编访谈提纲,进行初步调查。根据访谈结果,参照国内已有的爱情观调查材料,设计问卷,进行调查。运用SPSS软件统计分析调查数据,整理普通高中生爱情观认知现状及存在问题的调查结果。

根据问卷调查结果,形成课程开发方案。首先,按照团体心理辅导的要求,设计辅导课程初稿。内容包括如何区分爱情和友情、明晰和端正自己的恋爱动机、建立正确的择偶观、学会应对可能遇到的恋爱挫折等。其次,在课程实施中,搜集补充资料,结合理论观照,修改原方案,在实践中逐步完善,评价课程设计的合理性和实施的有效性。

针对实施过程中发现的问题,如高中生由于缺乏青春期性生理、性心理知识,尚未形成正确的性道德观,自控能力较弱,部分学生渴望与异性交往,恋爱动机"不纯",只是为了弥补内心空虚、寻找精神寄托,选取典型个案,进行案例研究。

(二)实施过程

第一阶段,根据现有国内外文献研究成果,梳理爱情观含义,确定目标——形成一套相对有效的团体心理辅导课程,引导学生树立健康向上的爱情观,完善人格品质,顺利度过高中学习生涯。基于这一目标,设计访谈提纲和调查问卷。

第二阶段,运用自编访谈提纲和问卷,对本校高一年级新生进行调查,与学生一起探讨爱情观的含义。分析调查结果。根据调查发现的问题,设计团体心理辅导课程,纳入学校研究型课程体系。课程一共分8次,每周一次课。通过课程实施,发现学生存在的问题,探索产生这些问题的根源,寻求解决问题或改进工作的方法和策略。

第三阶段,对接受团体心理辅导的学生进行问卷再测,比较、分析其爱情观的变化和发展状况,评价、分析课程实施效益,找出不足之处,思考完善对策,改进课程，供下一届高一新生使用，并在实施中继续完善。

第四阶段，整理各项材料，形成基本观点。

三、结果与分析

（一）辅导对象

高一年级随机抽取男女生各10人，基本信息见表4-3。

表4-3 学生基本信息

性别		来自地区		是否独生子女		有无恋爱经历	
男	10	城	8	是	17	有	7
女	10	乡	12	否	3	无	13

（二）初测结果

团体辅导前，我们用调查问卷对这些学生进行了初测，测试结果如下：

1. 对高中生恋爱的态度

关于“高中生年满18岁就是成年人了，谈恋爱很正常”，学生中，非常赞成的占15.0%，赞成的占55.0%，不确定的占30.0%。七成被调查学生认为高中生谈恋爱很正常，但仅根据年龄判断是否可以谈恋爱不够理性。

2. 对恋爱的认识

关于“恋爱的要素”，55.0%的学生认为感情最重要，45.0%的学生认为感情和物质两者都重要。关于“爱情就是为对方无私奉献，不在乎回报”，20.0%的学生非常赞成，15.0%的学生持赞成态度，30.0%的学生表示不确定，35.0%的学生不赞成。关于“爱情需要道德和法律约束”，35.0%的学生非常赞成，25.0%的学生表示不确定，40.0%的学生持反对态度。

3. 恋爱动机

60.0%的学生表示恋爱的最终目的是结为情投意合的伴侣，30.0%的学生认为是成家过日子，养儿育女，5.0%的学生只是觉得好玩，没去想下一步，5.0%的学生认为是满足情欲需求。

4. 择偶观

被调查的20个学生中，选择恋爱对象时排在第一位的是人品性格和志趣相投,其他依次是外表、年龄、物质、能力、职业、学历。其中有3人认为,只要有爱,其他无所谓。

5. 婚前性行为

关于婚前性行为,15.0%的学生认为“情到浓时很自然”,25.0%的学生认为“关键要看能不能对结果负责”,40.0%的学生不反感,但自己不会做,20.0%的学生认为是道德败坏。关于“发生婚前性行为时采取保护措施”,非常同意与同意的学生各占40.0%,15.0%的学生不确定,5.0%的学生不同意。

6. 应对恋爱挫折

关于“遇到恋爱挫折”,50.0%的学生表示会“顺其自然,好聚好散”,20.0%的学生会“觉得悲伤,茫然失措”,15.0%的学生觉得“无所谓,去寻找新的恋人”,15.0%的学生则会“发奋学习,转移注意力”。

7. 获取信息渠道

学生最希望从网络、电视中获得有关爱情观的知识,其他依次是朋友、书籍杂志、家长和教师。目前学生了解相关知识的主要渠道是网络、电视,其他依次是书籍杂志、朋友、学校和家庭。

现状调查结果表明:(1)学生对高中生恋爱所持态度并不理性,大部分人以为只要年龄到了,谈恋爱很正常;(2)对恋爱意义的认识不清晰;(3)恋爱目的并不理性;(4)恋爱问题上的责任意识、自我保护意识有待加强;(5)获得相关知识渠道单一,且其科学性有待加强。

(三) 再测结果

通过团体辅导实施干预后,我们运用恋爱观现状调查问卷进行再测,并对比了前后测结果。

1. 前后测结果有显著差异

通过数据对比,我们发现在“爱情需要道德和法律约束”“只要能对结果负责,婚前性行为是很自然的事”“学校进行爱情观教育的力度”上,前后测的结果有显著差异,表明学生的爱情观逐渐趋于理性。配对样本T检验见表4-4。

表 4-4 配对样本 T 检验

		Paired Differences					t	df	Sig. (2-tailed)
		Mean	Std. Deviation	Std. Error Mean	95% Confidence Interval of the Difference				
					Lower	Upper			
Pair 1	爱情需要道德和法律约束(1)—(2)	.700	1.081	.242	.194	1.206	2.896	19	.009
Pair 2	只要能对结果负责，婚前性行为是很自然的事(1)—(2)	.450	.945	.211	.008	.892	2.131	19	.046
Pair 3	学校进行爱情观教育的力度(1)—(2)	1.300	1.261	.282	.710	1.890	4.611	19	.000

2. 前后测变化

虽然在恋爱态度、恋爱认识、恋爱动机、择偶观等方面没有统计意义上的显著性差异，但从频次分布上可以看出，学生的爱情观有了一定的变化。

(1) 关于恋爱态度

赞成“高中生年满 18 岁就是成年人了，谈恋爱很正常”的人数略有增加，但也有人表示不赞成。这表明学生对高中生恋爱现象有了清晰的认识，态度也更为明确。

(2) 对爱情的认识

许多学生认为爱情不仅要考虑情感因素，还要考虑环境和现实条件，如物质准备。这表明学生的恋爱观渐趋理性，能把目光放得长远，对于情感更加慎重，不再一味追求“轰轰烈烈”。对于“爱情就是为对方无私奉献，不在乎回报”，不同意的人数大大减少。部分学生认为，关爱应是相互的，如果为了对方完全不顾自己，不在意自己的感受，那样的爱情是不能接受的。学生认识到，在爱他人之前，应先学会爱自己，关注自我的感受，对自己负责。

(3) 恋爱动机

原本认为“只是觉得好玩,没去想下一步”的人没有了,更多的学生认为恋爱的最终目的是成家过日子。

(4) 择偶观

学生不再只关注外表和志趣相投,开始比较全面地考虑一些现实因素,如对方的物质条件、学历、能力、年龄、职业、家庭背景。

(5) 关于婚前性行为

持“婚前性行为是道德败坏”这种严厉态度的人数有所下降,认为“关键看能不能负责”的人数在上升,表明“不反感,但自己不会做”的人数也在增加,说明学生对他人婚前性行为的包容性有所增加,责任意识也在增强,赞成“发生婚前性行为时采取保护措施”的人数增加了。

(6) 应对恋爱挫折

对于“恋爱失败,你会怎么做”,持“顺其自然,好聚好散”态度的人数增加,持“无所谓,去寻找新的恋人”的人数减少。

总之,团体辅导课程结束后,学生的爱情观、恋爱观等渐趋理性,对责任意识、互相包容、陪伴付出、尊重等的认知增强了,其关注点也从外在形貌转向内在美,面对恋爱挫折的心态变得平和,应对方式更为积极。

四、建设团体辅导课程

(一) 依据和目的

根据埃里克森关于心理发展的八阶段理论,结合心理学家赫洛克将人从性意识萌发到爱情产生的全过程分为四个阶段的理论,高中生正处于积极接近异性的狂热阶段。他们既想接近异性,又对异性交往充满困惑。面对异性同学的友谊,一部分学生常将其与朦胧的爱情混淆。如处理不当,轻率地将友情发展为爱情,极有可能影响正常的生活和学习,当前已有一小部分学生陷入这方面的困境。更为严重的是,因对性的懵懂和无知,他们未能认识到婚前性行为会对身体造成伤害,甚至带来长远影响。

团体心理辅导，以上述理论和实际问题为基础设计课程，通过8课时的教学，引导学生清晰认识爱情，理性看待婚前性行为，应对恋爱挫折，增强责任意识和自我保护意识。

（二）主要内容

团体辅导面向普通高中生，以研究型课程的方式开设。"如果—爱"团体辅导实施方案见表4－5。

表4－5 "如果—爱"团体辅导实施方案

课时	活动目标	活动内容	时间与材料
1. 初创阶段：相聚是缘	培养团队意识，明晰团队规则，营造温馨的团队氛围	1. 抱团取暖、叠罗汉（选组长，形成团队规则） 2. 介绍团队成立目的	40分钟；略
2. 工作阶段：因为爱，所以……	进一步认识爱情，学会辨析爱情和青春期懵懂好感	1. 爱的变奏曲（破冰） 2. 我的爱情花（爱的要素） 3. 心有千千结（爱的选择）	40分钟；蓝色、粉色线，每人一份
3. 工作阶段：我的爱情观	明晰并树立积极健康的爱情观	1. 情歌分享 2. 爱情观大辩论 3. 名作欣赏	40分钟；分享并下载歌曲
4. 工作阶段：我喜欢……	明晰正确的择偶观，更好地应对时间的流逝和社会环境的变化，减少未来生活中可能出现的冲突	1. 网络择偶贴 2. 畅想未来的婚姻生活（对另一半的期待）	40分钟；纸笔和背景音乐
5. 工作阶段：爱，你准备好了吗	增强责任意识，形成健康的恋爱动机	1. 视频欣赏（破冰） 2. 脑洞大开（案例讨论） 3. 男生女生对对碰	40分钟；略
6. 工作阶段：爱·责任	1. 形成健康的性价值观念，懂得如何进行自我保护，预防艾滋病 2. 形成对自己负责、珍爱自己的意识	1. 自由联想（破冰、对性的理解） 2. 我的期待（理性、负责的性）	40分钟；化学试剂和器皿
7. 工作阶段：如何应对恋爱挫折	1. 有可操作的应对恋爱挫折的方式 2. 意识到生命的可贵，珍爱生命	1. 发生在身边的故事 2. 羽化成蝶 3. 脑力激荡法	40分钟；纸笔

(续表)

课时	活动目标	活动内容	时间与材料
8. 结束阶段:认识自己,悦纳自己	1. 在认识自己的基础上,正视自己的优点,接纳自己的不足 2. 悦纳自己,明晰先有能力自爱,才有可能去爱他人、爱生活	1. 我是谁(纸笔训练) 2. 意象对话(照镜子) 3. 一句话总结(结束团队工作)	40 分钟;纸笔和背景音乐

五、初步结论

目前国内尚缺面向高中生爱情观教育的系统化课程,本校以团体心理辅导形式进行探索,旨在帮助学生思考爱情的含义及其发展的条件,判断什么样的情感对自身的成长更有帮助,分析什么样的伴侣将会促进彼此成长,了解如何应对恋爱挫折,从而形成健康的爱情观和完善的人格品质,顺利完成高中阶段的学习,为将来能找到真正属于自己的那份真情打好基础。

(一) 不足

高中生爱情观认知现状调查的前后测配对样本中,经 T 检验只有三项存在显著性差异。从其他题项的频数以及对此的质性分析中,可以看出有变化,但其差异在统计学意义上并不显著。因为样本量偏少,我们未对问卷中的一些项目进行更为细致深入的量化分析,如谈过恋爱和未谈过恋爱的被试经过课程辅导后,对问卷中某些题目的反应,没有进行差异的显著性检验。

基于社会环境和人类情绪情感的复杂性,这里关于健康爱情观的认知还是比较宽泛的,致使辅导未能深入彻底。

(二) 反思

如何把握社会主流对于健康爱情观的理解,还需要进行更广范围内的访谈调查和文献研究。

在课程实施中,可以选取有代表性的研究对象进行个案分析,深入探究课程实施前后个体的认知变化,为课程的进一步调整与完善提供实证依据。

(徐晓翠)

参 考 文 献

[1] 傅建明.教师专业发展——途径与方法[M].上海:华东师范大学出版社,2007.

[2] 经柏龙.教师专业素质:形成与发展[M].北京:中国社会科学出版社,2012.

[3] 魏智渊.教师阅读地图[M].北京:文化艺术出版社,2011.

[4] 干国祥.破译教育密码[M].北京:文化艺术出版社,2013.

[5] 沈兰,郑润洲.变革的见证——顾泠沅与青浦教学实验30年[M].上海:上海教育出版社,2008.

[6] 朱永新.我的教育理想[M].广西:漓江出版社,2009.

[7] [苏]苏霍姆林斯基.给教师的一百条建议[M].杜殿坤,译.北京:教育科学出版社,1984.

[8] [日]佐藤学.静悄悄的革命[M].李季湄,译.长春:长春出版社,2003.

[9] [美]帕克·帕尔默.教学勇气——漫步教师心灵[M].吴国珍,等译.上海:华东师范大学出版社,2005.

[10] 郑慧琦,胡兴宏,王洁.做有思想的行动者[M].上海:上海教育出版社,2008.

[11] [宋]朱熹.四书章句集注[M].金良年,注.上海:上海古籍出版社,2006.

[12] 朱连云.成长的勇气和智慧[M].上海:上海教育出版社,2009.

[13] 朱小蔓.教育的问题与挑战——思想的回应[M].南京:南京师范大学出版社,2004.

［14］钟启泉.课程的逻辑［M］.上海：华东师范大学出版社，2008.

［15］陈文.教师可以更优秀［M］.上海：华东师范大学出版社，2012.

［16］肖川.教育的理想与信念［M］.长沙：岳麓书社，2002.

［17］［苏］苏霍姆林斯基.帕夫雷什中学［M］.赵伟，等译.北京：教育科学出版社，1983.

［18］［美］约翰·杜威.学校与社会·明日之学校［M］.赵祥麟，等译.北京：人民教育出版社，2005.

［19］陈向明.质性研究：反思与评论［M］.重庆：重庆大学出版社，2008.

［20］沈毅，崔允漷.课堂观察——走向专业的听评课［M］.上海：华东师范大学出版社，2009.

［21］张贵勇.阅读的旅程［M］.上海：华东师范大学出版社，2014.

［22］朱永新，袁振国.中国教师：专业素质的修炼［M］.南京：南京师范大学出版社，2003.

［23］蒋秀华.在阅读中前行——一位数学教师的读书心得与教学实践［M］.广州：广东教育出版社，2012.

［24］［美］斯蒂芬·克拉生.阅读的力量［M］.李玉梅，译.乌鲁木齐：新疆青少年出版社，2012.

［25］王晓春.今天怎样做教师［M］.上海：华东师范大学出版社，2005.

［26］陈桂生.集体备课辨析［J］.中国教育学刊，2006(9).

［27］林汉成.集体备课低效现状及反思［J］.现代中小学教育，2009(1).

［28］霍明宝.教师成长“高原现象”产生的原因及对策［J］.师资建设，2011(1).

［29］费振新.基于质量提升的教师全员培训实践反思［J］.教育科学研究，2013(3).

图书在版编目（CIP）数据

从思想到行动 / 李文明编著. — 上海:上海教育出版社, 2020.9
ISBN 978-7-5720-0312-7

Ⅰ. ①从… Ⅱ. ①李… Ⅲ. ①中学教师 - 师资培养 - 研究
Ⅳ. ①G635.12

中国版本图书馆CIP数据核字(2020)第150165号

责任编辑　杜金丹
封面设计　毛结平

从思想到行动
李文明　编著

出版发行　上海教育出版社有限公司
官　　网　www.seph.com.cn
地　　址　上海市永福路123号
邮　　编　200031
印　　刷　上海展强印刷有限公司
开　　本　700 × 1000　1/16　印张 16
字　　数　236 千字
版　　次　2020年9月第1版
印　　次　2020年9月第1次印刷
书　　号　ISBN 978-7-5720-0312-7/G·0232
定　　价　48.00 元

如发现质量问题，读者可向本社调换　电话：021-64377165